《中国医院》系列丛书之二

医疗纠纷典型案例与医院告知文书

郑雪倩　主编

北京大学医学出版社

YILIAO JIUFEN DIANXING ANLI YU YIYUAN GAOZHI WENSHU

图书在版编目（CIP）数据

医疗纠纷典型案例与医院告知文书/郑雪倩主编．北京：北京大学医学出版社，2006.9

ISBN 7-81116-106-0

Ⅰ．医… Ⅱ．郑… Ⅲ．医疗事故－民事纠纷－研究－中国 Ⅳ．D922.164

中国版本图书馆 CIP 数据核字（2006）第 111804 号

医疗纠纷典型案例与医院告知文书

主　　编：郑雪倩

出版发行：北京大学医学出版社（电话：010－82802230）

地　　址：（100083）北京市海淀区学院路 38 号　北京大学医学部院内

网　　址：http://www.pumpress.com.cn

E－mail：booksale@bjmu.edu.cn

印　　刷：北京瑞达方舟印刷有限公司

经　　销：新华书店

责任编辑：李　兵　　**责任校对**：杜　悦　　**责任印制**：郭桂兰

开　　本：850mm×1168mm　1/32　**印张**：13.5　**字数**：348 千字

版　　次：2006 年 11 月第 1 版　2006 年 11 月第 1 次印刷　**印数**：1-5000 册

书　　号：ISBN 7-81116-106-0/R·106

定　　价：36.00 元

编　委　会

序　言

目前，我国的医疗行业正在步入法制化管理、人性化服务的时代，在我们的临床医疗实践中无疑要面对许多崭新的课题和挑战。随着社会物质生活的改善，民众就医数量不断增加，对医疗服务的期望和要求也日益提高。近年来，随着人们的法律意识和自我保护意识的不断加强，医疗纠纷案件数量显著增加，医院不得不频频应对法律诉讼。

医疗纠纷一经构成，便直接或间接地涉及医患双方的权益问题、人格问题及道德与法律责任问题。组织管理人员与医务人员加强相关法律知识的学习，提高应对能力，妥善处理医患关系，化解和处理医疗纠纷，防范医疗事故，已成为各级医疗机构、卫生行政主管部门以及行业组织的重要工作。

为了配合各级医疗机构和卫生行政主管部门开展相关法律知识的学习，为广大医院管理者和医务人员了解掌握医疗法律诉讼和患者知情同意的基本知识，强化依法行医的意识和预防医疗事故的意识，用法律法规来规范医疗行为，维护医患双方的合法权益，我会自律维权工作部和北京华卫律师事务所编著了《医疗纠纷典型案例与医院告知文书》一书，纳入中国医院杂志社策划的《中国医院》丛书系列。本书包括典型案例分析、告知文书两个部分。典型案例分析中绝大部分是作者亲自代理的案件，每个案例除了案情简介、诉讼理由及法院判决外，还有律师点评、医院和患者应当注意的问题；告知文书包括常规告知文书、医疗行为告知同意文书、出院后或发生纠纷时的事务性文书，这些范本曾经在部分医疗机构试用，得到医院管理人员的肯定。总之，我认为本书是一本较为系统、实用、具有较强指导意义和参考价值的普及性作品。

对医疗机构来说，要解决医疗纠纷问题，最根本的是立足于防范。依法行医是防范医疗纠纷的法制前提，只有遵照国家颁布的法律、法规及部门规章制度行医，才能保证其从业的合法性；树立以病人为中心的观念是防范医疗纠纷的基础，要以高尚的医德、求精的作风和精湛的技术，为患者提供温馨的人性化医疗服务，建立良好的医患关系；严格落实各项医疗制度是防范医疗纠纷的关键措施，要严格遵守医疗规范，客观、真实、完整、详细地记录患者就诊时的身体状况、疾病的发生、发展及转归情况，在实施手术、特殊检查、特殊治疗前，必须向患者本人或其家属履行告知义务，以尊重和保护患者或其家属的知情权。

保证医疗安全，提升医疗服务质量，是医疗机构管理者尤其是院长义不容辞的责任。如果一个医疗机构不断强化医务人员法制教育、严格贯彻规章制度、设计科学合理的服务流程、营造良好的医疗服务文化、构建和谐的医患关系，就一定能够有效地防范医疗纠纷，杜绝医疗事故的发生。

曹荣桂

2006年7月

目　录

第一部分　典型案例分析

第二部分　告知文书

第三部分 相关法律法规

第一部分

典型案例分析

一、履行注意义务相关案例

某诊所免费移植角膜受诉案

一、案情简介

在某市开展的复明工程活动中，某眼科诊所邀请外国专家自带角膜来华，为需要置换角膜的贫困患者免费治疗。患者李某在得知此消息后，主动要求将其列入此次义诊的治疗对象。经初步检查，某诊所认为患者李某的眼疾较重，双眼视物不清已达35年，治疗恢复的可能性较小，不宜作为手术对象；但患者反复多次向所在区县提出希望参加治疗的愿望，并表示愿意承担所有的治疗后果，最终区县同意将其推荐为被救助对象。1995年5月，患者李某接受了外国专家主持进行的角膜移植手术。术后第5天，患者出现了玻璃体出血、视网膜脱离的情况，此后先后到多家医院求医。2000年9月，患者李某一纸诉状将某眼科诊所和联系进行此次治疗的市红十字会告上法庭，要求其承担因手术过错给原告造成的医疗费、误工费、精神赔偿费等费用合计人民币67,610.44元，以后治疗费损失另行主张。

二、双方的诉讼理由及法院判决

原告诉称：1995年5月，我接受某医院邀请的外国专家做的左眼角膜移植术，因医院方面的原因造成术中我的左眼玻璃体出血，术后医院也未及时采取任何补救措施，致使我的左眼从出血发展成视网膜脱离，眼球逐渐萎缩，有失明的危险。经多方求医，仍未能取得令人满意的效果。虽然区医疗事故鉴定认定本例不属于医疗事故，但也指出了医院存在的众多过错，故医院仍应当承担全部的责任。要求法院判令医院赔偿截止到起诉日之前的各医院治疗费29,910.04元、点名手术费1,000元、通讯费

93.20 元、交通费 116.10 元、误工费 7,200 元、精神损失费 30,000元，以后的损失另行主张。

被告辩称：患者长年患病，治疗基础差，希望通过本次手术达到治愈其长年疾病的可能性很小，所以在一开始，医院就不主张将其列为本次治疗的对象范围。但患者再三反复坚持要求参加，并表示愿意承担治疗后果，医院从人道主义角度出发才同意了患者的治疗要求。整个治疗过程中医院都是按照医学诊疗规范进行操作，术前医院就术后可能发生的后果向患者进行了明确告知，在征得患者同意后才进行了手术。患者出现的情况属其自身疾病发生发展的自然转归以及自身不配合诊疗的行为共同作用所致，与医院对其采取的治疗措施无关。本例已经医疗事故鉴定认定不属于医疗事故，按照医疗事故的定义，医院不应当承担任何赔偿责任。

2000 年 8 月，区医疗事故技术鉴定委员会针对本例出具了鉴定结论（节录）：“（1）某眼科诊所由于设备条件及技术水平所限，术前未做眼后节 B 超检查，手术后发现玻璃体出血后亦未作 B 超，并且没有了解第一次左眼角膜移植术的术前、术中及术后详细情况，再次行角膜移植术，对患者不够负责任；（2）患者从小视力差，弱视眼，曾有角膜移植术排斥反应致手术失败病史，角膜血管翳，且术前高眼压，又是独眼，选择病例不够慎重；（3）术式选择欠周，本病例病情复杂，不是单纯角膜移植的问题；（4）某眼科诊所应进一步提高技术水平，在不具备必要的检查、治疗条件的情况下进行复杂手术应慎重；（5）希望今后请国外专家手术应更慎重。本病例不属于医疗事故。”鉴定结论作出后，当事人均未提出再次鉴定申请。

一审法院认为：某眼科诊所和市红十字会为了使生活困难的眼疾患者重见光明，免费为包括患者李某在内的十几位角膜疾病患者行角膜移植手术，对这种人道主义的善心救助行为，应该给予提倡和支持。但是，作为活动的经办者和组织者，在选择病例、术式时应慎重，术前、术后检查亦应准备充分，选择审核措施得当，方能实现使被救助者真正复明的初衷，如由于工作失误导致被救助者增加新的痛苦和损失，则应予以适当的补偿。

本例中，经办者和组织者在筛选被救助对象时，没有注意患者李某从小视力差，弱视眼，曾有角膜移植术排斥反应致手术失败病史，选择病例不够慎重；另外因经办者设备条件及技术水平所限，术前术后检查不详细，对患者不够负责任。虽然此次手术病例不属于医疗事故，但由于某诊所工作上有失误，对患者术后出现玻璃体出血、视网膜脱离有一定的影响，因此应对其治疗视网膜的脱离疾患发生的医疗费、交通费、通讯费、手术费等费用予以适当补偿。至于精神损失费，鉴于被告安排此次手术完全是出于人道主义的救助行为，目的是使患者身体恢复健康，没有侵害原告身体健康权的故意，因此可不予赔偿精神损失。

综上，依照《民法通则》第一百零六条第二款、第一百一十九条、第一百三十一条之规定，判决某诊所补偿患者起诉前医疗费用 24,720.91 元，通讯费 74.56 元，交通费 92.88 元；驳回原告其他诉讼请求。

一审法院判决后，某诊所向上级法院提出上诉，认为：

（1）己方本不同意将李某列为治疗对象，但患者通过各种渠道表达了坚决要求加入治疗的愿望，同时也一再表示愿意承担所有后果。诊所是从人道主义的角度出发，应患者要求进行手术的。

（2）在治疗中，诊所完善了各种检查，并就术中、术后可能产生的后果向患者及其家属进行了详细的告知，术后针对患者出现的情况予以了及时的处理。患者在从我所出院后没有遵医嘱就医，应当对自身行为产生的后果承担责任。

（3）本例既然已经被鉴定机关认定为不属医疗事故，则证明患者的后果现状并非某诊所的诊疗过错行为所致，两者之间没有直接的因果关系。患者出现的后果是由于自身疾病病情发生发展的自然转归，不应由某诊所承担责任。

（4）一审法院既认为是补偿，就不应按赔偿的计算方法核定补偿金额。另外，补偿应当是一次性的，不应有时间的延续性，而一审法院却以原告起诉时间作为截至计算日期，与我国现行法律相悖。要求二审法院改判。

二审期间，某诊所与患者在法院的主持下达成调解协议。

三、律师点评

1. 医疗事故鉴定存在的问题。

（1）构成民事侵权的前提是存在医疗事故。本例纠纷发生在新的《医疗事故处理条例》颁布之前，当时施行的《医疗事故处理办法》将医疗事故界定为："在诊疗护理工作中，因医务人员护理过失直接造成病员死亡、残疾、组织器官损伤导致功能障碍。"从定义方式不难看出，该定义是从侵权责任应当存在违法行为、损害后果、前两者之间具有直接的因果关系以及行为人的主观过错这四个构成要件的角度出发进行概念界定的。根据该定义，如果本例患者左眼失明的后果确实是由于某诊所的过错行为所致，那么本例肯定会被认定为医疗事故。既然鉴定委员会的专家认为本例不构成医疗事故，说明患者的后果并非医院的过错行为所致。

（2）造成患者目前状态的原因。患者的现状究竟是什么原因造成的？是正常的手术并发症还是患者自身疾病因素所致？是上述两者共同作用的结果抑或是由于其他原因？医疗鉴定结论都没有予以明确。这种做法很难明晰相关事实情况并对责任进行区分，也不能适应诉讼的需要，容易导致对鉴定结论权威性的质疑，使鉴定流于形式，难以起到应有的作用。

（3）医疗鉴定结论中提及医院存在一些不足，但对于这些不足可能产生什么后果却没有论述。这些不足是造成患者发生损害后果的原因，还是只是医院应当汲取经验教训并在以后的工作中注意加以改进的地方？鉴定结论对此没有进行任何说明。如果这些不足只是医院今后工作中应当注意加以改进的地方，而非导致患者后果的原因，那就不应当因为这些不足的存在要求医院承担患者的损害后果；如果这些不足对患者有一定的影响，那就应当区分医院与患者的责任比例。无论是哪种情况，都应当在结论认定中予以分析明确，这样可以避免出现像本例这样，认定了不属于医疗事故，应该不承担侵权责任，但由于鉴定书同时又谈及诸多不足，而且也没有对这些不足可能产生的后果进行分析，以致法院依据一份结论不是医疗事故的鉴定书判决医院承担全部赔偿责任。

2. 法院判决存在的问题。

(1) 一审判决某诊所承担民事责任与事实不符。患者发生视网膜的脱离是客观事实，但该事实是由多种原因造成的，法院据医疗事故技术鉴定书认定此例不属于医疗事故，则不应当判决诊所承担侵权责任。鉴定书中虽然列明医院工作中存在一些不足，但并没有阐明这些不足是否会产生患者的损害后果，法院据此认定某诊所由于工作上的失误，对患者术后出现的此种事实具有一定的影响于法无据。即使医院工作中的不足是造成患者损害后果产生的原因之一，鉴定结论中也没有表明医院的责任比例。在这种情况下，法院判令某诊所承担全部民事责任有悖事实。

(2) 不应混淆补偿和赔偿的性质。根据《民法通则》第一百零六条第二款以及第一百一十七条的规定，承担侵权损害赔偿责任的前提是当事人存在过错，是基于民事责任的承担，属惩罚性的。在本案中法院已经否定了本例属于医疗事故，即否认了医院的过错，自然不能要求医院承担损害赔偿责任。补偿属道义上的救助，应当是适当的，应当根据患者所受经济损失给付。一审法院既然已经确定治疗行为是一种免费救治行为，诊所应就医疗行为过程中的瑕疵对患者承担补偿责任，就不能在给付范围及数额上按赔偿的标准认定。这样判决势必造成今后出现反复诉讼，对某诊所不公平，同时出现执法尺度的不统一。

四、医院应当注意的问题

1．根据当时施行的《医疗事故处理办法》第一十一条，以及2002年修订的《医疗事故处理条例》第二十二条之规定，当事人如果对鉴定结论有异议，应该在15日内提出再次鉴定的申请，否则则表示认可鉴定结论的内容。本案中，医院在区医疗事故鉴定结论做出后应当在法定期限内提出进行上一级鉴定的申请；不提出上一级鉴定申请，就等于认可本级医疗事故鉴定结论，承认自己存在鉴定结论中所指出的不足。不能只看到结论认定不是医疗事故对自己有利，而忽视了鉴定结论中存在的诸多不足对自己不利。在诉讼过程中，这些不利因素往往成为承担责任的最终依据。

2．参加医疗事故鉴定会的准备不足，没有认真准备发言材料和相关的证据材料，如教科书、专家咨询意见等，以证明自己正确无过错以及患者自身疾病对后果的影响因素。鉴定专家很难在很短的时间内对所有问题都作出全面的、综合的思考，这就需要通过医院自己的事前准备，提示专家充分考虑确定各种影响因素在后果中的比例以及相关的因果关系，最终作出公平、科学的结果分析。

3．病例选择不够谨慎。虽然患者自己强烈要求参加治疗，但作为专业机构，更应当从专业的角度综合分析患者病情、自身体质以及治疗可能产生的后果，最终确定治疗的可行性及具体的方案。在先期已经预见到治疗效果可能不佳的情况下，不能想当然地认为患者事前对治疗后果的承诺就意味着自己责任的免除。

4．治疗时应当穷尽各种检查方案，以达到对病情全面、综合的掌握。本例中，专家事后分析：该患者有可能在此次手术前就存在视网膜脱离现象，术后出现的情况完全有可能是患者自身体质因素所致。但是由于术前医疗机构未对患者做眼B超检查，致使事后诉讼中无法举证证明该患者在手术前已经存在视网膜脱离事实的存在，最终承担了不利后果责任。

五、患者应当注意的问题

1. 对治疗期望值过高。虽然这种愿望可以理解，但从科学的角度出发，现代医学技术发展水平受到多种因素的影响，有很多问题尚不能得到有效的解决，医学发展水平总是落后于疾病发展速度，医学总是在对疾病的不断研究过程中逐步找到问题的解决方法，期望通过一次治疗就能解决所有疾病的想法是不客观、不现实的。治疗措施本身就有可能对患者造成损害，是有风险的。当然，这种风险应当是由诊疗双方共同承担的，而不应是单纯某一方的责任。事实上，这种观念在患者心中具有普遍性。所以，实现观念上的根本转变是至关重要的。这不仅能够减少纠纷的发生，更重要的是能够激发广大医务工作者的工作积极性，对于促进医疗发展水平，以期能更快、更多地解决目前我们尚不能有效解决的问题有极大的帮助。

2. 患者疾病的发生发展是受多种因素影响的，如患者自身疾病因素、自身体质特殊、医学水平的局限等，诊疗措施只是其中的影响因素之一，患者出现不利后果不等于医院必然有过错。不能因为患者发生了不利后果就认定应当由医院承担全部赔偿责任。

3. 本例患者及其家属均是具有完全民事行为能力的人，应当对自己的行为承担相应的法律后果。在术前签署的手术同意书中医院已经明确告知术后可能的各种后果，患者签字表示愿意承担后果，应当认识到自己签字的法律效力。医院没有过错时，患者应当独立承担自己行为所产生的后果。

车祸后误诊、漏诊医疗损害赔偿案

一、案情简介

杨某驾驶摩托车发生车祸，入某县医院急诊科抢救时已过8小时。经检查，患者病情危重，已到休克边缘，随时有生命危险。医院立即给予补液、伤口加压、包扎止血、夹板外固定等治疗。经家属同意并签字，先进行下列手术：（1）左股骨干开放粉碎性骨折切开复位钢板内固术、石膏板外固术；（2）左胫腓骨开放粉碎性骨折切开复位钢板内固定术、石膏托外固定术；（3）左手掌骨骨折石膏托外固定术；（4）左胸壁挫裂伤清创缝合术；（5）左股骨颈骨折先行牵引术。待病情平稳后，再行左股骨颈骨折切开复位内固定术。当病情稳定后准备做股骨颈手术时，病人及家属拒绝手术并签字。患者到法庭起诉医院要求赔偿伤残补助费59,400元、交通费680元、医疗事故鉴定费360元、伤残鉴定费988元，共计61,428元，并要求被告承担诉讼费、法医鉴定费。

二、双方的诉讼理由及法院判决

原告诉称：原告杨某2000年8月12日因交通事故致伤，被家人送往甲医院抢救，因伤势严重，当日又转往被告乙医院处住院治疗。当时杨某的伤情有：（1）左股骨干开放性粉碎性骨折；（2）左胫腓骨开放性粉碎性骨折；（3）左股骨颈粉碎性骨折；（4）左第三掌骨骨折；（5）左食指中节指骨骨折；（6）左食指末节指骨基底部撕脱骨折；（7）左膝关节后交叉韧带损伤。医院在诊治过程中，仅对第1、2、4、5项伤情作出正确诊断及处理，对第3项误诊为“左股骨颈基底部骨折”，对第6、7项未能作出诊断。9月8日杨某出院后仍觉身体不适，于10月17日到丙医院检查，发现伤情中第3项的误诊情况，且未愈。杨某又返回甲医院继续治疗左股骨颈粉碎性骨折。之后，杨某要求被告乙医院赔偿在甲医院住院治疗左股骨颈粉碎性骨折的费用，被乙医院拒绝。杨某到区医疗事故技术鉴定委员会申请医疗事故鉴定，鉴定结果认为被告对原告伤情中的第3项构成误诊，第6、7项未能发现属于漏诊。又经区公安局法医对误诊、漏诊的部位进行伤残评定，结论为已构成八级伤残，且需作二次手术。

被告辩称：原告车祸后引发多处严重骨折、皮肤挫裂伤，多处伤口出血，近于休克边缘。我院的处理符合医学常规，伤残的结果是其自身车祸和不配合治疗的综合因素所致，我院没有过错，不构成侵权。原告末节指骨撕脱骨折，病程记录及X片报告中均有记载，只是因其伤处太多，在病历诊断书写上没有纠正，属于工作中的不足，但这不等于没有处理，我们已对整个手指石膏托固定，治疗没有原则性错误，这点不足与其伤残后果无关。故我院对原告不构成侵权，不同意承担赔偿责任。

某市某区医疗事故技术鉴定委员会经过鉴定后认为：“（1）目前，患者左髋骨活动受限；左膝关节粘连活动受限；左食指锤状指畸形；（2）某县抢救中心将左股骨颈粉碎性骨折误诊为左股骨颈基底部骨折；（3）对患者左食指末节指骨基底部撕脱骨折和左膝关节后交叉韧带损伤为漏诊；（4）本例不属于医疗事故，但对患者左膝关节粘连活动受限、左食指锤状指畸形负有一定责任。”

在一审期间，一审法院委托某市法庭科学技术鉴定研究所对某县抢救中心的医疗行为是否存在过错及其与原告伤残的因果关系进行法医学鉴定，鉴定意见为：（1）某县抢救中心对杨某的初期治疗符合急诊抢救原则；（2）对其左股骨颈粉碎性骨折的误诊和后交叉韧带的漏诊与杨某左髋、左膝关节功能障碍无直接因果关系；（3）但对杨某左食指末节指骨撕脱骨折的漏诊与其遗留食指锤状指畸形有一定关系。

一审法院认为：“赔偿责任的承担应当根据侵害行为与后果

之间的因果关系等具体情况进行确定。根据查明的事实，被告对原告的医疗行为中存在的误诊、漏诊情况并非原告遭受各项损伤及因伤致残的直接原因，现原告以被告误诊、漏诊为由，对其左食指、左髋关节、左膝关节的伤残主张伤残补助费及各项鉴定费用，理由不能成立。但应指出，被告虽对原告采取了积极的救治，但因被告对原告的左食指末节指骨撕脱骨折的漏诊与原告遗留左食指锤状指畸形有一定关系，故被告应当就原告因此产生的经济损失作出适当赔偿。”

法院依据《中华人民共和国民法通则》第一百一十九条之规定进行了判决：（1）被告赔偿原告人民币5,000元；（2）案件受理费2,353元，由原告负担2,143元，被告负担210元；（3）法医鉴定费3,000元，由原告负担2,700元，被告负担300元。

三、律师点评

1. 误诊、漏诊与赔偿之间的关系。

本案中，法院认定被告对原告的医疗行为中存在的误诊、漏诊虽然并非原告遭受各项损伤及因伤致残的直接原因，但其误诊和漏诊的行为对患者左膝关节粘连活动受限、左食指锤状指畸形负有一定责任，因此医院要承担部分赔偿责任，即认定了医院误诊、漏诊的行为属于侵权行为。

那么，误诊、漏诊是否一定会构成侵权行为？侵权行为是指行为人由于自身的过错侵害他人的财产和人身，依法应承担民事责任的行为。一般的侵权行为具有四个构成要件，即行为的过错、行为的违法性、侵害的事实、过错与侵害事实有因果关系。这四个要件缺一不可，任何不具备这四个要件的行为都不能称为侵权行为。就医疗侵权行为而言，由于它属于一般的侵权行为，因此要判断一个医疗行为是否构成侵权，也必须按照一般民事侵权的四个要件来考虑。在医疗侵权行为的四个要件中，过错的要件显得最为重要，判断医疗行为是否构成侵权，首先要明确该医疗行为是否有过错。如果医务人员在实施诊断、护理治疗的过程中尽到了足够的职责，提供了谨慎的、与当今科技水平一致的医疗行为，即使最终的医疗后果不尽如人意，也不能因此而视医护人员的行为为侵权行为。也就是说，基于医学专业的特殊性，医疗机构提供的是一个诊疗服务过程，而不是一个保证治愈全部疾病的服务结果。随着社会的发展和人们生活环境的变化，人们自身的因素也相应地产生了许多变化，一些新的未被认识的疾病不断出现。一些疾病的临床表现不典型，各种辅助检查所提供的结果又未能反映病情的本质，尽管医生尽了最大的努力，最后仍然会发生误诊、漏诊。这种情况下的误诊、漏诊不能认为是侵权。但如果是基于医务人员工作不负责任、专业水平低而又不刻苦钻研、与其自身应当具有的技术水平职称不符而在诊疗护理工作中发生了误诊、漏诊，同时给患者带来了严重的不良后果，就符合了我国民法规定的侵权要件，构成侵权。因此，我们不能简单地将误诊、漏诊与侵权划等号。

2. 医疗事故鉴定存在的问题。

本案中的医疗事故鉴定存在的问题主要有：

（1）未能就医院对患者左膝关节粘连活动受限、左食指锤状指畸形应负一定责任的理由作出分析，未能拿出科学的依据让人信服。

（2）鉴定结论没有分析紧急抢救的特殊性，没有注意抢救时处理疾病顺序的原则。

（3）鉴定结论中缺少对患者不配合诊疗、不做手术问题与其损害结果之间因果关系的分析。

（4）没有分析医院负有责任的比例是多少，鉴定的不严谨可能导致判决的不公平。

3. 司法鉴定结论存在的问题。

司法鉴定是指在诉讼中由司法部门委托法定鉴定机构进行的鉴定。本案中司法鉴定的结论是比较客观和公正的，就医院对患者的初期治疗、对患者多处伤情的诊断以及患者出现的后果等问题做出了较为客观、清晰的评价，有助于法院判断医院的诊疗行为是否规范、是否存在过错。但该鉴定也存在一些不足，主要有：(1) 该鉴定虽在一定程度上排除了医院的误诊、漏诊与患者后果之间的因果关系，但是缺乏具有针对性的对紧急救治顺序的肯定，也未对漏诊、误诊的成因进行分析，从有助于法院更为公平地判断责任承担比例的角度来看，存在一定的不足。(2) 该鉴定没有分析漏诊对患者食指锤状指畸形后果所占责任的比例，因此法院在就食指畸形判决医院应承担责任的比例上没有较为准确的客观依据。

四、医院应当注意的问题

1. 医院必须注意病历书写的规范。本案中，病程记录及X片报告对于原告末节指骨撕脱骨折均有记载，只是因其伤处太多，在病历诊断书写上没有纠正。这是医院工作中一个很严重的疏漏。病历是反映患者病情及治疗情况的书面凭证，也是法院裁决的证据。在本案中，即使医院对原告末节指骨撕脱骨折有记录，并采取了一定的救治措施，在鉴定及审理时也不能成为否认漏诊的依据。

2. 医院在面对危急重症患者时应该保持冷静，理性处理，不能忙中出乱，而是要按照紧急救治的顺序，先处理危及生命的伤情，但也不能忽视其他伤情，尽自己的最大努力将所有病症一一加以诊治。

五、患者应当注意的问题

1. 患者应该正视医院的紧急救治顺序以及危急情况下所可能引发的后果，应正视医疗行为的高风险性。医院受制于自身条件有时不能如患者所愿达到完美的治疗结果，但并非所有不良后果的出现均为医院的过错行为所致，均应认定为医疗事故。

2. 治疗时机对患者病情的控制和治疗是很关键的。患者因为想追究医院的责任而拒绝接受治疗是对自己的不负责，可能因此而贻误最佳治疗时机，造成无法弥补的损失，给自己带来伤残。

新生儿臂丛神经损伤医疗损害赔偿案

一、案情简介

孕妇汪某临产入住医院，产前检查提示胎儿可能为巨大儿。医院决定对产妇实行自然分娩的生产方式。在分娩过程中，胎儿出现肩难产。新生儿出生后，发现右臂丛神经损伤，经法医鉴定认定构成伤残，伤残程度为五级。本例先后经区、市两级医疗事故技术鉴定委员会鉴定，皆被认定为二级乙等医疗事故。

患儿家长以法定代理人的身份向人民法院提起诉讼，要求医院承担因人身损害给原告造成的各项损失合计人民币1,528,153元。

二、双方的诉讼理由及法院判决

原告诉称：（1）原告之母产前健康情况正常。进行产前检查时，医院已经注意到胎儿是巨大儿，在这种情况下，按照医疗实践应对产妇实行剖宫产，但医院却没有充分认识巨大儿在分娩中可能出现的问题，决定对产妇实行自然分娩。在接生过程中，医院处理也存在过失，造成原告出生后窒息三分钟，导致发生缺氧缺血性脑病。另外，原告右臂丛神经损伤及颈交感神经综合征因为医院的过错行为无法治愈，右臂丛神经损伤达五级伤残，右上肢功能丧失。被告的错误医疗行为已经被有关机构认定为医疗事故，被告应当对原告的损伤承担全部责任。（2）被告医院应当赔偿原告医疗费230,094.4元（含12年内日常恢复性治疗费179,294.4元，将来手术费50,000元，治疗颈交感神经综合征的眼睑手术费800元）；住院期间营养费6,255元；住院期间伙食补助费8,340元；护理费531,182.9元；今后的就医交通费50,688元；残疾生活补助费361,823.1元；精神抚慰金100,000元，医疗事故经济补偿8,000元，法医鉴定费1,675.2元。上述款项共计人民币1,528,153元。

被告辩称：(1) 产妇在入院当时各项检查结果显示其没有必须进行剖宫产手术的手术指征，具有自然分娩条件，医生根据患者当时临床体征表现，选择由其自然生产而不进行剖宫产手术是符合诊疗原则的。新生儿出现右臂丛神经损伤是多种因素共同作用的结果，不应由医院承担全部赔偿责任。(2) 原告索要的今后治疗费用没有相应证据支持，不能确定该费用必然发生。既然原告主张了残疾生活补助费，就证明其残疾现状已不可改变，再行主张今后治疗费用自相矛盾。原告在医院期间的营养和伙食费用均由医院支付，并未由其实际承担，不存在赔偿伙食补助费及营养费的问题。原告年幼，本身就没有独立生活能力，即使不残疾也需要有专人进行护理，其父母有法定监护照顾义务，不应再由医方支付护理费。原告提出的医疗事故经济补偿 8,000 元属重复索赔，缺乏法律依据。请求法院在综合全面考虑各种致害因素后进行责任认定。

被告律师的代理意见为：本案原告右臂丛神经损伤的后果是由综合原因所致，医院在诊疗过程中存在的不足只是其中的影响因素之一，不能忽视原告自身较大及其母在分娩过程中产力较差等因素对损伤后果产生的影响。市医疗事故鉴定结论虽然认定患儿肩难产与医院的医疗行为有一定的关系，但从另一个方面肯定了患者后果的发生是受多种因素影响的，医院的诊疗行为并非唯一因素，不能因为医院医疗行为存在某些不当就要求其承担全部后果责任，这样无法体现法律的公平、公正和客观。在进行责任划分时，应当综合分析各种影响因素在本案中的责任比例，客观进行评价认定，保护当事人双方的合法权益。

该例经区医疗事故技术鉴定委员会鉴定，结论为：医院在对产妇分娩过程的处理中，未违反医疗原则，造成新生儿臂丛神经损伤主要是由于产妇第二产程产力较差，胎儿巨大，肩难产。但医院对巨大胎儿的诊断估计相差较大，否则行剖宫产结束分娩也许能避免新生儿损伤。

市医疗事故技术鉴定委员会的鉴定结论为：虽然目前的医疗水平尚不能对胎儿体重做出精确估计，但院方仅依据 B 超检查结果而不综合考虑临床实际，同时对可疑巨大儿在分娩过程中可能发生的问题也没有充分认识，产程中过早干预，与新生儿肩难产的发生有一定的关系。

一审法院经过审理，作出如下判决：

公民的合法权益受法律保护，由于过错侵害他人财产，人身权益的，应当承担民事责任。医院在原告之母分娩时对胎儿是巨大儿的可能性估计不足，采取的医疗措施不当，对产妇发生肩难产有一定关系，而肩难产又是造成原告右臂丛神经损伤的原因之一，故某医院的过错是造成原告损害后果的主要因素，应承担相应的赔偿责任。法院经向法医咨询，认为医院的不当医疗行为在造成损害后果的因素中所占的比例为 70% ~80%。至于原告主张的其目前存在的种种状况，法院亦向法医进行了咨询。法医认为：原告颈交感神经综合征表现不严重，将来有可能痊愈，故无须做眼睑手术；其目前可以做一般性治疗，但治疗效果不能确定；建议法院考虑支持其诉请中的一部分费用；至于今后手术，效果亦不能确定；原告今后如无幼儿园接收应考虑需要护理，但其以前及今后治疗期间不必专门补充营养，不需使用残疾用具。

根据案件事实，结合相关鉴定咨询意见，法院对除去原告主张的后续手术费和后续护理费以外的其他诉讼请求进行了责任认定。关于后续手术费和后续护理费，由于没有凭据，不属本案处理，可待今后事实发生后，凭有关单据再行起诉。最终判决如下：

（1）被告医院赔偿原告残疾生活补助费 271,383.3 元，住院期间护理费 11,807 元，住院伙食补助费 6,255 元，今后一般性恢复治疗费 25,000 元，残疾赔偿金 30,000 元，今后护理费 12,000 元，共计 356,445.3 元。驳回原告的其他诉讼请求。

（2）鉴定费1,671.2元，由被告医院承担；案件受理费，原告承担9,059元，被告承担7,857元。

在二审诉讼中，双方在二审法院的主持下达成如下调解协议：

（1）医院同意赔偿原告残疾生活补助费、住院期间护理费、住院伙食补助费、今后一般性恢复治疗费、精神抚慰金、今后护理费、残疾用具费共计366,445元。

（2）患儿将来是否有必要进行手术，可根据有关医疗机构意见确定，所发生的治疗手臂所需手术费用及因此而发生的其他相关费用，可另行起诉。

三、律师点评

一审法院在医疗事故技术鉴定委员会已经将本例确定为二级乙等医疗事故的情况下，并没有按照当时的审判惯例，简单机械地照搬鉴定结论进行案件的判决，而是采纳了被告律师的代理意见，就医疗事故鉴定中关于“医院不当医疗行为对造成肩难产有一定关系”的结论，专门向法医进行了司法咨询，并根据法医分析意见，综合考虑患儿产生肩难产的各种影响因素以及对应的后果责任比例，最终进行案件的判决。本案原告右臂丛神经损伤的后果系多种因素共同作用的结果，既有产妇自身的原因，又有胎儿巨大肩难产的原因，还有医院对客观情况估计不足，所采取的不正确分娩方式的原因。在多种因素导致同一损害后果的情况下，法院按比例区分，判决医院承担部分民事责任是合适的。在《医疗事故处理条例》尚未出台、医疗事故鉴定结论对各种因素比例未加区分的情况下，无论是主审法官还是代理律师，都能够不拘泥于形式，创造性地运用我国法学理论，注意到了本案中产生后果的原因力。原因力是指在构成损害结果的共同原因中，每一个原因对损害结果发生或扩大所发挥的作用力。原因力不等的，依原因力的大小相应调整一个比例，确定赔偿责任。该案区分了责任比例，在当时实属医疗事故赔偿案件审理中飞跃式的突破，使案件的处理结果更加趋向公正和相对公平，体现法律客观、公正、科学的精髓，也能得到当事人双方的理解和接受，是一例比较成功的典型判例，反映了审判人员较深的理论素养和较好的审判技巧。

但应当指出的是，本例虽然可以说是一起比较成功的典型判例，但在案件细节处理中仍存在一些不足。例如，对将来患儿是否需要手术的技术处理和最终判决支持残疾生活补助费本身就存在相互矛盾，因为评残本身的实际意义就是患者的状态和身体机能无法恢复和好转。本案既支持残疾赔偿金，又支持今后的治疗费，实际上是一种重复赔偿。如果患者今后继续治疗好转，可能就不再存在伤残的问题，或者伤残的等级高于5级，与原来评定的伤残等级不同，根据判决所支付的未来多年的伤残费就构成了法律上的不当得利。因此，伤残补助费和后续治疗费不应同时支持，两者应择其一而定。在此需要明确的是，今后改善功能治疗费与伤残所需的维持治疗费并非同一概念，不应将两者简单地混同于后续治疗费。在支持伤残补助费的同时支持维持伤残所需治疗费并不矛盾，但支持改善功能的后续治疗费与支持伤残费是互相矛盾的。

四、医院应当注意的问题

1. 医院病房医生在接诊时对门诊医生已经作出的诊断“可疑巨大儿”重视不足，过于相信仪器检测和测量计算，未结合临床客观体征考虑胎儿大小，对这种产妇自然分娩可能带来的后果预计不足，未能及时实行剖宫产手术，未尽到必要的注意义务。

2. 第二产程使用催产素不当，滴速太快，以致在胎儿巨大、肩难产的情况下娩出过程没有缓冲阶段，胎儿有窒息情况出现必须尽快拉出胎儿，造成新生儿右臂丛神经损伤。

3. 产前对患者的解释和告知不足，未能向患者交待产程中可能出现的医疗风险和后果，使孕妇及家属没有心理准备。

4. 分娩过程中医务人员服务态度较生硬，对患者的人文关怀体现不够，使患者心情不愉快，不能接受解释。

5. 医院对患者的诊治是由多个环节构成的，应当注意使所有的环节都符合诊疗规范，减少工作中的失误，避免患者发生损害后果，以最大限度保护患者安全。

五、患者应当注意的问题

1. 产科是一个高风险的科室，孕妇分娩过程是一个非常快的瞬间变化，往往会发生难以预料的事件。一个结果的出现往往有众多的因素，医院医疗行为存在不足不是唯一因素。

2. 即使医院存在医疗过错，也应当按照法律规定客观合理地索要赔偿，不要盲目索赔，不宜扩大损失，以免在法院不支持自己部分诉讼请求的情况下由自己承担诉讼费，增加损失。

胎死宫内、部分子宫切除医疗损害赔偿案

一、案情简介

某患者因怀孕发生妊高症继发胎儿死于宫内，并导致胎盘卒中，行剖宫术取出死胎并切除部分子宫。患者历经甲、乙、丙三个医院的诊治，认为甲、乙医院有诊治过错，将甲、乙医院告上法庭。

二、双方的诉讼理由及法院判决

原告诉称：1998 年 12 月份我因怀孕 21 周，在甲医院（二级）妇产科门诊建围产保健手册，行产前检查，于 1999 年 9 月 7 日、9 月 15 日两次进行常规检查，尿蛋白为 + +，浮肿 + +，血压正常，该院未给予治疗。9 月 16 日 14 时 30 分许，我感到胎动减少，此时为孕 34 周，我再次来到甲医院，医院对我进行检查，血压为 140/110mmHg，胎心为 140 次/分，无明显宫缩，但该院对我的情况仍未予以重视，未给我作任何治疗，嘱我回家休息，并在病历上写二周返检查。当晚 19 时许，我腹部剧痛，恶心呕吐，又到甲医院急诊，甲医院诊断为胎死宫内，胎盘早剥不除外。甲医院称其条件有限，无法判断是不是胎盘早剥，建议我转乙医院（三级）。晚 21 时许，我被送至乙医院，乙医院医生称夜间无“彩超”不能检查，对我推诿、拒绝。我被迫转至丙医院（三级）求诊，最后在丙医院经彩超诊断为胎死宫内、胎盘早剥、子宫胎盘卒中、妊高症、DIC、出血性休克，行剖宫取胎术和部分子宫切除术。造成我 7 级伤残，经医疗事故技术鉴定委员会鉴定为二级乙等医疗事故，故我要求甲、乙医院赔偿医药费、误工费、伤残补助费、精神损失费等，共计 529,413.73 元。

甲医院辩称：患者子宫切除的后果是多种因素所致，胎死宫

内是其自身妊娠过程发展所致，而胎盘卒中是胎死宫内所导致。患者在乙医院就诊时，又自行要求转往丙医院，延误治疗，导致子宫切除，患者自己应承担责任。

乙医院辩称：患者到我院后，我院很重视，作了收往院处理，但患者强调必须做“彩超”检查再住院，自己要求转往丙医院，我院的相应处理未加重其病情，不应承担任何责任。

某市医疗事故鉴定鉴定委员会经过鉴定，作出如下结论：甲医院由于医疗技术水平所限，医生对患者发生的胎盘早剥及胎死宫内负有一定责任。乙医院作为上级医院，在患者要求行“彩超”检查时未就胎盘早剥向患者详细交待病情及可能发生的严重后果，仅告知患者夜间不能做“彩超”检查，致患者转往丙医院延误诊疗时间，使患者胎盘早剥病情进一步加重，最终由于子宫胎盘卒中及 DIC 导致子宫次全切除，该病例构成二级乙等医疗事故。甲医院负 30% 责任，乙医院负 70% 责任。

法院经过审理，判决如下：医疗损害赔偿案件属侵权纠纷案件，根据侵权责任构成要件的理论，构成医疗损害赔偿责任应具备以下要件：（1）有损害后果；（2）有不当或过错医疗行为；（3）二者之间有因果关系；（4）医院有过错。

本案中，患者先后在甲乙医院就诊，甲医院对其妊高症认识不够，未能及时采取相应治疗措施，乙医院未告知患者病情的危险性及可能产生的严重后果，致使患者转往丙医院，延误了治疗时机，故甲乙医院的医疗行为均存在过错，均有不当之处。患者胎死宫内、胎盘早剥、子宫胎盘卒中、妊高症、DIC 及最终子宫次全切除的损害后果均与甲乙医院的过错及不当医疗行为有因果关系，故甲乙医院应承担赔偿责任。甲乙医院均不认可医疗事故技术鉴定委员会的鉴定结论及相关意见，并称患者自身亦对损害后果负有责任，但并未举出有效证据，故本院对责任的认定将以某市医疗事故技术鉴定委员会的鉴定结论及相关意见为依据。在共同责任中，有按份与连带之分，由于某市医疗事故技术鉴定委员会对甲乙医院的责任比例划分已提出相关意见，故本院将以按份责任原则，依据鉴定部门的意见确定甲乙医院的赔偿数额。综上，依据《中华人民共和国民法通则》第八十六条、第一百零六条第二款、第一百一十九的规定判决如下：

(1) 甲乙医院于本判决生效后30日内赔偿患者医疗费13,744.14元，残疾生活补助费146,088.2元，营养费600元，住院伙食补助费360元，误工费2,660元，护理费3,133元，交通费923元，精神损害抚慰金5万元，以上合计217,508.34元，甲医院赔付65,252.5元，乙医院赔付152,255.84元。

(2) 驳回原告的其他诉讼请求。

三、律师点评

1. 医疗事故鉴定结论存在的问题。

某市医疗事故技术鉴定委员会的鉴定未能区分患者自身存在因素。

(1) 该孕妇在孕32周发生妊高症的表现是其自身身体发生的变化，并非是医院医务人员造成其发生妊高症，而发生胎死宫内的原因是妊高症。尽管甲医院存在不足，未能及时对妊高症给予治疗，但即使进行了治疗也有可能发生胎死宫内的情况。如果甲医院在当时给予处理，该孕妇仍然发生胎死宫内，甲医院就不存在过错。因此，不能认定该孕妇胎死宫内的现象一定是由甲医院造成的。那么，该孕妇自身产生妊高症的因素所占的比例是多少呢？鉴定委员会的专家们未能作出区分，有失公平。

(2) 该孕妇经乙医院诊断被要求入院治疗处理，但其执意要求转往丙医院，不服从乙医院医生的医嘱延误治疗，有其自身存在的因素。专家们对此不作分析和确定比例也是有失公平的。

2. 法院判决存在的问题。

本案中，法院委托某市医疗事故技术鉴定委员会对该医疗纠纷进行鉴定，并依据鉴定结论确认甲、乙医院各自应当承担责任的比例，基本上体现了公平和公正，甲乙两家医院均未提出上诉。但对于患者自身疾病因素，因医疗事故鉴定结论没有提及，判决未能对此进行分析和考虑，这不能不说是一个遗憾。

法院在确定赔偿数额的问题上有不当之处。该案是在《医疗事故处理条例》出台之前判决的，按照最高人民法院《关于审理人身损害赔偿案件适用法律若干问题的解释》判决的残疾生活补助费明显偏高。法院的判决按人均期望寿命计算，比《医疗事故处理条例》规定的30年高出15年。根据《医疗事故处理条例》第五十条的规定，残疾生活补助费的赔偿数额要根据伤残等级，按照医疗事故发生地居民年平均生活费计算，最长赔偿30年。

精神损害抚慰金即使按照北京市高院《关于审理人身伤害赔偿案件若干问题的处理意见》规定的标准计算也明显偏高。该司法解释规定伤残精神损害抚慰金按人均收入计算，最高不超过5倍。本案事故发生时，当年人均收入是13,500元。现行《医疗事故处理条例》第五十条规定，按照医疗事故发生地居民年平均生活费计算。造成患者死亡的，赔偿年限最长不超过6年；造成患者残疾的，赔偿年限最长不超过3年。实际工作中，因为其是7级伤残，残疾程度为40%，综合考虑医疗事故等级、医疗过失行为在医疗事故损害后果中的责任程度、医疗事故损害后果与患者原有疾病状况之间的关系，应给予13,500×3×40%=16,200元，给予5万元显然过高。

四、医院应当注意的问题

1. 甲医院对孕妇产前的检查、观察、处理不认真。该孕妇在一周时间内进行的两次检查已表现有尿蛋白、浮肿，医生没有给予重视，未作任何处理。孕妇在第二天再次就诊时血压为140/90mmHg，已有妊高症的表现，医生仍未留观或进行相关处理，仅按常规在检查病历上记录请孕妇2周返检查，说明医生疏忽大意，忽视孕妇变化和妊高症的发生，不能认真观察、及时处理。本案中，即使当时医生给予患者治疗处理，患者还是有可能发生胎死宫内的情况，这是其病情发生发展的结果。但是，医生不能因此就放任对患者疾病的治疗，只有尽到应有的职责，医生方无法律责任。

2．孕妇发生胎死宫内情况后医院未能及时采取急救措施。甲医院发现其可能有胎盘卒中情况立即转送上级医院没有错误，但也可就地进行处理。乙医院发现患者情况不好时应立即给予处理，不应同意和放任其转院。

3．病历书写不规范。乙医院对该孕妇的就诊没有书写病历，只是在甲医院的病历检查单上简单写一些情况就建议收入院，缺少本院接诊急诊患者的病历记录，不能反映该院以及医生对患者的接诊情况。

4．未能充分履行告知义务。甲乙医院均未向该患者讲明胎死宫内、胎盘卒中后可能发生的严重后果，使患者未能认识到不及时处理的危险性，以致再次转院延误治疗。《医疗事故处理条例》第十一条规定：在医疗活动中，医疗机构及其医务人员应当将患者的病情、医疗措施、医疗风险等如实告知患者，及时解答其咨询；但是，应当避免对患者产生不利后果。从中可以看出，向患者告知有关情况是医务人员应尽的义务。

五、患者应当注意的问题

1．由于医疗行为的特殊性，造成医疗损害后果的原因多种多样。在患者自身的疾病因素与损害后果之间也存在一定关系的情况下，医院不应承担全部责任。

2．患者由于自身的原因延误治疗，导致损害结果发生的，其行为与损害结果也有一定的因果关系，按照《医疗事故处理条例》的规定，患者也要承担一部分责任。

宫内缺氧致婴儿损伤赔偿案

一、案情简介

某孕妇停经 40^{+5} 周于某年 9 月 10 日晚入住某医院，入院检查孕$_1$产$_0$头位，11 日经 B 超检查，提示羊水偏少，诊断妊娠高血压综合征（轻），巨大儿。于 12 日上午 10 时行剖宫产手术，产一男孩，阿氏评分 8－1－3 分。经气管插管、给氧、吸氧等抢救，考虑患儿为胎粪吸入综合征，缺血、缺氧性脑瘫（重病），转儿童医院治疗。一个月后患儿出院，出院诊断"新生儿胎粪吸入综合征，新生儿持续肺动脉高压，低钙血病，消化道出血，新生儿缺氧缺血性脑瘫（轻度）巨大儿。"出院结论为痊愈。不久，患儿向某医院提起诉讼。

二、双方的诉讼理由及法院判决

原告诉称：原告母亲孕 40^{+5} 周入院生产，某医院第二天检查 B 超羊水少，指数为 4.9，出现了手术终止妊娠指征。原告母亲找到医生要求行剖宫产，但医生以正在做另一妇科手术，没有多余手术人员为由拒绝实施剖宫产手术。当晚护士让母亲自己数胎动，同时让左侧卧位吸氧 2 小时，结果发现胎动比平时(30～40 次/小时）减少了许多，只有 12 次，医生对其做了 20 分钟胎心监护。晚 8 时，医生告知次日上午 7 时做剖宫产手术，让家属早 7 时来签字。第三天早上 5 时 30 分，原告母亲胎心监护出现延长减速一次，再次出现明显的手术终止妊娠指征。医生来了只是说手术室不知有何事不能做手术，等到 8 时左右才让做备皮，等到 9 时 48 分才接我母亲进手术室，10 时 25 分手术结束，原告出生。但原告出生后只出现两声微弱哭声，就再也没有出声，医生急速拍打其足底，此时已处于极度危险状态。医院建议放弃对于原告的抢救，原告父母坚决不同意。因某院设备不足，将其转送儿童医院。儿童医院医生说原告是严重缺氧，因羊水重度污染，胎粪吸满两肺，呼吸及心跳停止，生命十分垂危。经原告全家多方筹借资金，支持儿童医院治疗，其间人工控气囊3天，高频呼吸机上了14天，普通呼吸机上了8天，插管吸氧16天。经过一个半月抢救，因家里无力承担住院费只好将其接回家，全部费用达6万元，原告的身体和精神遭受了极大的痛苦和打击。

综上，原告母亲因生产到某医院住院，某医院负有提供安全、及时服务的义务，但由于被告医院工作人员严重不负责任，在原告母亲出现明显的手术终止妊娠指征的情况下，未及时施行剖宫产手术，且术后抢救措施严重错误，致使原告出生后生命垂危。虽经儿童医院全力抢救脱险，但费用高达5万余元，且大量药物治疗对原告今后成长发育将产生重大不利影响。依《民法通则》、《民事诉讼法》规定，请被告赔偿精神损失费10万元、治疗费53,911.37元、营养费3,600元、误工费2,472元、交通费30元、法医鉴定费1,500元、律师代理费5,000元、雇保姆费21,600元，合计188,113.37元。

被告辩称：原告之母11月29日到被告医院就诊，检查发现其有浮肿，此时尚未出现血压高症状。考虑其有妊高症发生的倾向，医生要求原告之母入院，终止妊娠，并向其开具入院通知单。但原告之母拒不执行医嘱，不入院治疗。原告之母一直到一周后即12月6日方入院，此时其血压已经升至130/95～100mmHg，水肿（+），出现了妊高症，入院诊断：①妊娠40^{+5}周，孕$_1$产$_0$头位；②妊娠高血压综合征；③巨大儿。入院后给予吸氧，完善各项化验检查，予胎心监护，监测血压。第二天下午B超检查提示“羊水过少（4.9cm）”，胎心监护无异常。因医师在抢救其他病人，嘱其左侧卧位并予吸氧，注意数胎动，如有胎动过频或过少、腹痛等异常，随时通知医生。原告之母自诉胎动比平时多，晚9时胎心监护无异常，并不是如原告所述

"胎动减少许多，只有12次"。入院第三天早上7时再行胎心监护，有一次延长减速达3分钟。考虑可能有胎儿宫内缺氧，估计胎儿体重4000g，有剖宫产手术指征，即于当日上午急诊手术。但医院妇产科手术台安排是每周一、三、五，其他时间没有手术台，而原告之母周一入院，周二进行各项检查，周三急诊手术，故要与别人预先安排的手术进行调整，因此于上午10时行手术。原告出生后哭了两声，出现胎粪吸入综合征，阿氏评分1分钟为8分，5分钟为1分，10分钟为3分，立即给予气管插管、胸外按压等积极抢救，原告逐渐好转。但因条件有限，将其转往儿童医院治疗。

被告认为：（1）原告宫内缺氧现象是其母亲在孕期产生妊高症羊水过少所致，并非是延误手术所致。延误手术只能使其缺氧现象延长或加重，而不是导致其产生宫内窘迫，司法鉴定结论缺乏科学、事实依据。（2）原告经被告积极有效抢救及儿童医院治疗已经痊愈，没有遗留不良后果，有儿童医院出院诊断为证。（3）原告出现缺血缺氧性脑瘫，胎粪吸入综合征，新生儿持续肺动脉高压是由多种因素所致，并非由于一种因素。其母体病情发展，妊高症产生，其母不遵医嘱及早入院错过正常安排手术终止妊娠时机，医院现在客观条件有限，没有手术床，医务人员少，同时还要抢救其他病人等因素，都是导致原告出生后疾病的原因。对于手术时间延迟，应按照各种因素的情况分清各自的责任比例。

一审审理期间，法院委托某市法庭科学技术鉴定研究所进行鉴定。鉴定结论为："医院在对原告之母的诊治过程中，入院诊断是正确的，前期处理得当，在已明确需急诊手术的情况下，存在延误手术时机之不当，此是导致患儿宫内窘迫的主要原因。"

一审法院经审理认为：原告之母到被告处住院生产，被告应尽及时、正确接生之义务。因被告在接生过程中存在延误手术时机的过失，且该过失直接导致原告出生后出现新生儿胎粪吸入综合征、新生儿缺氧缺血性脑病、新生儿持续肺动脉高血压等症状，故被告的行为侵犯了原告的合法权益，应承担由此给原告造成的合理经济损失。因原告为婴儿，出生时的症状及大量药物治疗会给原告以后的健康造成影响，给原告带来精神痛苦，故被告应当赔偿原告精神损失抚慰金。因原告的法定代理人不具备专业医学知识，其为诉讼而聘请法律专业代理人所支出的费用，应为原告的合理经济损失。因原告系新生儿，以乳液为食品，不能补充其他营养，故在将奶费计入合理损失范围的情况下，对原告另提出营养费损失的请求，本院不予支持。原告主张的原告法定代理人的误工费、保姆费的损失，因未向法院提供有效证据，本院不予支持。被告主张延误手术时机与原告之母未能及时住院治疗有关的抗辩意见，因原告之母入院初未出现剖宫产的手术指征，故被告对原告接生过程中存在延误手术时机与原告之母未按被告要求住院无关。被告的上述抗辩意见本院不予采信。综上，依《民法通则》第一百零六条第二款、第一百一十九条判决如下：被告医院赔偿原告医药费53,542.77元，精神损失抚慰金80,000元，律师代理费5,000元。鉴定费1,500元及法医出庭费200元，均由被告医院承担，诉讼费由原告承担762元，被告承担4,510元。

被告不服，提出上诉，二审法院维持原判。

三、律师点评

法院对此案的判决存在以下几个问题：

1. 法院没有重视对法医的当庭质证结果。

依据我国法律规定，未经庭审质证的证据，不能作为定案的根据。可见，质证是使法官做到“兼听则明”的制度性保证。在本案中，虽然法医鉴定结论认为“延误手术时机之不当是导致患儿宫内窘迫的主要原因”，但在当庭质证时，法医明确表示，胎儿窘迫就是宫内缺氧，而原告宫内缺氧情况在其做手术前就已经存在。这就表明，如果不是病人本人身体内的病情发生变化，是不会发生宫内缺氧现象的。延误手术只能使缺氧的时间延长，而不能造成缺氧，因此导致原告产生上述疾病的原因主要是宫内缺氧而不是延误手术。可见，鉴定人在质证过程中已经更正了其在鉴定结论中的说法。但是，法院并未采纳当庭的质证意见，在判决中仍然引用鉴定结论中的意见，使得对鉴定结论的当庭质证成为一种形式，没有起到质证的真正作用。

2．法院没有区分原告之母和被告之间的责任比例。

我国民法中的相当因果关系说强调混合过错中的原因力，即产生一个损害事实可能有多种因素，应当区分各因素所占的比例。我国《民法通则》第一百三十一条规定：“受害人对于损害的发生也有过错的，可以减轻侵害人的民事责任。”根据《医疗事故处理条例》第三十三条第五项的规定，因患方原因延误治疗导致不良后果，医务人员无须承担责任。原告之母不遵守医嘱，错过最佳手术时机，导致其疾病出现变化，入院时已出现妊高症，宫内缺氧，其母亲应对自己不遵守医嘱的行为负一定责任。

3．法院以“原告出生时的症状及大量药物治疗会给原告以后的健康造成影响”为由判决被告赔偿精神损害抚慰金8万元，没有依据，且精神抚慰金的数量明显过高。

首先，法院判定“原告出生时的症状及大量药物治疗会给原告以后的健康造成影响”，没有依据。对于侵害发生后是否发生损害后果及损害程度是需要有证据证明的，一般需要出示医疗事故技术鉴定委员会出具的鉴定结论。本案中，鉴定结论只认定医院的行为和损害结果之间存在因果关系，并未认定原告今后需要继续治疗及对原告产生的影响，法官不应仅凭自己的想象来判断是否会给原告的健康和生活造成影响。何况，最高人民法院《关于确定民事侵权精神损害赔偿责任若干问题的解释》第八条明确规定：“因侵权致人精神损害，但未造成严重后果，受害人请求赔偿精神损害的，一般不予支持。”因此，不仅要判断是否会造成影响，还要判断造成何种程度的影响。

该市高院字高法发（2000）239号《关于审理人身伤害赔偿案件若干问题的处理意见》第二十五条规定："侵权行为致人身体伤残，受害人请求精神损害抚慰金……致人残疾的赔偿数一般不超过我市城镇职工上一年平均工资收入的5倍。"如按此计算，该市1999年城镇职工平均收入13,778元，5倍不过是68,890元。也就是说，根据该市高院的规定，致人残疾精神损害赔偿最高不超过7万元。如果根据《医疗事故处理条例》的规定，按医疗事故发生地城镇职工上一年平均工资收入3倍计算，则只有41,334元。本案中，在没有任何鉴定结论证明原告出现伤残或不良后果的情况下，一审及二审法院判决被告给付原告8万元精神抚慰金，数额偏高，缺乏依据。

4. 判决赔偿律师费没有法律依据。

判决要求被告赔偿原告律师费也同样缺乏依据。该判决明确其依据是《民法通则》第一百一十九条。第一百一十九条规定："侵害公民身体造成伤害的，应当赔偿医疗费、因误工减少的收入、残废者生活补助费等费用；造成死亡的，并应当支付丧葬费、死者生前扶养的人必要的生活费等费用。"其中不包括律师费。根据《医疗事故处理条例》的规定，医疗事故的赔偿范围包括医疗费、误工费、住院伙食补助费、陪护费、残疾生活补助费、残疾用具费、丧葬费、被扶养人生活费、交通费、住宿费、精神损害抚慰金。从上可以看出，我国法律并没有关于赔偿律师代理费的规定，本判决要求被告支付律师费缺乏法律依据。

四、医院应当注意的问题

1. 医院对孕妇的病情变化重视不足。当发现孕妇有羊水减少、胎心减速延长情况时，应及时行剖宫产手术，尽快安排医生和手术台，不能拖延。延误时间可加速孕妇的宫内缺氧，造成对胎儿的不利，医院也会为其延误治疗时机承担责任。

2. 医院在第一次给孕妇开具住院单时，应保存好开具的单据，同时明确告知患者及其家属不及时住院可能产生的不良后果，并让患者签字。如果是由于患者的原因延误诊疗导致不良后果，医院不需承担责任。

五、患者应当注意的问题

患者应时刻关注自身病情的发展，不能以自己没有不适症状或者自己想当然的认识而不遵守医嘱。正常待产和出现妊高症对胎儿的影响是不一样的。如果由于患者或者其家属的原因延误治疗时机，则患者要为自己的过错承担责任。

二、举证责任相关案例

丙肝患者诉医院输血行为侵权案

一、案情简介

患者刘某 1995 年在某医院接受治疗时曾有过输血经历。2001 年，该患者再次到该医院进行体检时被告知患上了丙型肝炎。患者刘某认为是该医院在 1995 年给其使用白蛋白药物及输血行为所致，故向法院起诉，要求医院承担赔偿责任。

二、双方的诉讼理由及法院判决

原告诉称：我于 1995 年患原发性血小板减少性紫癜血液疾病到被告处住院进行手术治疗，当时被告曾为我输入 600 毫升血液及 200 毫升血小板，出院后我一直感到身体虚弱、倦怠，但以为是病愈后的恢复期所致，并未怀疑其他。直至 2001 年 6 月，我到被告处体检，才得知自己患上了丙型肝炎。丙肝是通过输血及体液传染的，我 1995 年在被告处进行治疗时并未患丙肝，此后也未有其他输血史，所以致病原因只能是被告的输血及使用白蛋白药物行为。由于目前并没有治疗丙肝的特效药，我只能依靠干扰素进行治疗，每月花费 2,000 至 3,000 元，给家庭造成了沉重的负担，自己精神上也遭受了极大的痛苦。故诉请法院判令被告赔偿治疗费、误工费、精神损害赔偿费共计 68,892.30 元，并承担后续治疗的费用。

被告辩称：患者刘某是 1995 年 9 月因患原发性血小板减少性紫癜到我院治疗的，1995 年 10 月医院在治疗期间输血小板 200 毫升，同年 11 月 1 日至 6 日又输了免疫球蛋白。11 月 16 日在手术治疗过程中又输血 600 毫升。经治疗，患者痊愈出院。医院对患者诊治正确，输进患者体内的血是按规定由 ××市血液中心提供的，供血者经过规定的检验审查，输血过程符合国家规定，使用的血制品来源合法，整个输血过程我院不存在任何过错，原告的诉讼请求缺乏事实和法律依据，请求法院驳回原告诉请。

一审法院认为：主张医疗机构的医疗行为构成侵权，患者要求医疗机构承担民事责任的，必须满足以下条件：患者受到损害；患者的损害是由医疗行为引起的或两者之间存在因果关系；医疗机构在实施医疗行为时在主观上存在过错；行为具有违法性。

本案系因输血引发纠纷，其关键在于因果关系的确定和医疗机构的医疗行为是否存在过失。原告所患为丙型肝炎，故本院就病毒性肝炎特别是丙型肝炎的特性作以下分析。病毒性肝炎是指几种不同的嗜肝病毒所引起的感染性疾病，病理学上以急性肝细胞坏死和炎症反应为特点。临床表现变异很大，包括无症状的亚临床型（隐型感染），自限性的急性无黄疸型和黄疸型肝炎以及少数发展为重症肝炎者。在当前医学发展水平条件下已确定的病毒性肝炎病因至少有5种：（1）甲型肝炎病毒（HAV）；（2）乙型肝炎病毒（HBV）；（3）丙型肝炎病毒（HCV）；（4）丁型肝炎病毒（HDV）；（5）戊型肝炎病毒（HEV）。此外，尚可能有已型和庚型，但尚未确定。各型病毒性肝炎的临床表现基本相同，无法区别。依目前的医学水平，对于丙型肝炎的体外病毒分离和传代尚未成功，而该肝炎的传播途径依《临床肝胆系病学》（江绍基主编，上海科学技术出版社1992年12月第1版）介绍，“主要通过输血、血制品输注、注射、性生活、母婴和密切接触而传播”。在过去报告的输血后非甲非乙型肝炎中，至少有80%~90%可以确定为丙型肝炎。而在丙型肝炎中，约有50%以前无输血或血制品史，也无注射史，而是通过接触而传播依《丙型肝炎基础与临床》（郝飞、余宙耀主编，人民卫生出版社1998年9月第1版）介绍，“除输血传播外，其他肠道外传播

HCV 的途径包括静脉注射毒品、性传播、日常接触传播等。”“尽管丙型肝炎的流行病学研究较为广泛，但仍有许多问题尚未解决。最重要的是约 20% ~40% 丙型肝炎病人不能追踪获得明确感染来源。”通过以上分析可以得出结论：目前丙型肝炎在输血以外尚有多种传播途径。故输血仅为患丙型肝炎的原因之一，并非排他性的唯一传播途径。

从医院的行为分析，医院从市血液中心取得全血、血小板以及从某医药开发公司买进血液制品免疫球蛋白的行为合法。原告对市血液中心的记录内容提出异议，但根据记录，该血液中心已对供血者是否属丙型肝炎病毒携带者进行检查，故原告所提异议本院不予采信。另原告对某医药开发公司的存在与否提出异议，本院到有关部门调查得知其确实存在，同时原告对该公司的经营范围提出异议，但医院提供的证据证明，某医药开发公司有血液制品的经营范围。在原告仅提出种种质疑，但综合其提供的全部证据仍无法认定医院医疗行为有过错的情况下，现依据医院提供的证据及本院的调查结果，本院认定医院的医疗行为并无过错。

因医疗损害不一定由医疗行为所造成，确定医疗行为是否存在过错，医疗行为与损害结果之间是否有因果关系是医院承担损害赔偿责任的前提。在不能确定原告患丙型肝炎与医疗行为有必然的因果关系，而医院医疗行为又无过错的情况下，医院不应承担赔偿责任。故本院对原告要求被告予以赔偿的诉讼请求不予支持。综上所述，依据《中华人民共和国民事诉讼法》第六十四条之规定，判决如下：

（1）驳回原告要求医院赔偿治疗费 21,925.8 元、误工费 16,300 元、交通费 591 元、精神损失费 30,000 元并承担后续治疗费的诉讼请求。

（2）驳回原告要求被告医院赔偿检查费 65.5 元的诉讼请求。

案件受理费 2,576 元，由原告负担，已交纳。

一审判决下达后，原告方以一审认定事实不清、程序违法为由向上级法院提起了上诉。二审法院认为：患者在医院住院治疗期间，虽接受了输血及输入血液制品的医疗行为，但没有证据证实医院在医疗诊疗过程中存在过错导致患者感染丙肝病毒，且患者系在医院治疗多年后，才发现感染患病，而根据医学文献的记载，输血并非感染丙肝病毒的唯一途径，不排除通过其他途径感染的可能。患者坚持是在被告处治疗期间感染丙肝病毒的主张缺乏事实和法律依据，对其诉讼请求，法院不予支持。依照《中华人民共和国民事诉讼法》第一百五十三条第一款第一项的规定，判决如下：

驳回上诉，维持原判。

三、律师点评

在本案中，医疗机构按照《最高人民法院关于民事诉讼证据的若干规定》第四条第一款第八项规定的举证责任提供了原告 1995 年在被告处住院期间给其治疗、输血过程的全部正常结果的检测资料及购入血液及药品机构的合法资质证明，证明被告的医疗行为均未违反国家当时的管理规定，不存在过错。被告已完成法院给其分配的举证责任。

原告方在本案中主张的是侵权之诉。根据我国民事法律的有关规定，构成侵权有四个必备要件：①行为人有过错；②行为人的过错与损害后果之间有因果关系；③行为具有违法性；④受害人有损害事实存在。这四个要件缺一不可。由本案中，可以看出：（1）原告虽然有丙肝感染事实，但感染丙肝的途径有很多，且其在事隔 6 年之后发现，不能确定其感染丙肝的事实是因医院的医疗行为所致。（2）医院在给其治疗时，按照当时国家规定输血操作程序进行了相关检查，尤其是市血液中心对供血者进行了丙肝检测，结果为正常。医疗行为符合国家规定，医院没有过错，因此不构成民事侵权。

退一步考虑，由于医院在整个操作过程中没有违规行为

（有可能是由于供血者的血液处在医学中所称“窗口期”，即供血者是丙肝病毒携带者，但处于潜伏期，血液检测正常），即使原告感染丙肝的原因是由于医院1995年的输血行为所致，医院的行为仍不能构成侵权，也不应当承担侵权责任。

法院判决被告不承担任何责任是完全正确的，是符合法律规定的。

四、医院应当注意的问题

1. 医院应当建立完善的院内档案管理制度。按照我国卫生部2002年颁布的《医疗机构病历管理规定》第三条，医疗机构应当保存每一个病人的病历及与病人有关的其他资料，如各种与血站来往的单据、检测报告、供血者姓名。申请用血单应准确记录申请用血时间与输血时间等，记录哪位供血者的血源输给哪位病人。

2. 医院不管从何种渠道购进药品，都不要忘记审查对方的资质，并且应当保留对方企业资质、经营许可证、经营范围等证明文件的复印件，妥善保存购药发票以及从药库领药到科室的领药单。

五、患者应当注意的问题

1. 丙型肝炎的传播途径并非只有输血一种，且一般潜伏期最长是一年左右，不能因为曾经在医院输血就认定是医院输血感染，得了丙肝就要医院赔偿。即使是与医院输血有关，只要医院没有过错，根据2002年生效的《医疗事故处理条例》第三十三条第四项的规定，无过错输血不构成医疗事故，医院仍然不承担赔偿责任。因此，患者应在咨询、认真分析后再确定是否进行诉讼，以免浪费精力和费用，承担败诉结果，扩大损失。

2. 白蛋白是一种药品，而不是血液制品，医院使用白蛋白受药品管理法规的调整。医院向患者注射白蛋白与给其输血不是一个概念，因此不能按照输血操作过程来要求输入白蛋白药物的操作过程。

涉及多种鉴定的医疗损害赔偿案

一、案情简述

1998 年 12 月 14 日，患者刘某因“左髋部疼痛不适一年余”到某医院就诊，入院诊断为“左股骨头无菌性坏死，左骶髂关节炎”。某医院于 1998 年 12 月 23 日为刘某行股骨头减压植骨术，术后配合相关治疗，刘某左髋疼痛消失，至 1999 年 3 月 8 日刘某已可扶拐下地活动。1999 年 3 月 26 日刘某再次出现左髋部疼痛，后经进行各项相关检查，并请多位外院知名专家复诊，诊断为“强直性脊柱炎”。

刘某向某人民法院起诉，诉请法院判令某医院向其赔偿人民币总计 4,433,088 元。

二、双方的诉讼理由及法院判决

原告诉称：1998 年 12 月 14 日，原告到医院检查腰部，被误诊为股骨头缺血性坏死，并于 1998 年 12 月 23 日仅凭一张 X 光造影片行植骨减压手术。该手术是在 DSA 血管造影技术下完成的，股骨头是否坏死应看得一清二楚，但主刀医生并未停止手术，手术后当日下午为原告行牵引治疗。此间医院给原告使用了对强直性脊柱炎毫无治疗意义但长期使用会使股骨头真正坏死的激素类药物。原告对省高级人民法院技术鉴定结论中“医院的误诊、误治不是导致患者刘某五级伤残的直接原因”的内容有异议，正是由于医院的误诊、误治才导致原告伤残。医院实施了错误的医疗行为，造成了严重不良后果，应承担全部民事责任。原告还认为，其股骨头坏死疾病并不存在，股骨头至今完好，原告是典型的强直性脊柱炎。如医院正确治疗，原告在 2 至 3 个月内可治愈。医院手术后牵引治疗加重了强直性脊柱炎病情，使病灶提前发作，加之误诊误治时间太长，严重损坏了腿部神经，腿部肌肉严重萎缩，骨钙大量流失，骨质严重疏松。

被告辩称：医院“左股骨头缺血性坏死”的诊断依据充分，治疗正确得当，不存在过失行为。原告入院时强直性脊柱炎临床表现不典型，疾病处于稳定期，增加了诊断难度，入院三个月后强直性脊柱炎进入活跃期，医院及时作出诊断，并给予相应治疗。原告现在髋关节僵直、脊柱活动受限等状况系强直性脊柱疾病本身发展过程所致，与医院诊治无关。原告患强直性脊柱炎及伤残不是医院直接造成的，医院不构成侵权，不应承担赔偿责任。

关于本例，一共进行了以下几次鉴定：

（1）某市某区医疗事故技术鉴定委员会认定该例为三级甲等医疗技术事故。

（2）某市医疗事故技术鉴定委员会认定此例不属医疗事故。

（3）某省医疗事故技术鉴定委员会认定：“①在某医院为患者刘某诊治过程中，医院治疗无过失；②医院开始虽未明确诊断强直性脊柱炎，但治疗手段是正确的，行股骨头减压植骨术、介入治疗、牵引、抗炎治疗均不违背治疗原则；③患者目前状况系强直性脊柱炎疾病本身发展过程所致，与治疗无关。”鉴定结论为：“本例不属医疗事故。”

（4）患者刘某的代理人自行委托某市××物证鉴定中心进行鉴定，鉴定结论认为：刘某应确诊为强直性脊柱炎，其左侧股骨头囊性改变系强直性脊柱炎所致，某医院对刘某所患强直性脊柱炎早期误诊为“股骨头无菌性坏死”，并且进行了无效治疗，延误正确诊治和治疗近四个月，医院负有不可推卸的责任。

（5）某医科大学法医鉴定中心接受刘某代理人的委托作出鉴定，鉴定结论认为：刘某左髋骨关节伤残程度已达五级，某医院的误诊、误治对刘某左髋关节病变进展具有加速和促进作用，是导致该关节强直的关键因素。

（6）一审期间，经刘某申请、某医院同意，一审法院委托某省高级人民法院司法技术鉴定中心对“某医院对刘某是否存在误诊、误治”进行鉴定。某省高级人民法院的法医鉴定结论内容为：“①术后因再次出现髋关节疼痛等表现，经请有关专家进行会诊，诊断为强直性脊柱炎，但未排除患者原先患有股骨头无菌性坏死。②刘某 1998 年 12 月 7 日所拍骨盆片即显示双侧骶髂关节与双侧髋关节关节间隙狭窄，关节面欠规则，说明其强直性脊柱炎已进入中期。③某医院按股骨头无菌性坏死而非强直性脊柱炎制订治疗方案，在刘某入院后进行了手术和介入治疗。这些治疗本身对刘某的疾病没有直接的不良影响，但术后左下肢持续皮牵引、保持制动等在事实上延误了强直性脊柱炎的治疗。④误诊、误治不是导致相应关节功能障碍甚至功能完全丧失的原因，但延误治疗或治疗不当会促使相应关节僵直畸形的发生，而使功能障碍较早出现。⑤误诊、误治不是导致该伤残结果出现的直接原因，但对该伤残结果的出现有促进作用。”

一审法院认为：（1）某省医疗事故技术鉴定委员会作出最终鉴定结论认为，本医疗事件不属医疗事故，但只要违反了合同义务，符合了民事责任的构成要件，医院仍应承担责任。（2）某医院对此例有重大过失，其行为侵害了刘某的健康权和身体权，应承担相应的民事责任。（3）虽然自 1999 年 5 月 17 日后某医院对刘某进行了正确的治疗，但在此时间之后刘某的医疗费、误工费、住宿费和交通费以及因鉴定而支出的费用，某医院仍应承担责任。（4）对刘某要求的残疾生活补助费和今后医疗费的赔偿比例由本院酌定为 50%。赔偿费用共计人民币 175,700 元整。

三、律师点评

（一）医疗事故鉴定存在的问题。

1. 区、市、省三级医疗事故鉴定结论共同存在的问题。

（1）区、市、省三级医疗事故鉴定结论过于简单，均未详细分析该患者股骨头坏死产生的原因以及医院诊断、治疗股骨头坏死是否不正确，与患者强直性脊柱炎产生有否因果关系，使法官对患者提出的问题未能作出明白解释，不能心证医院无错。

（2）鉴定结论未能用医学理论分析强直性脊柱炎目前尚无特效治疗手段，该患者关节僵直的结果是必然要发生的，这是由于现代医学技术水平的局限及个体差异所致。同样，该鉴定结论不能让法官信服强直性脊柱炎是一个症状表现不典型、目前尚无治疗方法的疾病。

（3）鉴定结论未能分析该院出现误诊误治的原因，如医院规模、所处地区、技术水平的局限、该病例的罕见、患者症状不典型、难以诊断、医务人员是否有过错等。

由于分析不够，造成法院对结论不理解或不能透彻理解，致使反复做鉴定，医疗事故鉴定的结论没有取得相应的法律地位。

2．某市××物证鉴定中心的鉴定结论存在的问题。

（1）单方委托不符合法定程序。依据当时生效的《医疗事故处理办法》第十一条的规定，病员及其家属和医疗单位对医疗事故或事件的确认和处理有争议时，可提请当地医疗事故技术鉴定委员会进行鉴定。原告在诉讼中单方自行委托某物证鉴定中心进行鉴定，未经法院及被告同意，程序不合法。

（2）鉴定依据的资料不真实。该鉴定所依据的资料是未经被告核实的复印件，缺乏真实性，也违反双方到场核实资料的鉴定程序的要求。

（3）物证鉴定中心没有医学临床鉴定资质。该鉴定中心的执业范围是对证据中的物证部分进行鉴定，不具有对人身和医疗诊疗技术行为进行鉴定的法定资质，对本医疗行为的鉴定超出了其业务范围。

鉴于上述原因，法院未采信该物证鉴定中心的鉴定结论。

3．某医科大学法医鉴定中心的鉴定结论存在的问题。

（1）与某市××物证鉴定中心的鉴定结论所出现的问题相同，在作出该鉴定结论的过程中，原告也是未经法院同意单方委托。该鉴定使用的资料仍然是原告单方提供的复印件（包括病历、X 片、CT 片），未经被告方核实认可，故其所依据的鉴定资料缺乏真实性，同样违反双方到场核实资料的鉴定程序的要求，鉴定结论缺乏法律证明效力。

（2）鉴定机构的资质问题。该法医鉴定中心是经本省司法厅批准，只能在本省范围内进行业务活动的鉴定机构，不具有对外省进行鉴定的资格。同时该鉴定机构不具有对医疗诊疗技术鉴定的资质，执业范围只有伤情和伤残程度的评定，对本医疗行为进行鉴定超出了其业务范围。

另外，需要强调的是，全国人大常委会法制工作委员会在 2005 年 9 月 22 日给卫生部的回函《关于对法医类鉴定与医疗事故技术鉴定关系问题的意见》中明确指出，"医疗事故技术鉴定的组织方式与一般的法医类鉴定有很大区别，医疗事故技术鉴定的内容也不都属于法医类鉴定，但医疗事故技术鉴定中涉及的有关问题，如尸检、伤残等级鉴定等，属于法医类鉴定范围。"可见，医疗事故鉴定和法医临床鉴定二者的实质是不同的，但在伤残和尸检的问题上有交叉的地方。法律并未赋予法医鉴定机构进行临床医学鉴定的资质。然而在实践中，法医鉴定机构却越来越多地参与到医疗纠纷中来，由非临床专业的法医进行临床诊疗技术的鉴定。从法律上来说，这些鉴定行为都是违反法律规定的，超出了法医鉴定机构的鉴定范围。这会导致鉴定的混乱，影响鉴定结论的效力和地位，造成法律审判的不公正，影响法律的权威性。

（3）回避问题。根据当时的《医疗事故处理办法》第十五条及 2002 年的《医疗事故处理条例》第二十六条的规定，专家鉴定组成员与医疗事故争议有利害关系的，应该回避。原告律师本身系该法医鉴定中心法医，致使鉴定组专家与本案存在利害关系，其鉴定结论的证明效力低。

故此，法院仍然没有采信此份鉴定结论。

4．某省高院法医鉴定结论存在的问题。

（1）鉴定结论存在自相矛盾之处。该鉴定结论已认定患者在入院前，其强直性脊柱炎已进入中期，而不是初期，病情较重，该病为原因不明的慢性进行疾病，目前临床对该病缺乏有效治疗措施，早中期的综合治疗不能避免关节最终被破坏致僵直的出现，认定了其疾病的自然发生发展过程是现代医学水平所不能阻止的，也认定医院采取的治疗措施对其没有加重影响，但在最终结论中却认定医院的诊疗行为对其强直性关节僵直有促进作用，明显存在自相矛盾之处。医院虽然未能及早诊断，延误强直性脊柱炎的治疗，但因目前医学无特殊治疗手段，即使早期治疗也无法避免发生僵直后果，这应当是疾病自身和医学水平局限的问题。

（2）患者后果与医院误诊误治的因果关系没有进行分析。误诊误治产生的因素有多种，发生误诊误治不等于医院必然有错。根据当时的《医疗事故处理办法》第三条及 2002 年修订的《医疗事故处理条例》第三十三条的规定，在医疗活动中由于病情或病员体质特殊而发生难以预料和防范的不良后果的；发生难以避免的并发症的，在现有医学科学技术条件下，发生无法预料或者不能防范的不良后果的，不属于医疗事故。对于本案是由于医院及医护人员存在过错，未尽到应有的注意义务（如检查项目不齐全等），还是由于该疾病的不典型，医生缺乏诊断依据，抑或是由于患者自身疾病的特殊、医学检查治疗水平的局限、医院所处的位置和等级等条件，该鉴定结论没有进行分析。我们既不能简单地将误诊误治与医院过错划等号，也不能将患者的后果与医院的过错划等号。

（3）鉴定结论内容存在疏漏。依据 2002 年出台的《医疗事故处理条例》第三十一条第二款第六项的规定，医疗事故技术鉴定书应当包括医疗过失行为在医疗事故损害后果中的责任程度。该鉴定结论如果确认医院误诊误治与患者后果有关，医院存在过错，就应当对其造成患者后果的促进作用所占的比例进行分析。同时，也应对患者是否需要医疗护理作出建议，《医疗事故处理条例》第三十一条第二款第八项对此作出了规定。该鉴定是在《条例》出台后进行的，所以应当加以参照，并在鉴定书中有所提及。

（二）法院判决存在的问题。

1. 法院判决医院同时承担违约和侵权两种民事责任，造成法律运用上的混乱。违约和侵权是两种不同的诉由，也是两种不同的法律关系，适用的法律是不同的。根据《合同法》第一百二十二条之规定，在违约责任与侵权责任竞合的情况下，当事人可以在违约损害赔偿请求权和侵权损害赔偿请求权中择一行使。本案中，原告的诉讼请求表明原告选择的是侵权损害赔偿请求权。法院应该针对双方当事人争议的事项或一方当事人提出的实体权利主张进行判决，而不能将两种法律关系混在一起作出民事判决。故本案中，法院判决涉及医院违约的问题是错误适用法律，判决不正确。

2. 在无法认定原告的病情后果与医院之前的误诊误治行为存在直接的因果关系的情况下，判决医院负担 1999 年 5 月 17 日以后医院对原告进行正确治疗所花费的所有费用以及误工费、住宿费、交通费、鉴定费用，于法无据。

3. 法院应在事实清楚、证据确实充分的基础上作出判决。在本案中，判决依据的重要证据是鉴定结论，而该鉴定结论并没有明确医院在事故中的责任比例，法院酌定医院承担 50% 于法无据。况且，原告也无 175,700 元损失的证据。

四、医院应当注意的问题

医院在诊疗过程中，应穷尽各种检查方案，以达到对病情全面、综合的把握，进而对症下药，制定出准确的诊疗方案。本案中，由于患者的“强直性脊柱炎”症状不典型，在诊疗方面存在困难，但医院的诊疗行为关系患者的健康甚至生命安全，一定要慎重。在有任何不确定因素的情况下，医院应该进行多方面检查，组织专家会诊以确定病情，在自身条件有限诊断不清时，应建议转院，不能盲目加以治疗。

五、患者应当注意的问题

1．患者往往对医疗期望值过高，不能认识到医疗水平的局限，不能理解患者个体的差异及症状的不典型给诊疗带来的困难以及医学治疗的风险，认为只要治疗效果不好就是医院的过错，就是医疗事故。这是认识上的误区。

2．医疗行为鉴定不能仅凭自己的单方意愿，委托鉴定机构进行鉴定应当注意法律的程序。只有经法院与对方当事人协商，委托有相应资质的鉴定机构作出的鉴定结论，才可能被法院采纳作为证据使用。本案中患者多次自行委托鉴定，以期得到对自己有利的鉴定结论，这是认识上的误区，白白增加费用，扩大损失。

患者家属拒绝尸检索赔案

一、案情简介

患者王某，男，71岁，既往患有高血压、糖尿病、冠心病、房颤等疾病，主诉有青霉素过敏史。2003年6月20日15时患者躺在床上突感头晕、眼前发黑、心悸、胸闷憋气伴阵发性心前区疼痛，约40分钟后缓解。急叫999急救车，心电图检查示房颤，其后发作两次，均约30分钟后缓解。当天18时13分，患者因血压低、尿血到T医院急诊治疗，经检查，血压为90/60mmHg，室率为120次/分，双肺呼吸音粗，心电图检查示房颤、室性早搏、ST－T段改变。患者经内科会诊，给予生脉、麦普宁静点后，患者病情平稳。

6月21日上午8时30分，医院给患者静点铃兰欣抗炎治疗，约15分钟左右患者出现意识丧失、呼吸停止等情况。虽经积极抢救，患者于当月24日死亡。临床死亡诊断：急性冠脉综合征、肺栓塞待排、心肺复苏术后、冠状动脉粥样硬化性心脏病等。患者死亡后，患者家属拒绝进行尸检。

二、双方的诉讼理由及法院判决

原告王C（王某之子）、王X（王某之女），王J（王某之孙女）诉称，患者王某因病在T医院治疗，治疗中家属明确告知医护人员患者对青霉素过敏，医护人员在病历中也做了记录，但医院还是开出了青霉素类的药物铃兰欣，在注射中患者出现了急性药物过敏并导致死亡。铃兰欣使用说明书上明确标有“青霉素过敏者禁用”。医院的过错行为侵害了患者的生命健康权，请求赔偿医疗费10,000元、复印费100元、伙食费90元、陪护费156元、交通费1,000元、误工费3,200元、丧葬费10,000元、精神抚慰金61,715元；因王某的孙女王J已与王某形成事实上的抚养关系，故T医院应向王J支付被抚养人生活费20,000元；由T医院负担全部诉讼费。

医院辩称：（1）医院的医疗行为不存在过错。医院给患者使用的铃兰欣药品名是“注射用舒巴坦钠头孢哌酮钠”，属头孢类药物，并不属于青霉素类药。《药品管理法》第三十二条第一款规定，药品必须符合国家药品标准。《中华人民共和国药典》是国家药品标准，换言之，药品必须符合《药典》的规定。根据《药典》规定，医疗机构可以对青霉素过敏者使用头孢类药物，而且也不要求进行皮试。同时，根据《标准化法》的规定，企业标准应当不低于国家标准。本案中铃兰欣药品生产厂家在药品说明书中对“禁忌证”的规定低于国家药品标准，违反法律规定，所以不能以此说明书作为本案审理和鉴定的依据，而只能以国家药品标准——《药典》的规定作为本案审理和鉴定的依据。依据患者以往病历的记载，患者曾多次使用青霉素和头孢类药物而并不过敏。因此，根据国家《药典》的规定，医院给患者使用铃兰欣没有违反医疗规范，不存在过错。从完美的角度看，我院使用铃兰欣确系存在不足，应当在今后的工作中注意改进，但不完美不等于过错，这种不足并没有违反医疗常规和医疗规范，不应当承担法律责任。（2）患者死亡和医疗行为不存在因果关系。根据患者的临床表现和检查结果，结合其既往的青霉素用药史来看，患者死亡是其自身的突发性心脏病所致，并非药物过敏性休克所致，患者死亡与医院的医疗行为无因果关系。同时，原告拒绝尸检，如果因没有尸检导致确切死因不能查明，应当由原告承担责任。综上所述，医院不构成侵权，不承担赔偿责任。

本案经某医学会鉴定，分析患者死亡的原因主要有两种可能性：

1. 心肌缺血、室颤导致心脏骤停。

支持此推断的依据为：①患者既往有高血压、糖尿病、冠心病史，1997 年患者住院病历中心电图示Ⅲ导联，aVF 导联有异常 Q 波；②此次入院前患者有心悸、头晕、胸闷、憋气等症状，呼 999 急救及急诊血压为 90/60mmHg；③2003 年 6 月 20 日 19 时 30 分患者心电图示前壁 ST 段压低；④患者意识丧失时心电图监测心率为室颤；⑤心肌酶（CK. CK－MB）升高 5～10 倍。

不支持此推断的情况为：心肺复苏后心电图未见新的病理性 Q 波。

2. 过敏性休克死亡。

支持此推断的依据为：①患者有青霉素过敏史，且已告知医院（急诊病历中有记录）。因青霉素与铃兰欣有相同的化学结构（β－内酰胺环），故对青霉素过敏的患者在使用铃兰欣时有发生过敏反应的可能性；②患者静脉点滴铃兰欣 5～10 分钟后出现意识丧失，与速发过敏反应的时间相一致。

不支持此推断的情况为：①患者意识丧失时心电图监测为室颤，而速发型过敏反应不以室颤为首要表现；②患者无喉头水肿等过敏性休克的临床表现；③病历中患者既往曾使用青霉素、头孢菌素类药物而不过敏。

鉴定组专家认为，医方在患者告知青霉素过敏的情况下对其使用铃兰欣，违反了该药《使用说明书》（经国家批准、执行国家 2000 年版药典标准）中有关禁忌证的规定。由于患者死亡后没有尸检，鉴于以上阐述的事实，难以判定患者确切的死因，也不能判定医院的违规行为与患者的死亡存在必然的因果关系，故不能定为医疗事故。因此，该医学会根据《医疗事故处理条例》第二条的规定，认定本病例不构成医疗事故。

一审法院认为，根据《最高人民法院关于民事诉讼证据的若干规定》，因医疗行为引起的侵权诉讼，由医疗机构就其所实施的医疗行为与患者的损害后果间无因果关系向法庭提供相应证据。根据医学会的鉴定结论，T 医院对王某所实施的医疗行为确实存在医疗过错，即在患者家属明确告知 T 医院王某青霉素过敏的情况下，T 医院仍违反铃兰欣《使用说明书》中有关禁忌证的规定，为王某使用该药物。根据上述举证责任的分配原则，在本案诉讼中，T 医院有义务对其行为中的过错与王某的死亡间不存在因果关系，向法庭提供相应证据。因 T 医院未提供充分证据，故一审法院认定，T 医院的医疗过错造成了王某死亡的损害后果，对此 T 医院应承担全部责任，赔偿本案原告方的全部合理损失。

原告方的合理损失包括王某就诊期间所支付的医疗费、住院伙食补助费及在就诊期间和发生医患纠纷后处理相关问题所支付的交通费。因王某的去世确实会给其家属造成一定的精神痛苦，故原告方要求 T 医院赔偿精神抚慰金，理由正当，本院予以支持，具体数额由本院判定。根据某社区居民委员会及胡某的证言，王某与其孙女王 J 之间已形成事实上的抚养关系，且王某的去世确实给王 J 的学习生活造成实际的影响，故王 J 要求 T 医院支付生活费，理由正当，本院亦予以支持，具体数额由本院判定。因原告方就其主张的误工费、护理费未向法庭提供相关证据，故对其要求 T 医院赔偿上述损失，本院不予支持。据此，依照《中华人民共和国民法通则》第一百一十九条，判决如下：

（1）T 医院赔偿王 C、王 X 医疗费人民币 3,978 元、交通费 1,333 元、住院伙食补助费 70 元。上述款项共计人民币 5,381 元，于本判决生效后 7 日内履行。

（2）T 医院赔偿王 C、王 X、王 J 精神抚慰金人民币 7 万元，于本判决生效后 7 日内履行。

（3）T 医院赔偿王 J 被抚养人生活费人民币 20,572 元。

（4）驳回王 C、王 X、王 J 其他诉讼请求。

鉴定费 3,000 元、案件受理费 3,635 元，由 T 医院负担，本判决生效后 7 日内交纳。

T 医院收到一审判决后，不服判决，提起上诉，并提出下列上诉意见：（1）患者有严重心脏疾病，病情恶化时临床症状及检查结果并不支持过敏，而且患者也有青霉素和头孢类抗生素治疗史，但一审法院没有认定病历以及医疗事故技术鉴定结论中不支持过敏性休克致死的观点和支持心脏疾病致死的观点，同时没有认定患者拒绝尸检的事实。

（2）一审法院对本案的因果关系认定错误。根据法院委托的医疗事故技术鉴定结论，患者死因有两种可能，但患者因其心脏疾病死亡的可能性更大，并且患者多次使用青霉素和头孢类药物而并不过敏，所以患者不可能因过敏死亡。同时，原告因拒绝尸检而应承担不利后果，举证责任应转由原告负担。因此，T医院已经证明了患者死亡与医院行为不存在因果关系，已经完成了举证责任，患者死亡完全是其自身心脏疾病所致。一审判决认为对“不存在因果关系”医院未提供充分证据，但忽略了医院“不能提供充分证据”完全是由患方拒绝尸检引起的，原告应当对其拒绝尸检导致确切死因不能查明承担责任。

（3）按照《药典》的规定，青霉素过敏者可以使用头孢类抗生素，而且也不要求皮试，T医院给王某使用铃兰欣并不存在过错。根据《药品管理法》和《标准化法》的相关规定，该药品说明书是违法的、错误的，一审法院以该药品说明书有关禁忌证的违法规定作为判断医疗行为正误的依据是不正确的。

（4）一审判决认定的赔偿费用计算错误。法院查明原告支付的医疗费是3,977.53元，却判决被告赔偿3,978元；原告请求的交通费数额是1,000元，法院却判决赔偿1,333元；法院在查明的事实中没有认定住院伙食补助费损失，却判决被告赔偿；原告请求的精神抚慰金为61,715元，而一审法院判决赔偿70,000元；患者和王J不存在抚养关系且原告请求被抚养人生活费20,000元，一审法院却判决了20,572元。上述对赔偿费用的判决不仅违反法律，而且审诉不分，存在明显错误，应予纠正。

二审审理后，作出如下判决：王某在T医院治疗期间死亡，T医院负有对该损害后果与其医疗行为之间不存在因果关系以及其医疗行为不存在过错的举证责任，但是在T医院提出为明确死亡原因必须尸检时，患者家属以死亡原因系青霉素过敏为由给予拒绝。现医学会因未尸检难以判断患者的确切死因，作出了不能判定医院的违规行为与患者的死亡存在必然的因果关系的鉴定结论，最终不能定为医疗事故。因此，原审法院认为T医院的医疗过错造成王某死亡的损害后果，对此医院应承担全部责任的观点不妥，应确认王某的家属拒绝对王某的遗体进行尸检的行为与本例不能定为医疗事故结论存在必然联系，使鉴定人不得不作出死因有两种可能性的分析意见。对此，王某的家属应自付一定民事责任。

T医院在对王某所实施的医疗行为中确系存在医疗过错，即在王某家属明确告知王某对青霉素过敏的情况下，T医院仍违反铃兰欣《使用说明书》中有关禁忌证的规定，为王某使用该药物。依据鉴定分析意见，T医院对因医疗过错造成王某死亡的损害后果，应承担相应的民事责任。

依据相关法律规定，T医院对因王某死亡造成的经济损失应赔偿的范围包括王某在就诊期间所支付的医药费、住院伙食补助费及就诊期间和发生医患纠纷后家属处理相关问题所支付的交通费及家属的精神抚慰金和王J必要的生活费。综上所述，依照《中华人民共和国民事诉讼法》第一百五十三条第一款第二项、《中华人民共和国民法通则》第一百一十九条，判决如下：

（1）撤销一审民事判决；

（2）本判决生效后7日内，T医院赔偿王C、王X医疗费1,989元、交通费500元、住院伙食补助费人民币45元；

（3）本判决生效后7日内，T医院赔偿王C、王X、王J精神损害抚慰金人民币30,857.4元；

（4）本判决生效后7日内，T医院赔偿王J被抚养人生活费人民币10,285.8元；

（5）驳回王C、王X、王J的其他诉讼请求；

（6）驳回T医院其他上诉请求。

鉴定费3,000元，由T医院负担1,500元（已交纳），由王C、王X、王J的法定代理人屈某负担1,500元（本判决生效后7日内交纳）。

一审案件受理费3,635元，由T医院负担1,820元（本判决生效后7日内交纳），由王C、王X、王J法定代理人屈某负担1,815元（已交纳）；二审案件受理费3,635元，由T医院负担1,820元（已交纳），由王C、王X、王J法定代理人屈某负担1,815元（本判决生效后7日内交纳）。

三、律师点评

1. 关于医疗过错。

患者出现损害后果有自身疾病、医疗行为的正常损害、患者体质特殊、患者配合程度、医疗水平、医疗条件、医疗风险、医疗过失、不可抗力等多方面的原因，因此不能简单根据患者的后果评价医疗行为，不能因为患者出现不良后果就认定医院有错。

根据《医疗事故处理条例》第二条的规定，评价医疗行为应当依据“医疗卫生管理法律、行政法规、部门规章和诊疗护理规范、常规”进行。如果以完美主义的眼光去评价医疗行为，即便没有过错的医疗行为也可能存在不足需要在以后的工作中加以改进，因此医疗行为中有不足并不代表有过错。只有在违反这些规定的情况下，才能认为医疗行为存在过失。

2. 关于药品说明书。

根据医疗规范——国家药品标准《药典》，青霉素过敏者可以使用头孢类抗生素。但在本案中，药品生产厂家却要求对青霉素过敏者禁用，也就是说，药厂以“提高使用要求”的办法降低了其产品标准，其标准低于国家药品标准。国家标准是产品标准中的最低要求，任何标准都不能低于该标准，因此本案中的药品说明书违反了法律规定。作为评判医疗行为标准的医疗法规、规范和常规，应当是符合法律规定和医学科学的。本案中药品说明书的药品标准低于国家最低标准，明显违反《药品管理法》和《标准化法》，其效力低于《药典》，当然不能作为评判医疗行为的依据。本案中，医疗事故技术鉴定和法院判决仍以该药品说明书作为判断依据是不妥的。

3. 关于因果关系。

在实践中，患者损害后果与医疗过错行为之间的因果关系往往因现代医疗水平的限制而无法明确，即便是知名专家也无法作出正确评判。但是，法律要求医疗机构对医疗行为与损害结果之间不存在因果关系承担举证责任，于是“因医学科学水平限制导致因果关系无法明确”的责任就要由医疗机构承担。由于这种举证责任的相对失衡，法律同时要求患方对尸检有配合的义务，否则要承担相应的责任。本案中，专家无法对因果关系作出确定的评价，只能作出客观的描述，认为死因存在两种可能性。因此，一审法院没有认定原告拒绝尸检应承担的不利后果而认定医院承担全部责任，这是不正确的。

4. 关于患方拒绝尸检的责任。

根据《最高人民法院关于民事诉讼证据的若干规定》，在医疗损害侵权诉讼中，由医疗机构就医疗行为与损害结果之间不存在因果关系及不存在医疗过错承担举证责任。患方拒绝尸检，影响对死因查明的，就可能导致医院对“不存在因果关系”不能举证。对此，《医疗事故处理条例》第十八条第三款规定，拒绝或者拖延尸检，超过规定时间，影响对死因判定的，由拒绝或者拖延的一方承担责任。该责任在举证上应当表现为将对“因果关系”的举证责任全部或部分转移给患方。另外，患方对尸体的解剖有决定权，尸检报告作为原始资料，也应由患方提供。因此，本案在举证责任的分配上，患方因有拒绝尸检、影响对死因判定的行为而应当对“医疗行为与损害结果之间存在因果关系”承担举证责任。

四、医院应当注意的问题

1．医院应当注意用药管理，对于企业标准低于国家标准的药品在用药上应当特别注意，以免发生用药反应。

2．医生应当特别注意患者的特异体质，对患者的过敏史和禁忌证等应该给予高度关注，防止特异体质在治疗中发生问题，在患者已陈述有过敏史的情况下更应注意。虽然患者可能不是死于过敏，但无法说明死因时，医院也难脱责任。

3．医院有权向死者家属提出进行尸检，也有告知家属提出尸检的义务。尸检的鉴定结论对于解决死因不明或对死因有异议而引发的医疗事故争议具有独特的、无法替代的作用。医疗机构有提出尸检的权利，同时也应履行相应的尸检告知义务。医院由于医疗水平的局限或者患者发病时症状不典型等原因，有时未能针对死者临床表现及时准确地诊断出其死因。在这种患者死因不明的情况下，医院有权向死者家属提出进行尸检，并在患者死后及时告知其家属若对死因有异议，也可以提出进行尸检，明确死因。医院只是负有告知的义务，其无权擅自进行尸检，即使是合理或必要的尸检没有患者家属同意也不能进行，因为医院对尸体不拥有处置权。如果医院履行了相关告知义务，但由于死者家属拒绝尸检而导致鉴定专家无法明确判断死因，从而无法作出鉴定结论以明确医院的责任，那么就应当视作死者家属未能举证损害事实，应当由其自行承担对其不利的后果。因此，当患者家属拒绝或者拖延尸检时，医院应当告知其应当承担不利后果，以说服家属同意进行尸检。

五、患者和家属应当注意的问题

1．患者应当主动陈述过敏史、禁忌证或者其他特异体质，以便于医生综合考虑治疗方案。患者对于自身的情况应当比较熟悉，因此在进行疾病治疗主诉时，应当告知医生自己的过敏史和禁忌证或者其他特异体质，以便于治疗。如因此发生医疗纠纷，病历的记录也可以作为证据使用。

2. 患者家属应当注意尸检的作用。在患者死因不明的情况下，查明患者死因的有效途径就是进行尸检。家属有权向医院提出进行尸检，查明死因。但由于风俗等因素的影响，一些患者家属往往不愿意进行尸检，这对于患者死因的查明非常不利。如因此发生医疗纠纷，患者家属要对“医疗行为与损害结果之间存在因果关系”承担举证责任，这对患者家属十分不利，所以应当破除迷信，树立对尸检的科学态度。

瘢痕美容索赔案

一、案情简介

周某于1997年3月曾到某医院做右眼睑瘢痕美容消除术，于1998年5月又到该院，要求做右眼睑瘢痕激光消除术。术后瘢痕不但没有改善，而且比过去还重，出现眼角膜干燥、眼角有异物感、流泪、刺痛等症状。周某向法院起诉该医院，要求该医院赔偿。

二、双方的诉讼理由及判决

原告诉称：我于1997年3月到被告处住该院康复病房，做右眼睑瘢痕美容消除术（无病历、收据等证明，只有原告的一个朋友的证词）。术后我发现瘢痕不但未消除，反而比原来还深，于是应被告要求于1998年5月又到被告处做了右眼睑瘢痕激光消除术（有病历、收据等证据为证）。术前医生给我拍了照片，术后瘢痕没有改善，甚至比过去还重，且出现了眼角干燥、眼角有异物感、流泪、刺痛等症状，与被告术前宣传极为不符。要求医院赔偿医疗费2,300元、交通费2,391元、住院费3,713元、误工费5,785元、再治疗费8,000元、律师代理费3,000元及精神损失费3,601元，诉讼费由被告承担。

被告辩称：原告1997年3月未到我院看过病，我院没有原告的任何就诊记录，原告也未拿出任何挂号单、病历、收费单据等证明其与我院有过医患合同关系。再者，我院康复病房已包给他人经营，非正式病房，类似招待所性质。原告仅于1998年5月来我院要求进行右上眼睑瘢痕的激光治疗（有病历记录）。原告称其9岁时因同学失手伤害，留下右眼瘢痕。医生检查时，其右眼用一条薄半月芽状的铁片支撑上眼皮肤，把上睑提上去，否则不能完全睁开；上眼皮肤完全是瘢痕，且表面粗糙不平；外眦部为表浅的瘢痕伴有色素沉着。我院在向其介绍手术方法和效果后，为其照术前像，给其进行激光治疗。手术后原告右眼皮肤看上去平滑光亮，瘢痕明显改善，尤以外眦部显著。7 月份原告来复查，右上眼睑瘢痕较术前明显平坦，没有任何色素沉着迹象，外眦部的瘢痕几乎看不出来，其也未诉任何不适，睁眼时亦无流泪现象。此次手术采用高能超脉冲激光仪，是利用高能量、极短脉冲作用于瘢痕组织使其瞬间汽化，并能限制向周围皮肤进行热传送的能力，不会造成健康组织的损伤，可以使瘢痕减平，从外观上看有所改善。但它不能改变瘢痕的组织结构，一般可以去除表层或真皮浅层的瘢痕，但很难去除真皮深层的瘢痕，只能从表面上进行改善，使其接近正常皮肤。原告的瘢痕深达真皮层，很难根治，只能从外观上进行改善，这一点在术前术后照片上已有反映。再有，激光治疗时我们已放置保护眼球的眼罩，不会损伤眼球。原告现有的眼部症状，是其自己疾病所致，与激光治疗无关。我院对原告的激光治疗已经取得应有的治疗效果，不存在治疗失误，没有过错，不构成侵权，不应承担赔偿责任。

一审法院经审理，判决如下：1997 年 3 月，原告在某医院康复病房接受某医生所作整形手术，尽管康复病房非被告医院正规病房，且已由内部职工承包，独立核算，但仍然是被告的下属病房，前去接受手术的原告并不了解该情况，原告有理由相信该手术行为是某医院所为，故该行为后果应由某医院承担。1998 年 5 月，原告前往被告医院咨询，被告激光室医生在得知原告的瘢痕深达真皮层而不能完全消除掉的情况下，将瘢痕磨削术称为瘢痕消除术，示意原告可以消除瘢痕，误导原告接受手术，且并未告知原告手术可能出现的副作用，侵犯了原告作为受术者的知情权，对由此产生的不良后果具有过错。被告某医生在 1997 年 3 月为原告进行手术前后，均未给原告拍照，不符合美容手术之操作规程。现被告不能提供原告术前受术部位的具体症状，对手术效果无法通过对比进行评定，被告对此具有过错，应承担由此产生的不利后果。原告经二次手术后，瘢痕确有所缩小，但直观上看，瘢痕处不够平坦，且在展平右上眼睑后，可见瘢痕面积扩大，尤以外眦部为重，伴有色素沉着，在客观上影响了原告面部的整体美观。被告现无证据证实上述症状在术前既已存在，故本院推定该症状系被告的手术行为所致。术后症状对原告的面貌美观有一定影响，侵犯了原告的身体权，被告应承担侵权责任。原告要求被告赔偿损失之请求，本院在所造成的合理损失的范围内予以支持。原告请求的交通费、住宿费及误工费等部分属于原告自行扩大的损失，不属于合理损失，被告对该部分不负赔偿责任。原告无证据证实其所患眼病与被告之手术有因果关系，故对其提出的治疗眼病费用的赔偿请求，不予支持。原告在被告医生关于瘢痕消除术的误导宣传下，对美容效果期望值很高，而手术结果并不理想，不但没有起到美容效果，反而影响本来面貌，此结果与原告的期望反差很大，尤其是原告经常参加公共活动，面貌对其生活、工作有很大影响，所以手术后果确给原告造成一定的精神痛苦，本院酌情考虑精神损失赔偿。判决如下：（1）被告赔偿原告医疗费、交通费、误工费、住宿费、伙食费、精神损失费合计 12,616 元。（2）驳回原告其他请求。诉讼费用 1,210 元，原告承担 701 元，被告承担 509 元。

本案经上诉后，二审法院判决维持原判。

三、律师点评

法院对此案的判决存在以下两个方面的问题：

（1）法院对是否存在第一次医患关系的事实认定不清楚。法院仅凭原告一个朋友的证词就认定原告于 1997 年 3 月在被告处就医是缺乏依据的。《最高人民法院关于民事诉讼证据的若干规定》第四条第一款第八项规定：“因医疗行为引起的侵权诉讼，由医疗机构就医疗行为与损害后果之间不存在因果关系及不存在医疗过错承担举证责任。”这个规定虽然强调医院对过错和因果关系的举证责任，但并未规定患者不需要举证。患者仍然需要就其与医疗机构之间是否存在医疗服务关系、是否存在实际损害后果及损失承担举证责任。也就是说，在本案中原告首先负有证明其于1997年与被告医院确有医患合同关系的举证责任。一般来说，患者到医院就医的病历、收据、化验报告等都能证明医患关系的存在。本案中原告只出具一个朋友的证词，证明其1997年曾在该院康复病房住过，但住过康复病房并不能证明其做过手术。法院对此事实的认定缺乏依据。

（2）法院仅凭法官的肉眼判断美容效果，没有依据。医学美容不同于一般的生活美容，是指运用手术、药物、医疗器械以及其他具有创伤性或者侵入性的医学技术方法对人的容貌和人体各部位形态进行的修复与再塑（《医疗美容服务管理办法》第二条）。它具有医学手术的一般特点和风险，但又带有美容的特色，对其效果的判断不能仅凭法官、患者或者医生是否满意作为依据。但是，由于我国没有统一的医疗美容效果标准，实践中多是参照医患双方术前的约定进行判断。如果要对其是否属于医疗事故作出判断，根据我国法律规定，应当将案件交由负责医疗事故技术鉴定的医学会进行鉴定。

四、医院应当注意的问题

1．承包出去的病房进行的医疗行为，仍由医院承担相应的法律责任。本案中，该医院的康复病房虽已被承包，但是该病房的执业资格仍来自该医院，并不是独立法人。患者本着对医院的信赖接受医治，只可能知道该病房属于该医院，无从发现病房和医院之间的承包关系。因此，就该病房所发生的医疗事故应由该医院对患者承担责任。

2．医疗服务合同的订立。我国对于医疗美容的效果没有统一的判断标准，医患双方在术前有必要签订医疗美容合同，约定美容手术的效果。同时，医院还应在合同中告知患者美容手术的适应证、风险和注意事项等，使患者在充分了解手术可能带来的负面影响的前提下自主决定是否进行手术。

3．证据的留存。在发生纠纷时，医疗美容的手术效果判断非常重要。由于医疗美容会改变人的容貌，因此手术前后的照片对比成为判断美容效果的重要依据。本案中，医院没有对法院认定的第一次美容手术进行拍照留存，这成为其败诉的原因之一。因此，医疗美容机构应当在手术前后对美容手术者进行拍照，并作为证据加以保存。

五、患者应当注意的问题

1．患者应选择具有医疗美容资格的医院或科室就诊。美容医疗机构，是指以开展医疗美容诊疗业务为主的医疗机构（《医疗美容服务管理办法》第二条）。它必须符合一般医疗机构和医疗美容机构的设立条件，其执业人员必须具有医疗美容执业人员的资格。因此，患者在进行医疗美容时，既要防范无照行医，又要防范具有职业资格的医生在授权范围外行医。

2．要注意留存就医凭证。根据我国现行法律的规定，患者要就与医院是否存在医疗服务关系承担举证责任。因此，患者在就医的过程中，应向医生和医院索要病历、诊断书、收据等，履行正常的手术签字程序，并保留好病历、诊断书、收据等能证明医患关系存在的证据。

3．了解必要的医疗知识，增强判断能力。缺乏必要的医疗知识往往会使患者对医疗服务的结果有过高的期望值，容易轻信一些不规范医疗机构的虚假宣传，从而使自己处于风险之中。

4．增强合同意识。患者在进行医疗美容时，应当与医疗机构签订合同，详细约定美容手术的效果，了解手术的适应证、风险和注意事项等。

5．充分履行告知义务。患者在进行医疗美容时，从保护自身的角度出发，应当对医生充分告知自身的特殊情况，如自己是否对某些药物过敏，是否是特异体质，是否进行过美容手术等，以便医生能够根据自己的特殊情况采用合理的治理方案，防止纠纷的产生。

输血感染艾滋病巨额索赔案

一、案情简介

患者陈某因妊娠合并贫血等病症，在甲医院住院治疗，期间曾输入乙血站提供给甲医院的400毫升全血。该全血系乙血站向丙血站购进。后陈某又到丁医院住院分娩，娩下一女婴。住院过程中曾输血4次，共输入全血1250毫升，并注入20%进口人血白蛋白50毫升。此20%进口人血白蛋白为戊公司所售。

患者出院两年半后被确认为艾滋病病毒感染者，继后陈某的丈夫（陈夫）与陈某之女（陈女）均被检测确认为艾滋病病毒感染者。陈某及其丈夫、女儿作为共同原告以感染艾滋病病毒为由向法院提起诉讼，要求赔偿1,288万元。诉讼中，陈某于2000年11月6日病亡，法院追加陈某父母作为原告参加诉讼。

二、双方的诉讼理由及法院判决

原告陈夫、陈女、陈父、陈母诉称：其亲属陈某在甲医院输血400毫升。当时该院医生未向陈夫作任何解释，即叫其在配血记录本上签字，陈夫根本不知道上面有供血员姓名及血袋编号等记载，更不知道该血是否确是献血员沈某某的血液。之后，陈某又在丁医院住院，输血1250毫升并注射血液制品人血白蛋白。陈某因为这几次输血感染了艾滋病病毒，并将该病毒传染给丈夫陈夫和女儿陈女。陈某、陈夫、陈女感染艾滋病病毒，已分别经江苏省艾滋病检测中心、湖北省艾滋病监测中心确认，其中陈某已于2000年11月6日病亡。根据上海市艾滋病监测中心出具的艾滋病病毒携带者每人每年需要人民币84,000元左右的医药费、每人每次血液检验费1,000元左右的专家意见以及目前国人的期望寿命70岁的标准等测算，要求有过错的被告赔偿医疗费8,078元、交通费352元、护理费6,000元、营养费4,500元、误工费 20,000 元、丧葬费 4,000 元、今后治疗费 10,700,000 元、今后必要的生活费 642,000 元、精神损失费 1,500,000 元，合计赔偿人民币 12,884,930 元。

被告甲医院辩称：我院输入陈某体内的 400 毫升全血，确系献血员沈某某的血液，且经过初检、复检，艾滋病抗体项目均为阴性。我院已履行法定义务，不应承担民事赔偿责任。

乙血站辩称：甲医院输给陈某的 400 毫升全血系我站按省卫生厅规定从丙血站调剂的。我站调剂血液的行为无任何过错，不应承担法律责任。

丙血站辩称：我站经批准向乙血站供血，并约定由乙血站进行抗 HIV 项目复检，由此产生的有关责任只能由乙血站承担，我站不负责任，亦不应作为被告参加诉讼。

丁医院辩称：我院依陈某的病情进行对症治疗，给其输血的献血员唐某某、龚某某、齐某某的血液虽未经抗 HIV 项目的检测，但他们的血液经查是符合质量标准的，我院没有过错。陈某感染艾滋病病毒与我院无因果关系，我院不应承担责任。人血白蛋白系医院专门应陈某的要求购进，并使用在陈某身上。

戊公司辩称：我公司确实提供过人血白蛋白给丁医院，但没有证据证明该瓶人血白蛋白已直接注射在陈某身上。其次，也没有证据证明因注射了我公司提供的人血白蛋白而使陈某感染了艾滋病病毒。到目前为止，国内外尚未发现因注射人血白蛋白而感染艾滋病病毒的病例。从侵权事实与因果关系来说，我公司没有过错，不应承担民事责任。

一审法院经过审理，认为：本案属输血感染艾滋病病毒案件。当事人应否承担民事责任，适用举证责任倒置原则。

首先，甲医院、乙血站、丙血站、丁医院、戊公司均不能举证证明陈某在输血及注射人血白蛋白前，以及陈某、陈夫、陈女被确认感染艾滋病病毒前，已通过其他途径感染艾滋病病毒。

其次，甲医院、乙血站、丙血站、丁医院、戊公司均应举证证明其已实施的输血及出售、注射人血白蛋白的行为与陈某感染艾滋病病毒之间没有因果关系。否则，应承担相应的民事责任。

一审法院在对原、被告各方所举的证据及事实进行质证后，认定如下：

甲医院、乙血站、丙血站所举的证据客观真实，应予认定。据此证明，甲医院输入陈某体内的400毫升全血，经过了抗HIV项目的初检、复检，为符合国家卫生部部颁质量标准的血液。就陈夫提出的甲医院输给陈某的血液是否是沈某某的血液的异议主张，经查证，该400毫升全血系甲医院按协议规定，通过乙血站向丙血站调剂的，献血员为沈某某。上述采血、调血及临床输血的全过程均有原始记录——载明，且均能环环相扣，相互印证，故应确认输给陈某的血液为献血员沈某某的血液。陈夫的上述异议主张与事实不符，不予采信。据此，法院认定：陈某感染艾滋病病毒与甲医院、乙血站、丙血站的医疗、采供血行为之间没有因果关系。

戊公司售出的20%进口人血白蛋白是丁医院在陈某住院前就已经购进的。这与丁医院关于该药品专门为陈某购买并注射在陈某身上的答辩主张自相矛盾，故对丁医院的上述答辩主张不予采信。其次，专家陈述，至今尚未闻因注射人血白蛋白而感染艾滋病病毒的病例。因此，法院认定陈某感染艾滋病病毒与戊公司出售人血白蛋白的行为之间没有因果关系。

丁医院在未取得国家卫生行政部门批准颁发的《采供血机构执业许可证》或者《采供血许可证》的情况下，即擅自开展采供血业务。且其所采供的血液不经抗HIV项目检测，即输入陈某体内，违反了国家卫生部门的有关规定。其所举全部证据，均不能证明4次输入陈某体内的1250毫升全血，进行了抗HIV项目的检测，不能确认为符合国家卫生部部颁质量标准的血液。已死亡献血员唐某某妻子邹世风没有感染艾滋病病毒的事实，也不能证明唐某某所献血液为符合国家卫生部部颁质量标准的血液。因此，法院推定陈某感染艾滋病病毒与丁医院的医疗、采供血行为之间具有因果关系。

陈女在陈某输血后出生，陈夫系陈某丈夫。陈某感染的艾滋病病毒，可以传染陈夫、陈女。

卫生部、外交部、公安部、原国家教育委员会等于1988年1月14日联合发布实施的《艾滋病监测管理的若干规定》第十一条第一款规定：血液和血液制品必须进行艾滋病病毒抗体监测。卫生部于1993年7月1日发布实施的《采供血机构和血液管理办法》及《血站基本标准》规定：采供血机构开展采供血业务，必须进行登记或注册，领取相应的《采供血机构执业许可证》或《采供血许可证》；血液质量标准检查中，应进行抗HIV项目检测。

综上所述，一审法院认为，甲医院、乙血站、丙血站的医疗、采供血行为未违背国家卫生部等有关部门的规定，没有过错，与陈某感染艾滋病病毒之间没有因果关系，不承担民事责任。戊公司出售的人血白蛋白与陈某感染艾滋病病毒之间没有因果关系，不承担民事责任。丁医院的医疗、采供血行为违背了国家卫生部等有关部门的规定，具有过错，与陈某感染艾滋病病毒之间具有因果关系，故丁医院应承担本案的民事责任，赔偿陈夫、陈女、陈父、陈母因此而遭受的经济损失。

关于经济损失赔偿项目、数额以及给付方式、履行期限，一审法院认为，陈夫提出的医疗费、交通费、精神损害抚慰金、丧葬费、被扶养人今后必要的生活费、误工费、营养费等赔偿项目，符合法律规定，应予采纳。但赔偿的范围、数额、标准等，应依法律和有关规定予以确认。已花费的医疗费、交通费，应按其提供的有效票据进行认定、偿付。今后医疗费的赔偿数额应参照有关部门和专家的意见，确定赔偿金额后逐年偿付，至其治疗康复时止。陈夫提出一次性赔偿今后医疗费的主张，根据本案实际，不予采纳。精神损害抚慰金的赔偿数额，应从侵权人的过错程度、侵权的情节以及造成的后果、侵权人的获利情况及偿付能力等诸方面综合考虑后予以认定偿付。陈夫主张精神损害抚慰金的赔偿数额过高，过高部分不予采纳。陈某死亡后的丧葬费的赔偿数额，应依规定认定后偿付。陈某已经死亡，按规定，应支付死亡赔偿金，不能支付精神损害抚慰金。死亡赔偿金的赔偿数额可予酌情提高。陈女系未成年人，被抚养人必要的生活费按规定标准计算认定，逐年偿付至18周岁时止。18周岁后，改为偿付生活补偿费，标准不变，至其治疗康复时止。误工损失的赔偿数额，应以陈某原开设的水香美发屋的服务行业的收入标准及工商登记档案核准的有关项目内容予以认定、偿付，时间自陈某被确认为艾滋病病毒感染者之月起，至陈某死亡之月止，共计赔偿水香美发屋四个月的营业损失。陈夫请求的水香美发屋营业损失的赔偿数额过高，过高部分不予采纳。营养费的赔偿数额，按规定标准认定后偿付。专家意见认为，艾滋病病毒感染者从感染到发病一般都有较长的潜伏期，如治疗得当，可以控制，并非不可与正常人一样工作、学习和生活，并未丧失劳动权利和劳动能力。故陈夫要求赔偿今后必要的生活费的诉讼请求，缺乏依据，不予采纳。考虑到陈夫今后因此面临的实际生活困难，以本地居民生活困难补助费的标准给予生活补偿费，以示帮助。营养费、生活补偿费的履行，亦逐年偿付至其治疗康复时止。陈夫未提供有关医疗护理的证据，对其提出的护理费的赔偿请求，不予采纳。据此，法院依照《中华人民共和国民法通则》第九十八条、第一百零六条第二款、第一百一十九条的规定，判决如下：

（1）被告丁医院应一次性赔偿原告陈夫、陈女、陈父、陈母因陈某死亡后的丧葬费3,000元、死亡赔偿金50,000元、陈某已花费的医疗费1,812.56元、误工费3,195元，合计人民币58,007.56元。

（2）被告丁医院应一次性赔偿原告陈夫已花费的医疗费3,606.80元、交通费255元、精神损害抚慰金100,000元，合计人民币103,861.80元。

(3) 被告丁医院应一次性赔偿原告陈女已花费的医疗费1,792.90元、精神损害抚慰金100,000元，合计人民币101,792.90元。

(4) 被告丁医院应自原告方起诉主张权利之日起，每年偿付原告陈夫医疗费84,000元、检验费2,000元、生活补偿费2,400元、营养费1,704元，合计人民币90,104元，至原告陈夫治疗康复时止（丁医院已被先予执行的人民币50,000元，在履行该项判决首期赔偿款时，予以扣除，即丁医院首期应偿付陈夫人民币40,104元）。

(5) 被告丁医院应自原告方起诉主张权利之日起，每年偿付原告陈女医疗费84,000元、检验费2,000元、必要的生活费2,400元、营养费1,704元，合计人民币90,104元。其中必要生活费一项，自陈女18周岁后改为生活补偿费，标准不变。偿付至原告陈女治疗康复时止。

(6) 驳回原告陈夫、陈女、陈父、陈母要求被告甲医院、乙血站、丙血站、戊公司承担民事赔偿责任的诉讼请求。

上述判决中第1、2、3项于本判决生效之日起15日内履行，第4、5项自原告方起诉主张权利之日即2000年9月28日起开始计算偿付，其中2000年9月28日至2001年度的赔偿款项于本判决生效之日起15日内履行。自2002年起，以后每年度的赔偿款项均于每年的6月底前履行。

案件受理费人民币50元，由被告丁医院负担。

收到一审判决后，丁医院认为一审判决主要证据不足、认定事实不清、适用法律错误、逻辑混乱，不服判决，提起上诉，要求撤销原判，依法改判上诉人不承担任何民事赔偿责任。

上诉人（原审被告丁医院）的代理人发表如下代理意见：

1. 一审在举证责任分配上存在明显错误，应当由被上诉人举证。

（1）一审适用《民法通则》第九十八条、第一百零六条第二款及第一百一十九条作出判决。《民法通则》第一百零六条第二款规定：公民法人由于过错侵害国家的、集体的财产，侵害他人财产、人身的，应当承担民事责任。这说明一审法院认为本案适用过错责任原则。

（2）一审判决书中称本案“适用举证责任倒置”，而根据法律规定（该案审理发生在2001年，当时《最高人民法院关于民事诉讼证据的若干规定》尚未生效），过错责任的举证原则一般是“谁主张谁举证”，除非法律有特别规定。

所以，一审法院适用法律错误，在举证责任分配上存在明显错误。

2. 一审法院认定事实不清。

（1）被上诉人陈某、陈夫感染时间不能确定。没有任何证据表明被上诉人陈某、陈夫在上诉人处治疗前身体健康，没有感染AIDS。

（2）被上诉人陈某、陈夫感染AIDS的途径没有查清。一审的庭审笔录明确表明：被上诉人陈某、陈夫没有提供任何证据证明其不是通过其他途径（非婚性交、吸毒等）感染AIDS的。

3. 一审法院证据不足。

正如前面所述，一审原告在本案中负有一定的举证责任，但一审原告却存在重大举证瑕疵，表现在：

（1）没有任何证据能够排除一审原告陈某、陈夫是在血液传播途径之外感染AIDS。AIDS的传播途径有血液及血液制品、围产期、性接触（同性、异性）、共用针头及注射器吸毒、医源性感染。而且，长时间接吻、偶然接触（包括一般家庭接触）传播AIDS的可能性是存在的。

（2）没有任何证据证明上诉人的3名献血员患有AIDS。

（3）没有任何证据证明上诉人的输血与被上诉人感染AIDS有因果关系。

综上，我们认为一审法院认定事实不清、证据不足，适用法律错误，且其判决没有任何法律依据，请二审法院查明事实，依法支持上诉人的上诉请求。

二审法院没有采纳上诉人的代理人的意见，基本维持了一审判决。

三、律师点评

本案属于因输血感染艾滋病病毒案例，涉及举证责任、损害赔偿等问题。

1．关于举证责任倒置的问题。

在我国的司法实践中，对输血致人损害的案件，通常采用“举证责任倒置”的举证分配原则。这种举证分配原则类似于产品质量侵权案件和药品致人损害案件的证据分配规则，符合公平原则和诚实信用原则，也综合考虑了当事人的举证能力等因素，具有其合理之处。

举证责任倒置主要发生在侵权诉讼中。在此类诉讼中，被告有过失、被告的违法行为与原告所受损害有因果关系是承担赔偿责任的必要条件。根据“谁主张，谁举证”的一般证据规则，本应当由主张赔偿请求权的原告负证明责任，但实行举证责任倒置后，否认损害赔偿请求权的被告须对自己无过失、对原告所受损害与自己的违法行为不存在因果关系负证明责任。举证责任倒置是基于公平、正义对一般证据规则的局部修正。在某些特殊情况下，由于原被告双方信息的不对称、举证能力等原因，由原告来举证证明被告存在过失、被告的违法行为与原告所受损害有因果关系很困难，而由被告就相反事实举证则相对容易得多。

在医疗损害赔偿案件中，医患双方存在着明显的信息不对称、举证能力相差悬殊的问题。就患方而言，由于医疗服务具有专业性、技术性强的特点，普通的患者或其家属很难具有举证证明医疗行为与医疗后果之间存在因果关系的能力，而且患者的住院病史资料及化验检查单据一般都由医疗机构保存管理，患者在提起医疗事件人身损害赔偿诉讼时，举证能力客观上存在障碍。从医方角度讲，医方拥有具备医学知识的专业人员，又对举证所涉及的相关资料具有控制能力，由其负担证明责任更为公平，也可将处于弱者地位的患者和处于有利地位的医院的权利进行平衡。所以，最高人民法院于 2001 年 12 月 21 日颁布了《关于民事诉讼证据的若干规定》，明确规定在医疗侵权诉讼中采用举证责任倒置的原则。

法院判决应由医方就自己的输血行为与原告感染艾滋病毒之间不存在因果关系进行举证是适当的。若医方不能就这一事实作出证明，则推定医方存在过失，应承担相应的损害赔偿责任。实际上，卫生法律法规、诊疗护理规范对医疗过程中的用血从献血、采血、运输、包装、临床用血等各个环节都作了规范，详细规定了检查、登记、记录保存的问题。如医方认真遵守规范要求，举证是不存在困难的。甲医院、乙血站、丙血站就提供了充分的证据，证明自己不存在过失。

但是，结合此案，我们注意到这样一个事实：该案一家三口均感染了 AIDS，而被判决承担法律责任的丁医院的输血行为是在小孩分娩以后。按照一般的医学知识，我们可以认定小孩的感染应该是在分娩以前而不是分娩以后发生的。也就是说，被判决承担责任的丁医院很有可能不是受害者的致害医院，两审法院对这一点并没有给出明确的回答。

2. 关于因输血感染案件是否属于医疗事故的问题。

《医疗事故处理条例》第二条规定："本条例所称医疗事故，是指医疗机构及其医务人员在医疗活动中，违反医疗卫生管理法律、行政法规、部门规章和诊疗护理规范、常规，过失造成患者人身损害的事故。"根据这一定义，医疗事故的行为主体必须是医疗机构及其医务人员，医疗事故必须发生在医疗机构及其医务人员的医疗活动中。这就限定了医疗事故发生的场所和活动范围，即医疗事故是依法取得执业许可的医疗机构和医务人员在其合法的医疗活动中发生的事故。

就本案而言，丁医院对患者造成损害的原因是在自行采血的过程中，未按照要求对血液进行必要的检测。1999 年《医疗机构临床用血管理办法》第四条第二项明确规定："医疗机构临床用血，由县级以上人民政府卫生行政部门指定的血站供给。医疗机构开展的患者自身储血、自体输血除外。"可见，除在治疗过程中为患者进行自身储血、自体输血外，医疗机构是不能自行采血的。丁医院自行采血是违法的行为，但其行为恰恰是在医疗诊疗中发生的，违反了《医疗事故处理条例》的规定，应当适用《医疗事故处理条例》进行处理。

3. 关于损害赔偿的问题。

因医疗事故引发的损害赔偿问题应适用《医疗事故处理条例》解决。一审原告要求按目前国人的期望寿命 70 岁的标准来计算今后必要的生活费。一审法院认为，AIDS 患者从感染到发病一般都有较长的潜伏期，如治疗得当，可以控制，并非不可与正常人一样工作、学习和生活，并未丧失劳动权利和劳动能力，所以没有支持其必要的生活费的请求。

四、医院应当注意的问题

患者入院时，医院应全面检查其身体状况，询问其既往病史，将已有疾病记录在病历中。在进行输血之类的特殊治疗措施之前，一定要按照医学诊疗常规和卫生法规，完善相关检查，提前留存证据，防止在以后出现纠纷时举证不能。

医疗侵权诉讼证据规则的特殊性要求医方必须具备强烈的证据意识。病程记录、手术记录、化验单、会诊单等不仅是医方进行医疗行为的依据，更是对医疗行为是否存在过失、医疗行为与损害结果之间是否存在因果关系的证明。医方要妥善保管这些病例资料，以免因为这些资料的缺失而在医疗纠纷中处于不利地位。

五、患者应当注意的问题

首先，患方也要有证据意识。适用举证责任倒置，并不是意味着患者什么证据都不需要提供。医疗侵权涉及四要件：侵权行为、被告方过错、医疗行为与损害后果之间的因果关系及损害后果。医方就医疗行为与损害后果之间不存在因果关系和不存在过错进行证明，患方要对侵权行为的发生和损害后果提出证据。在本案中，患方就要对医院为其进行输血以及感染艾滋病病毒的事实加以证明。如果医方在诉讼中举出证据证明自己的清白，患者就要提出反驳的证据。

其次，在诉讼中当事人均应遵守诚实信用原则，以便于人民法院查明事实，作出符合事实的公正的裁判，维护社会的稳定。

三、履行告知义务相关案例

医院未经患者同意切除卵巢受诉案

一、案情简介

某孕妇因生产入住某医院，某医院为其行剖宫产手术，发现其右侧卵巢长一畸胎瘤，即将其右侧卵巢及畸胎瘤给予切除。该孕妇认为，医院切除右卵巢未向其征求意见，起诉某医院侵害其健康权。

二、双方的诉讼理由及法院判决

原告诉称：我因生产到被告处住院，被告为我行剖宫产手术，在我及家人不知情、亦未履行任何签字手续的情况下，被告擅自将我的右侧卵巢切除。如果我另一侧卵巢再出现问题，便会丧失生育能力，我和家人因此在精神上受到很大的打击。我到被告处住院，被告负有提供安全、及时服务的义务，但现在由于被告的行为造成我内分泌严重失调，给我带来终身的精神痛苦，侵犯了我的健康权，要求被告赔偿我精神损失费 30 万元、住院费 3,136.90 元、误工费 1,441.11 元、营养费 2,200 元、医药费 2,845元、律师费 15,000 元、法医鉴定费 1,500 元、鉴定期间检查费和医药费 375 元、交通费 32 元、法医出庭费 200 元、鉴定报告复印费 28.9 元，共计 326,758.91 元。

被告辩称：原告因生产入住我院，我院为其行剖宫产手术，在进行常规探查盆腔时，发生其右侧卵巢增大 9cm ×6cm ×4cm，表面光滑，为囊实性，与周围组织无粘连，诊断为右侧卵巢畸胎瘤。考虑到原告左侧卵巢正常，右侧畸胎瘤有 20% 恶变可能，治疗囊瘤只有手术切除。且其正常组织很少，剥离困难，故给其行右侧卵巢畸胎手术，切开囊内有脂肪组织和毛发等物。送病理，病理报告显示“右卵巢皮样囊肿（良性囊性畸胎瘤）大小 8.0cm×6.0cm× 4.5cm”。这证实我院对原告的诊断及治疗是正确的。我院虽未在切除前通知原告，但此行为减少了原告再次手术的痛苦和费用，治愈了原告的疾病，并未给其造成任何不良后果。原告左侧卵巢正常，可以完全代替，且其术后并未出现内分泌失调的任何临床表现。况且，即便出现内分泌失调现象，也是其自身疾病的发生发展，与我院切除其有病无功能右侧卵巢无关。我们切除原告病变卵巢是维护了原告的身体健康权，根本不存在侵犯原告健康权的问题，因此不应承担任何赔偿责任，请求法院驳回原告诉讼请求。

经法医鉴定，得出如下鉴定结论：皮样囊肿又称为成熟囊性畸胎瘤……约20%发生恶变。目前临床采取手术切除是常用方法，原告其左侧卵巢功能正常，完全能够维持其生育功能或卵巢功能，同时其右侧卵巢仅见少许正常卵巢组织，大部分为肿瘤组织，加之剥离困难，故此右侧卵巢是可以切除的。虽然医院未履行术前相关手续，但该手术选择未造成不良损害，故不涉及残疾评定问题。

一审法院认为，侵权责任以损害结果的发生及侵权行为与损害结果存在因果关系作为构成要件。本案被告在为原告行剖宫产手术时，在未履行术前相关手续的情况下，将原告的右侧卵巢畸胎瘤切除的行为虽然欠妥，但被告针对原告右侧卵巢畸胎瘤的诊断与治疗并无不妥，且被告为原告所做的治疗并未给原告带来不良损害后果，故被告不应对原告承担赔偿责任。对原告要求被告赔偿损失的请求，本院不予支持。综上所述，判决驳回原告的诉讼请求，案件受理费7,411元，由原告负担，法医鉴定费1,500元及法医出庭费200元，均由原告负担。

原告不服一审判决提起上诉。二审法院认为，公民对自己的身体处置享有知情同意权。被上诉人在未经上诉人和其家属同意的情况下，为其行右侧卵巢畸胎瘤切除术的行为，违反了《医疗机构管理条例》中第三十三条的规定:“医疗机构施行手术、特殊检查或者特殊治疗时,必须征得患者同意,并应当取得其家属或者关系人同意并签字。”被上诉人擅自为上诉人行右侧卵巢畸胎瘤切除术,其行为给上诉人造成精神痛苦,对此被上诉人应酌情赔偿上诉人精神抚慰金,因此给其造成的法医鉴定费、法医出庭费、交通费的损失被上诉人亦应赔偿。上诉人主张赔偿的住院费,因医院行右卵巢切除术未另收取上诉人费用,故对该项请求,本院不予支持,上诉人的其他赔偿请求证据不足,本院不予支持。依照《中华人民共和国民事诉讼法》第一百五十三条第一款第二项之规定,判决如下:

(1) 撤销一审法院民事判决;

(2) 被上诉人在本判决生效后10日内赔偿上诉人精神抚慰金10,000元、法医鉴定费1,500元、法医出庭费200元、交通费32元,以上共计人民币11,732元。

三、律师点评

1. 关于医院侵权的性质。

一审法院比照人身侵权责任的构成要件,认定医院虽未履行术前相关手续,但未对患者造成损害后果,故医院不承担赔偿责任。

二审法院认定医院在手术中未征得患者及家属的同意,擅自为患者行右侧卵巢畸胎瘤切除术的行为,侵犯了公民对其身体处置的知情同意权,故赔偿精神抚慰费。

我国民法通则虽未明确规定知情同意权,但是其他的单行法律法规却规定了医师有帮助患者及其家属实现知情同意权的义务。例如,《执业医师法》第二十六条明确规定了医师应当向患者或者其家属介绍病情。《医疗事故处理条例》第十一条也规定:“在医疗活动中,医疗机构及其医务人员应当将患者的病情、医疗措施、医疗风险等如实告知患者,及时解答其咨询。”

侵犯知情同意权有两种情况:一种是患者出现的后果与告诉

或不告诉、同意或不同意没有关联，单纯侵犯其知情同意权。另一种是患者出现的后果与此有关，如未经告诉处置身体器官，剥夺了患者的选择权。在该案件的二审审理过程中，法院认为医院侵犯知情同意权的行为属于第二种情况。

2. 医院的行为是否构成人身侵权？

根据我国法律的规定，构成侵权责任必须同时具备四个要件：①行为的违法性；②行为人主观有过错；③损害事实的存在；④行为与损害事实之间有因果关系。

本案中，医院摘除该患者有病变的卵巢，未按规定告知患者及家属，没有履行正规的签字手续，确实存在过错。但是，医院对该患者实施的手术治疗，对其身体有益、有利而无害，既避免其第二次手术的痛苦，又保证其身体健康，还为其节约了手术费用。这种行为虽然侵犯了其知情同意权，但却没有侵害其身体健康，没有身体损害的事实。实施手术行为并没有造成对其身体健康权的损害，该患者并不存在身体受到伤害的后果。因此，医院仅侵犯了患者的知情同意权，但不构成对其身体权的侵害。

3. 医院可通过其他方式承担责任，赔偿不是责任承担的唯一形式。

按照我国《民法通则》第一百三十四条的规定，承担民事责任的方式有停止侵害、赔偿损失、支付违约金、消除影响、恢复名誉、赔礼道歉等共十种。消除影响、恢复名誉和赔礼道歉在民法上主要用于对公民、法人人格权的侵害。现行的《医疗事故处理条例》把精神损害作为医疗事故的损害之一，那么在对医疗事故的审理中，除金钱赔偿外，消除影响、恢复名誉和赔礼道歉都可以是医院承担责任的方式。同时，按照《最高人民法院关于确定民事侵权精神损害赔偿责任若干问题的解释》第八条规定："因侵权致人精神损害，但未造成严重后果，受害人请求赔偿精神损害的，一般不予支持，人民法院可以根据情形判令侵权人停止侵害、恢复名誉、消除影响、赔礼道歉。"

本案中，二审法院在医院侵犯患者知情权并未造成严重后果的情况下，简单采用金钱赔偿方式解决问题，其是否妥当值得商榷。

四、医院应当注意的问题

1. 医院应当尊重患者的知情权，依法行医。

我国《执业医师法》、《医疗机构管理条例》、《医疗事故处理条例》等法律法规明确规定，医生对患者的病情应当告知，医生对患者的身体做出侵入性手术或检查治疗，应当征得患者同意，并签字。医生在术中发现新情况也应及时告知患者或家属并征求其意见，请其做出是否治疗切除的选择以及选择可能产生的后果。作为医务工作者也应当树立依法尊重患者知情同意权的观念，防止出现主观愿望虽好，客观上却侵犯了患者合法权益的结果。

2. 证据保存问题。在医疗纠纷中，医院要承担较重的举证责任，因此要按照法定程序做好病历记录和保存工作。对应由患者或其家属选择的决定应由其签字，这样既保护了患者的知情权，又维护了医院自身的合法权益。

五、患者应当注意的问题

1. 了解侵权的性质。本案中患者诉讼的案由是人身损害赔偿，但就本案情况来讲，医院的行为并非侵犯了其人身权，而是侵犯了其知情权，患者以人身损害赔偿为案由进行诉讼是导致其一审败诉的直接原因。患者在二审中虽然在某种意义上获得胜诉，但由于对诉讼案由认识错误，增加了许多不必要的诉讼费用的支出。

2. 了解法律规定的民事责任的承担方式。法律规定只有在出现损害后果的情况下，才能给予受害人赔偿。同时，法律规定承担民事责任的方式有多种，如赔礼道歉等，责任承担不仅仅体现在金钱赔偿这一个方式上。

乳房假体植入索赔案

一、案情简介

原告李某因双乳发育不良于2002年10月到某医院美容整形科要求隆胸手术治疗。该科王某某医生检查后，建议李某行双乳假体植入术。李某签署手术知情同意书后，于2002年10月12日由医院美容整形科的王某某和张某某行手术治疗，术后顺利出院。但手术3个月后，原告发现双乳逐渐出现红肿，原腋下伤口有渗液流出，经换药治疗无好转，遂再次到该院美容整形科治疗。考虑到是“假体排异反应”，二次手术将假体取出。原告伤口经治疗已经愈合，但遗留较大瘢痕。

二、双方的诉讼理由及法院判决

原告以医院存在过错导致其损害为由，将某医院告上法庭，要求退还两次手术费并承担因手术所造成的医疗费、误工费、残疾赔偿金、精神损害赔偿，共计156,233元。同时，原告认为进行第一次手术张某某没有执业医师证书，属非法行医，对此次赔偿负连带责任。

本案审理过程中，医院向法院提出了进行医疗事故技术鉴定的申请，法院接受申请并委托医学会进行了鉴定。医学会的鉴定结论为：“李某的损害是由于假体引起的排异反应所致，不构成医疗事故。”原告没有提出再次进行鉴定的申请。

法院经审理查明：某医院具有《医疗机构执业许可证》，执业范围包括“医疗整形美容”。为原告手术的医生王某某具有外科医疗美容整形主治医师资格。助手张某某刚刚从某医科大学毕业，目前在该医院实习，尚未获得执业医师证书。手术中使用的假体是从韩国进口的，具有《医疗器械产品注册证》、国内代理商的《医疗器械经营许可证》。原告签署的《手术知情同意书》

中明确记载院方已经向原告告知“假体可引起排异反应”。据此，法院判决被告某医院在为原告治疗的过程中无过错，驳回原告的诉讼请求。

三、律师点评

近年来，医疗美容机构的数量日渐增多。由于各机构水平参差不齐和执业医生鱼龙混杂，医疗美容纠纷日益增多。

所谓医疗美容纠纷是指消费者到医疗美容机构进行美容，由于医疗美容机构不适当履行相关约定，造成消费者财产或人身受到损害，或者消费者对手术效果不满意所产生的纠纷。根据全国美容信息中心的资料显示，目前我国各种档次的美容机构超过百万家，美容业已成为服务消费领域发展最快的行业之一。与此同时，另一数据也令人触目惊心：近年来我国发生各种美容毁容案件 20 多万起，医疗美容纠纷日益增多。本案便是一起美容纠纷案件。下面我们就对该案件进行分析。

1. 被告在为原告治疗的过程中没有过错。

(1)《医疗美容服务管理办法》第八条规定：“美容医疗机构必须经卫生行政部门登记注册并获得《医疗机构执业许可证》后方可开展执业活动。”被告具有卫生行政机关颁发的《医疗机构执业许可证》，执业范围包括医疗美容整形，被告具有合法的行医主体资格。

(2)《医疗美容服务管理办法》第十一条规定：“负责实施医疗美容项目的主诊医师必须同时具备下列条件：（一）具有执业医师资格，经执业医师注册机关注册；（二）具有从事相关临床学科工作经历。其中，负责实施美容外科项目的医师应具有 6 年以上从事美容外科或整形外科等相关专业临床工作经历；负责实施美容牙科项目的医师应具有 5 年以上从事美容牙科或口腔科专业临床工作经历；负责实施美容中医科和美容皮肤科项目的医师应分别具有 3 年以上从事中医专业和皮肤专业临床工作经历；（三）经过医疗美容专业培训或进修并合格，或已从事医疗美容临床工作1年以上；（四）省级人民政府卫生行政部门规定的其他条件。”本案中的医生王某某具有卫生行政部门颁发的外科医疗美容整形医师的资格和执业证，具有行医资格，无违规情形。

(3)《医疗美容服务管理办法》第十二条规定：“未取得主诊医师资格的执业医师，可在主诊医师的指导下从事医疗美容临床技术服务工作。”第十九条规定：“医疗美容服务实行主诊医师负责制。医疗美容项目必须由主诊医师负责或在其指导下实施。”手术的助手张某某虽刚刚从医科大学毕业，没有《执业医师证》，但是在主诊医师王某某的指导下进行手术，故其行为也不违规。

(4)《医疗美容服务管理办法》第十八条规定：“美容医疗机构执业人员要严格执行有关法律、法规和规章，遵守医疗美容技术操作规程。美容医疗机构使用的医用材料须经有关部门批准。”手术中采用的假体系韩国进口产品，具有《医疗器械产品注册证》和国内代理商的《医疗器械经营许可证》，院方购买假体的手续完全符合法律规定。

(5) 手术前的《手术知情同意书》的记载表明，被告已履行了告知义务，已明确告知原告手术可能发生“假体的排异反应”。原告是在完全知悉手术风险的情况下决定手术的，因此医院在整个诊疗过程中没有过错。

2. 原告损害后果产生的原因。

《民法通则》第一百零七条规定：因不可抗力不能履行合同或者造成他人损害的，不承担民事责任，法律另有规定的除外。虽然不可抗力是民事基本法规定的抗辩事由，但在以往的医疗纠纷中医疗机构或者医务人员基本上不以不可抗力作为抗辩事由，而是经常用医疗意外、并发症、特异体质等来作为抗辩事由，这是因为原来的《医疗事故处理办法》明确规定这些都不属于医疗事故。而《医疗事故处理条例》第三十三条第六项则规定，因不可抗力造成不良后果的不属于医疗事故。

不可抗力是指人力所不可抗拒的力量，是独立于人的行为之外，并且不受当事人的意志支配的现象，它是各国立法通行的抗辩事由。把不可抗力作为免责事由的根据是，让人们承担与其行为无关而又无法控制的事故的后果，不仅对责任的承担者来说是不公平的，也不能起到教育和约束人们的积极效果。在损害是由不可抗力引起的情况下，被告的行为与损害结果之间无因果关系，被告没有过错，不应承担法律责任。

根据《民法通则》第一百五十三条的规定，不可抗力是指不能预见、不能避免并不能克服的客观情况。它要求从主客观两方面考虑何种现象为不可抗力。

《〈医疗事故处理条例〉条例释义》对不可抗力是这样解释的：首先，医护人员对于危重病症和疑难病症的病员，出于救死扶伤和人道主义精神，利用各种现代化医疗手段，采取各种治疗方案去救治病人，争取把百分之一的希望变成现实，但绝大多数情况下死亡等不良后果在所难免，这主要是疾病的自然转归所致。其次，病员发生了现代医学科学技术能够预见但却不能避免和防范的不良后果的并发症，这种不良后果的发生与医护人员是否存在医疗过失无直接的因果关系。因此，在医疗活动中不可抗力包括疾病的自然转归和难以避免的并发症。

在本案中，医疗事故鉴定结论明确表明原告的损害是由于假体的排异反应所致，是病员发生了现代医学科学技术能够预见但却不能避免和防范的不良后果的并发症，因此属于不可抗力。

3. 关于本案的证据。

本案中被告向法庭提供了《医疗机构执业许可证》、医生的《执业医师证》、乳房假体的《医疗器械产品注册证》和国内代理商的《医疗器械经营许可证》、《手术知情同意书》、《医疗事故技术鉴定书》等证据。以上证据对证明被告的合法经营资质和在整个治疗过程中没有过错起到了重要的作用。

四、医院应当注意的问题

1. 医疗机构及其医务人员无论是申请资质还是进行诊疗，都应严格依法办事并注意保存证据。一旦发生纠纷，凭借这些证据在法庭上便会处于有利的境地。本案医院胜诉，便得益于医院及其医务人员严格依法办事。

2. 由于医疗纠纷适用举证责任倒置的规定，所以医院作为被告，应及时申请进行医疗事故技术鉴定，否则可能承担举证不能的责任。

3. 医疗行为中医疗机构及其医务人员仅对治疗行为负责，而不对治疗结果负责，即医疗机构承担的是过错责任。对于非医疗过错引起的损害，医院不承担任何责任。

五、患者应当注意的问题

消费者在医疗美容纠纷中应该注意的问题主要有两个方面：一是在进行医疗美容之前，消费者应注意哪些事项；二是发生医疗美容纠纷后，消费者应该如何处理。

在进行医疗美容前，消费者应意识到医疗美容毕竟是外科手术，存在一定的手术风险，因此在做手术前应对该领域常见的法律问题有所了解，慎重行事。

1. 注意查看医师的专业资格证书。在接受整形外科手术前，除了要留意医师诊所的招牌，更要注意医师是否曾接受完整的外科及整形外科训练。合格的医师会主动出示证明其专业资格的相关文件。

2. 术前照相。任何美容整形手术都要进行符合医学摄影要求的局部照相。一是作为医院的资料保存，以便对比手术前后的效果，供科学研究之用；二是作为法律资料保存，一旦出现医疗纠纷可作为证据出示。

3. 保存每次的就医资料。在决定进行手术后，消费者一定要留下每次的就医资料，例如收据、挂号单、书面就医记录等。这也是纠纷发生时消费者维护个人权益的基本凭证。看诊的病历记录也是很重要的证据。虽然法律规定病历记录必须保存10年，但医院篡改或销毁病历也不无可能。若担心自己的病历可能会被篡改，则可直接提起诉讼，由法院出面调走病历，以减少病历被篡改的风险。

4．签订手术协议书。手术协议书是手术者和受术者之间取得共识所形成的一种书面文件，是处理纠纷的法律依据。签订手术协议书既显示出手术的严肃性，也为消费者提供了法律保障。

发生医疗美容纠纷后，消费者应该如何处理？纠纷发生后，消费者应尽快去做伤害鉴定，其意义在于：（1）分清责任，确定伤害是否为侵权人的行为所致。（2）为合理确定赔偿数额和治疗方法提供依据。鉴定之后，明确了消费者的受损程度，既便于确定合理的治疗方案，也有利于加害人承认错误，尽快了结赔偿纠纷。

此外，消费者还可向当地卫生主管部门投诉。有关部门会根据纠纷的性质进行调查取证，组织医疗事故专业委员会或法医进行鉴定，然后根据鉴定结果作出处理。试图通过私下协商了结纠纷可能会遗留后患。

患者诉医院诱导行腹腔镜手术索赔案

一、案情简介

患者因继发性痛经6年及阴道出血，于2000年2月在外院行诊刮术。术后，再发阴道出血。又经外院诊断，提示子宫腺肌症合并子宫肌瘤可能性大，遂来北京市某医院就诊。经门诊检查，于2000年6月14日以“子宫内膜异位症”收入院。2000年6月19日，原告于全麻下行腹腔镜全子宫+左附件切除术。术后，出现腹痛及左侧输尿管扩张，经泌尿科会诊后，于6月29日放置Double-J管。原告于7月3日出院，9月19日拔除左输尿管Double-J管。后患者以医疗纠纷损害赔偿为由诉至法院。

二、双方的诉讼理由及法院判决

原告诉称：原告因病于2000年6月19日住进被告处治疗，被告大夫刘某在为原告检查后诊断原告为“子宫内膜异位症及子宫肌腺瘤”。考虑到原告曾做过开腹手术，腹腔粘连严重，加上原告强烈要求施行根治手术，故被告大夫刘某决定为原告开腹行“子宫切除术及卵巢囊肿剥离术”，原告及家属同意了诊疗计划。其后，被告的另一位大夫要求原告作B超并告知原告有外国专家要来医院表演腹腔镜手术技术，原告要作为一个手术的病例。考虑到自身腹腔粘连严重不适宜作腹腔镜，原告对此做法存有疑虑，但被告以种种承诺取得了原告的同意。手术于2000年6月19日进行，术后第3天原告开始发高烧，腹部引流处流水，不封口。术后第6天原告出现排尿困难、腹部肿痛，经过检查确诊为输尿管梗阻。术后原告被诊断为肾积水左侧输尿管狭窄，体内放置Double-J管。因此，提出以下诉讼请求：（1）被告赔偿原告医药费 36,161.45 元、误工费 50,000 元、交通费 10,505 元、护理费 8,000 元、精神损失费 10,000 元、律师费 5,500 元、营养费 400 元，共计 120,566 元。（2）原告今后的治疗费由被告承担。（3）本案诉讼费用由被告承担。

被告辩称：原告在起诉书中"原告对此做法（腹腔镜手术）存有疑虑，但被告以种种承诺取得了原告的同意"的说法不是事实。当原告被告知其可行腹腔镜手术时，原告很高兴，表示很愿意接受由外国专家为其行腹腔镜手术。另外，医生都会对病人及家属进行术前谈话，告知手术的利弊及风险，而并非原告所称的"承诺"。

2000 年 6 月 14 日，原告以"子宫内膜异位症"收住入院，进一步诊断后确诊为子宫内膜异位症及子宫肌腺瘤，当时临床大力提倡采取腹腔镜治疗方法，而该病人是典型的子宫内膜异位症病例，完全具备行腹腔镜手术的适应证。此外，外国专家也亲自做了术前检查并详阅了病人的病历，对病人的情况已有充分了解，所以手术的选择是正确的。

由于原告曾有出血坏死性小肠炎及开腹胆囊切除病史，故可能有腹腔粘连。虽然腹腔粘连会增加手术的风险及难度，但目前各种文献资料都未将腹腔粘连列为腹腔镜手术的禁忌证，而且子宫内膜异位症的主要表现就是粘连，这也是腹腔镜手术要解决的主要问题。

该病人的手术由外国专家进行，并有多名医生同台手术。术后经同行评议，一致认为手术成功，操作无误。至于病人手术后的并发症，属医疗上不可避免之意外，术前已向病人及家属作了详细交待。综上，被告操作无误，恳请法院驳回原告的诉讼请求。

市法庭科学技术鉴定研究所应法院委托对此案进行了鉴定，认为：（1）患者具有行腹腔镜手术的适应证，但手术具有一定难度。从目前的医学观点来看，患者所患疾病并非行腹腔镜手术的绝对禁忌证，手术的方式选择多取决于术者的手术技术和经验。(2) 根据病历资料记载，术前拟行开腹手术，后改为腹腔镜手术。针对这样有一定难度的、较大的手术，术前未见关于患者病情、手术方式选择、手术的难度、术中情况、并发症的预防及如何做好手术交待等方面的讨论意见，亦缺乏术者对病人的检查及分析意见。而术中发现腹腔内组织粘连严重，手术艰难，历时较长，术后出现并发症等，均在一定程度上反映出术前准备欠缺，对患者病情估计不足，可在一定程度上对手术质量造成影响。(3) 在手术术前、术中未见对于避免并发症的出现、术中是否采取了相应措施等问题的讨论及相关的检查处理，术后对输尿管的损伤未见给予足够重视的病历记录。在具备条件的情况下，术后随访、治疗欠积极，以致患者在多家医院求治，病情迁延。鉴定结论为：医院在对患者的治疗中，在术前准备、手术的并发症的预防与处理等方面存在不足，与患者左输尿管损伤及左肾功能损害的发生存在一定的关联（参与度考虑为 25%）。

法院认为，公民的合法权益受法律保护。原告因子宫内膜异位症及子宫肌腺瘤入住被告医院住院治疗，术后出现左输尿管损伤及左肾功能损害。经市法庭科学技术鉴定研究所鉴定，原告损害的发生与被告在术前准备、手术并发症的预防与处理等方面的不足存在一定的关联。故原告要求被告承担医药费、误工费等损失理由正当，本院将根据被告的过错程度及相关情况，酌情确定赔偿数额。但应指出，原告在左输尿管损伤等病症出现后，可以选择在本地其他医院就诊，为治疗所发生的必要费用，应由被告适当补偿。但原告选择在外地医院治疗，所发生的飞机票等交通费用属于扩大的损失，不应由被告承担。原告因输尿管受损等症多次住院放置输尿导管，给其身心带来痛苦，应给予适当的精神抚慰，具体数额由本院酌情确定。原告要求被告支付律师费缺乏法律依据，本院不予支持。综上所述，判决如下：

(1) 被告于本判决生效后 15 日内赔偿原告医疗费、误工费、交通费、护理费共计23,700元。

（2）被告于本判决生效后15日内给付原告精神抚慰金2,000元。

（3）驳回原告其他诉讼请求。

案件受理费4,016元，鉴定费3,000元，由原告负担2,816元，被告负担4,200元。

三、律师点评

本案事实清楚、案情简单。医院之所以败诉，其中的一个原因是医院在病历记录及术前告知方面存在着不足。在这里，笔者主要分析一下医院的告知义务及患者知情同意权问题。

《中华人民共和国执业医师法》第二十六条规定："医师应当如实向患者或者其家属介绍病情，但应注意避免对患者产生不利后果。医师进行实验性临床医疗，应当经医院批准并经得患者本人或者其家属同意。"

《医疗机构管理条例》第三十三条规定："医疗机构施行手术、特殊检查或者特殊治疗时，必须征得患者同意，并应当取得其家属或者关系人同意并签字；无法取得患者意见时，应当取得家属或者关系人同意并签字；无法取得患者意见又无家属或者关系人在场，或者遇到其他特殊情况时，经治医师应当提出医疗处置方案，在取得医疗机构负责人或者被授权负责人员的批准后实施。"

《医疗事故处理条例》第十一条规定："在医疗活动中，医疗机构及其医务人员应当将患者的病情、医疗措施、医疗风险等如实告知患者，及时解答其咨询；但是，应当避免对患者产生不利后果。"

上述法律法规是我国法律中关于知情同意权的主要规定，其中《中华人民共和国执业医师法》只作出了原则性规定，《医疗机构管理条例》则细致地规定了需要征得同意的情况、方式、先后顺序，由此条也可以看出履行此条规定的义务人就是医院的具体工作人员。《医疗事故处理条例》明确地规定了告知的具体内容，即“患者的病情、医疗措施、医疗风险等”。

上述有关知情同意权的主要法律渊源中虽然没有明确地使用“知情同意”这一概念，但实质上已经确立了患者的知情同意权以及医院的告知义务。具体到本案，医院在最初为患者行“子宫切除术及卵巢囊肿剥离术”时应事先将具体的情况完整地告知患者或其家属，并应当签订手术知情同意书和麻醉知情同意书，之后于6月19日改行腹腔镜手术时应再签一份介入手术知情同意书。正是由于医院没有签订相应的同意书，在患者病历中也没有进行相应的记载，最终在鉴定结论中被认定告知不充分，承担了赔偿责任。

医疗行为是一种特殊的行为，往往会对服务的客体也就是患者的人身造成侵害。因此，在实施医疗行为前，特别是实施可能给患者带来生命危险、身体损害、外观改变等对患者影响重大的医疗行为之前，取得患者的同意既是对患者权利的保护、尊重，也是对医院利益的保护，否则医院会因为形式上的不合法（未获得患者同意）而导致实质上的不合法（侵害他人人身权）。

关于知情同意权的概念，现在并没有被广泛接受的通说，比较被认可的说法是：“患者的知情同意权是在患者被告知自身相关医疗情报的情况下，作出同意或否定医生建议的决定性权利。”此处患者的同意包含两种情况，即推定同意和书面同意。患者到医院就诊的目的就是为了治疗疾病或保健身体，对于一些无侵害性的治疗行为，如服药等医疗行为，应推定患者已经同意，也就不必再签署同意书。但是，对于一些可能对患者造成重大影响的治疗行为，如手术、化疗等医疗行为，必须经患者完全同意才能进行，也就是说必须签署同意书。为了能让患者作出正确的判断，医院一方就必须将有关患者治疗行为的全部资料对患者进行说明。这也就引出了另一个问题——医院的告知。

可以说，知情和告知是一个问题的两个方面，完全知情是告知的结果，经过充分告知患者才会知情。告知的义务人毋庸置疑就是医院一方，但是被告知一方并不一定只是患者本人。患者本人理所当然享有作出同意决定的权利，也享有被告知的权利。但是，由于患者在就诊时有可能是无行为能力人、限制行为能力人或者对患者的告知可能对患者产生不利影响（如癌症晚期），因此患者的法定代理人——其配偶、近亲属或指定代理人也可作为告知的对象，在上述情况发生时由其代理人行使同意权，签署同意书。我国现行法律对于告知并没有做出相应的规定，不过从患者的知情权角度进行分析，应对患者告知的情况包括：进行特殊的检查时；应用处在实验阶段或刚进入实用阶段的治疗方法时；进行麻醉、手术、输血时；切除或添加脏器、肢体时；存在各有利弊的治疗方法时；医院治疗条件不完善要求病人转院时；可能出现不良或无法预测的后果时。告知的内容应当包括：病人目前的状况；对于病人疾病的各种治疗方法；对此种疾病将进行的治疗方法；治疗的危险及并发症、后遗症；出现紧急情况时的预处理方案。医院应当将上述内容对患者或其代理人做出充分说明并取得书面同意书。如果医院告知不充分，就有可能侵害患者的知情同意权，进而损害患者的人身权。案例中，被告就是因为对患者告知得不充分，未取得患者的书面同意书，并且存在病历书写不完善的问题，而被判决承担赔偿责任。

四、医院应当注意的问题

由于医疗行为的特殊性，在医疗诊断与处置上，医师有一定的自由裁量权。但归根结底，患者是自己的主人，有权决定是否接受治疗，接受何种治疗。况且，在法律上，患者的同意还是阻却医疗行为违法性的法定事由，医师未经患者同意采取手术等具有侵害性的医疗措施的，可能构成对患者身体权的侵害。因此，医师要高度重视自己的告知义务，如实向患者或其近亲属介绍患者的诊断、治疗、病情、疾病的转归和预后以及可能存在的医疗风险，听取他们的意见和建议，以便患者及其近亲属了解医疗行为的内容及医疗效果，并可增加患者对医师的信赖程度，减少误解。

五、患者应当注意的问题

患者在行使自己的知情同意权时，要加强与医院的沟通，要如实向医师反映自己的症状、病史等，以便医生做出准确的判断，减少不必要的损害；要积极向医生询问诊断结果，对自己的病情有个基本了解，配合医生进行治疗；要清楚治疗手段及医疗风险后果，谨慎做出选择。

四、履行规章制度等相关案例

患者诉医院用药失误赔偿案

一、案情简介

2000 年 4 月，患者邵某为治疗其双颊部存在了两年的点状色素沉着斑，在某医院先后接受了两次激光治疗。同年 10 月，因认为激光治疗效果不佳，患者邵某找到了曾为其进行激光治疗的该医院的医生王某，要求王某为其寻找更为有效的治疗方法，王某遂建议其使用复方氢醌霜外用，以观后效。一个月后，患者邵某又找到医生王某，声称其在使用复方氢醌霜后，面部出现了脱屑、轻度色素沉着、微发红等情况，王某立即建议其停用复方氢醌霜，改用蛇脂软膏外用。后邵某又先后在多家医院治疗色素斑。2002 年 3 月，邵某以医院采用复方氢醌霜导致其色素沉着加重为由，诉至法院。

二、双方的诉讼理由及法院判决

原告诉称：由于被告使用无正式生产批号的复方氢醌霜对其进行治疗，造成其面部原来存在的色斑恶化，色斑点被治成黑斑块。另外，原本没有色斑的地方出现色素沉着。上述所有的这些问题都是由于被告的诊疗过错行为造成的，因此被告应当向原告公开赔礼道歉，并赔偿医疗费、交通费、鉴定费、律师费、精神损害抚慰金等费用共计人民币 60,000 元。

被告辩称：原告向法院提供了一份病历来证明自己在被告处的诊治经过，但该病历事实上是原告事后要求经治医生王某为其补记的，并非是原告就诊当时情况的真实记载。原告并没能提供相应的用药处方及购买复方氢醌霜的交费单据等证据来证明自己是在被告处取得复方氢醌霜。事实上，被告处从来就没有复方氢醌霜这种药。药监局就此事还专门对被告药房进行了核查，同样也证实被告处确实没有这种药。原、被告之间并不存在医疗合同关系，根据我国民事诉讼法的有关规定，原告不具有向被告求偿的诉讼主体资格。另外，复方氢醌霜本身是治疗色素沉着的有效药物，该药物本身不会导致色素沉着的加重，原告事后的就医史和用药史不详，其现状与被告无关，故被告不能承担任何赔偿责任，请求法院驳回原告的诉讼请求。

一审法院经过审理，作出如下判决：2000 年 4 月，患者邵某为治疗“双颊色素沉着斑”到被告处就诊，当时的就诊记录显示其面部存在散在的色素沉着。被告先后针对其病症进行了激光治疗和外用复方氢醌霜的治疗建议。根据有关文献资料，该病症可能的致病原因有多种，激光治疗和使用复方氢醌霜均对色素斑有治疗效果。因此，被告在此过程中采取的措施和进行的治疗并无不当。经有关部门检查，被告并无复方氢醌霜，患者邵某的病历记载的复方氢醌霜的处理建议不能证明其确实是从被告处取得了复方氢醌霜。综上，邵某以被告提供的复方氢醌霜给其造成损害，被告应进行赔偿的请求缺少事实依据，法院不予支持。依照《中华人民共和国民法通则》第一百零六条第二款的规定，判决如下：驳回原告的诉讼请求。案件受理费由原告负担。

原告对该一审判决不服，向上一级法院提起上诉。邵某认为：自己与医院之间存在医疗服务合同关系，医院对其的医治行为不当，与其现在出现的病情加重有直接因果关系，医院存在严重过错。一审法院没有适用举证责任倒置的证明责任分配原则，没有要求医院证明复方氢醌霜的合法性和患者就诊时医院处没有复方氢醌霜，以致判决明显不公。要求二审法院撤销一审判决，改判由医院承担相应的责任。

医院就此提出如下答辩意见：医院未向邵某提供复方氢醌霜，双方不存在医患合同关系，患方没有先行履行自己的举证义务，其主张适用举证责任倒置的证据规则没有法律依据；医院医嘱建议其使用复方氢醌霜并无过错。一审判决认定事实清楚，适用法律正确，请求法院判决驳回对方上诉，维持原判。

二审法院认为：基于侵权而提起的医疗事故损害赔偿，在进行责任认定时必须具备医疗行为、损害结果、医疗过错、医疗行为与损害结果之间具有因果关系四个构成要件。在此类诉讼中，患者应当就曾在医疗机构就医发生了医疗行为以及存在诊疗损害后果负举证义务，只要患者能证明存在这些事实就先行推定医疗机构存在医疗过错，应当承担医疗损害赔偿责任；此时再由医疗机构就医疗行为与损害结果之间并不存在因果关系以及不存在医疗过错承担举证责任。也就是说，医疗机构只有证明自身的医疗行为并未造成损害结果以及在从事医疗行为过程中并无过失，才可免责。在本案中，能够认定医院有建议邵某使用复方氢醌霜的医疗行为，但该医疗行为已被医院举证证明无过失，而邵某未能提供有效证据证明医院有为其提供具体药物的医疗行为，且医院建议患者使用某种药物与医院是否有该药物、是否向患者提供该药物并无必然联系。因此，该药物是否引起了患者病情加重无从认定。由于邵某并未完全举证证明损害结果确实存在，故对邵某的上诉请求，本院不予支持。原审判决认定事实清楚，处理结果正确，应予维持。判决驳回上诉，维持原判。

三、律师点评

法院判决基本正确。《民事诉讼法》第六十四条第一款规定："当事人对自己提出的主张，有责任提供证据。"这是我国民事诉讼制度关于举证责任分配的基本原则。根据此规定，当事人应当提供相应的证据来证明自己主张的事实在法律上确实存在。具体到因医疗行为而提起的损害赔偿诉讼，应当由患方举证证明自己在医院就医行为的存在以及己方的损害后果是由于医院的诊疗过错造成的这些事实，然后再由医院就己方的无过错进行举证。

在2002年4月1日以前，医疗损害赔偿诉讼一直适用民诉法规定的一般举证原则。但由于医疗诊疗行为涉及的专业知识纷繁复杂，实践中，患者往往缺乏相关的专业知识和技术手段。如果依据举证原则的一般性规定，患方往往由于无法掌握相关的证据材料无法完成举证。为了平衡当事人的利益，更好地体现法律的公平，2002年4月1日起实施的《最高人民法院关于民事诉讼证据的若干规定》第四条第一款第八项规定由医疗机构举证医疗行为是否存在过错、与患者损害结果之间是否有因果关系。但举证责任的倒置不等于免除了患方的举证责任，相反，在诉讼中患方仍应承担首要的举证责任，即证明其与医院之间医疗合同关系的实际存在以及由于医院的诊疗行为造成己方损害，自己确有损失存在。之后，举证责任方由患方转移到医疗机构，而这一点在诉讼中往往容易被双方所忽视。

本案原告在诉讼中仅提供了一份医生建议使用复方氢醌霜地病历，没有提供其他能证明从医院取出复方氢醌霜的相关证据，而医院却有相反的证据证明医院不可能有复方氢醌霜。因此，原告的证据为孤证：①不能证明医院发出药物的事实，因为患者可以凭病历在药店购买；②不能证明从医院取药，因为没有缴费收据；③不能证明医院药物致其损害的事实。因此，原告最终因举证责任履行得不充分承担了不利的诉讼后果。应该说，在对于本案双方举证责任的认识和把握上，两审法院都是十分准确到位的。但是，依据《民法通则》第一百零六条第二项进行判决，法律依据略显不足。笔者认为，依据《民事诉讼法》第一百零八条及《最高人民法院关于民事诉讼证据的若干规定》第一条作出判决更为妥帖。

四、医院应当注意的问题

1. 医院药房必须注意不能使用没有经过药监局批准的药物，同时每一种药品（尤其是自制制剂）的标签都应当明确，应注明药名、制作时间、使用时间。

2. 医生不应随意给患者出具诊断和书写病历。诊断和病历是患者就诊行为的证明，必须是患者就诊情况的真实记录，事后任意补写病历是违反规定。如果没有证据证明这种任意补写的病历不是当时记录的病历，就有可能产生对医生不利的结果。

3. 医生不应在上班之外的时间给患者看病，应当要求患者到医院就诊，不能因朋友关系违反医院诊疗常规和医师法的规定。

4. 对广大医务人员加强法律培训，提高自我保护意识，同时，医院也应加强自身管理，在处理纠纷时应认真分析有关材料，综合运用法律知识制定处理方案，统一口径，不能草率对外宣传，各说不一。

五、患者应当注意的问题

患者不能将举证责任倒置误认为全部由医院承担举证责任，自己可以什么都不举证。做为患者，在诉讼前应首先搜集掌握证明自己具有诉讼主体资格的证明材料以及相关的证据，避免因为不能履行举证责任致使承担诉讼中的不利后果。

患者举证时应注意搜集下列证据：

1. 证明自己与医院之间存在医疗合同关系的凭证，如挂号单、病历、处方、收费单据、入出院结账单等。

2. 证明自己确实存在损害后果的证据。同时，还要证明损害与医院有关，不是自己以前固有的。

医院因床位不足转诊受诉案

一、案情简介

某患者因与他人争斗，造成头部外伤，被送到某三级医院。该院因神经外科无床位，且刚下一台大手术，无手术器械，将该患者转往他院。该患者在其他医院手术后未清醒，形成植物人。其家属将转诊三级医院告上法庭，要求赔偿。

二、双方的诉讼理由及法院判决

原告诉称：我因头部外伤到被告医院急诊室治疗，在按病情及有关规定应立即手术的情况下，被告却以床位不够为由，将我转院。因手术不及时，我现在已经形成植物人状态，被告应对此承担全部责任。现起诉要求该院赔偿各项损失共计1,811,924.16元。

被告辩称：原告确因脑外伤到我院急诊，当时因器械不够无法进行手术，且床位已满无法实施专业人员监护。为保证患者得到及时治疗，我院将其转至其他可以马上手术的医院治疗。正因为我们及时转院，才使原告能在当晚接受手术。原告的后续治疗存在很多问题，目前造成的结果不应由我院承担责任。因此，我院不同意原告的诉讼请求，并申请将为其进行过治疗的其他医院追加为本案的共同被告。

经某市某区医疗事故技术鉴定委员会鉴定，作出如下认定：患者外伤后急性硬膜外血肿，院方在诊疗过程中，诊断明确，但其治疗过程有一定过失。根据患者病情，有就地抢救指征，但院方违反有关医疗法法律规定，将患者转往外院，短期发生脑疝，导致不良后果。但该鉴定结论对本例是否属于医疗事故未作出明确认定。

某市法庭科学技术鉴定研究所经鉴定，认为：根据被鉴定人

(患者）提供的现有病历材料、我们检查和阅片所见，我们认为其所受损害为急性重型闭合性颅脑损伤：右颞部皮肤挫伤，右颞部粉碎性骨折，右颞部硬膜下血肿，右颞部脑挫裂伤，继发性脑干损伤，经手术及时对症治疗，伤情基本稳定，目前被鉴定人仍处于浅昏迷状态，四肢瘫痪，继发外伤性癫痫。参照有关规定，我们认为被鉴定人目前的情况属于一级伤残。

某市医疗事故技术鉴定委员会专家的咨询意见是："某院接诊大夫经验不足，对病情估计不足，导致患者接受手术的最佳时机被错过，另床位不足不能成为转院的理由，但尚不构成医疗事故。"

一审法院经过审理，作出如下判决：公民的生命健康权受法律保护。故意或过失侵害他人生命健康权的，应按其过错赔偿受害方的合理损失。医务工作者在为患者诊疗期间，应恪守其行业职责，以保护患者的生命与健康。被告在对原告进行治疗时，因接诊大夫经验不足，对原告的病情重视不够，且违反有关医疗法规的规定，在原告有就地抢救指征的情况下，将其转往外院，错过了手术治疗的最佳时机，使原告发生脑疝。综合依据区医疗事故技术鉴定委员会之鉴定结论及市医疗事故技术鉴定委员会之咨询结果，被告应对其过错行为导致原告未能及时治疗所产生的后果承担民事责任，对原告已实际发生的损失，即误工费、护理费、营养费、医疗费、自购医药用品及护理用品所支出的费用、残疾生活补助费、住院伙食补助费及复印费，应予以赔偿。因本院已判定被告支付残疾生活补助费，故对原告之法定代理人主张的定残之后的误工费，本院不予支持。至于残疾生活补助费及住院伙食补助费的具体数额，由本院依法判定。

今后护理费是为解决被侵害人在康复以前或有生之年的实际需要而设立的。因此，侵权人应当根据法院确定的赔偿数额，在对被侵害人应予赔偿的总年限范围内，按年平均数额支付被侵害人的今后护理费。赔偿年限尚未届满，赔偿总额尚未清结时，如被侵害人康复或死亡，则侵害人无义务再支付尚未支付完毕的今后护理费。至于今后护理费的年平均数额，本院将依据原告之法定代理人已实际支付的护理费予以确定，即每年9,924元；赔偿年限依据1998年北京市人口平均期望寿命——73岁及原告的实际年龄——25岁，确定为48年。原告今后护理费之总额为476,352元。原告之法定代理人依据某医院对年治疗费的估价主张今后3年的治疗费，考虑原告之病情，本院予以支持。

原告之法定代理人另述精神损失费，考虑被告之过错及原告的病情和伤残等级，本院亦予以支持，具体数额由本院判定。对原告之法定代理人就各项损失要求过高部分，本院不予支持。另，被告提出原告的后续治疗存在很多问题，但因未向法庭提供相应证据，本院不予认定。据此，依照《中华人民共和国民法通则》第一百一十九条，判决如下：

（1）被告赔偿原告医疗费人民币112,447.47元，自购医疗用品及护理用品费用人民币11,421.18元，护理费人民币22,300元，营养费人民币1,302元，今后治疗费人民币288,000元，原告之误工费人民币11,000元，住院伙食补助费人民币4,821元，残疾生活补助费人民币367,451元，精神损失费人民币40,000元；复印费人民币40元。上述款项共计人民币858,781.65元。被告于本判决生效后2个月内给付人民币200,000元，于本判决生效后6个月内给付数额应达人民币500,000元，全部数额于本判决生效后一年内付清。

（2）今后的护理费人民币476,352元，被告自2001年1月1日起，每年1月5日前给付人民币9,924元，至今后护理费总额支付完毕时止，或至原告康复、死亡之日止。

医院不服一审判决，上诉称：一审法院对下列事实认定不清：

（1）被上诉人是由于打架斗殴被人打伤，造成其急性重型闭合性颅脑损伤，右颞部皮肤挫伤，右颞部粉碎性骨折，右颞部硬膜下血肿，右颞部脑挫裂伤，继发性脑干损伤。这一系列可致人死亡和伤残的严重疾病均是由打人肇事者造成的，且肇事者已被分别判处4年、5年有期徒刑，打人者应负主要责任。

（2）被上诉人第一次手术后，又出现迟发血肿，被上诉人家属在术后自行要求将其转往未设脑神经科的医院，导致迟发血肿未能及时清除，这也是被上诉人形成植物人的原因。

（3）某市医疗事故技术鉴定委员会的咨询意见只是谈到上诉人存在“无床位不是转院理由，错过最佳手术时机”的不足，并没有认定这些不足导致其形成植物人。

（4）脑神经科医学专家的咨询意见是“出现脑疝也不是必然产生植物人状态”。

上述这些事实一审法院都没有查明。我国法院审理案件应当“以事实为依据”，请二审法院重新对事实进行查明。

一审法院以某区医疗事故技术鉴定委员会所作的鉴定结论作为判决依据是不正确的，该鉴定没有效力。按照《医疗事故处理办法》规定，鉴定结论应写明“是”还是“不是”医疗事故。1987年6月29日国务院发布的《医疗事故处理办法》第二条规定：“本办法所称的医疗事故，是指在诊疗护理工作中，因医务人员诊疗护理过失，直接造成病员死亡、残废、组织器官损伤导致功能障碍的。”也就是说，仅在医务人员的过失直接导致病人出现不良后果（死亡、残废、组织器官损伤），即过失与病人的不良后果之间有直接的因果关系的情况下，才可以定为医疗事故。而某区医疗事故技术鉴定委员会的鉴定结论不能证明此病人的不良后果是由于转院直接造成的，这也是该结论无法定性的原因。所以，此鉴定结论含糊不清，不足以成为判案的依据。

上诉人在某区医疗事故技术鉴定委员会于2000年2月24日作出鉴定结论后，当即表示不服，在规定的15日时间内，即于2000年3月6日依法向某市医疗事故技术鉴定委员会提出重新鉴定申请，某市医疗事故技术鉴定委员会接受了上诉人的鉴定申请。因被上诉人已诉至法院，某市医疗事故技术鉴定委员会等待法院委托进行医疗事故鉴定。某区人民法院于一审期间委托了某市医疗事故技术鉴定委员会进行专家咨询。既然已有某市医疗事故技术鉴定委员会的专家咨询意见，某区医疗事故技术鉴定委员会的鉴定结论就没有生效。

一审法院依据未生效且没有作出明确结论的某区医疗事故技术鉴定委员会的鉴定结论作出上诉人负全部责任的判决，缺乏证据。本案属于无意思联络的共同侵权，法院既已提请某市医疗事故技术鉴定委员会进行咨询，就应当按咨询意见，分清责任，进行判决。

一审判决赔偿费用的数额不合理，没有法律依据。

(1) 医药费。被上诉人一直在住院，未经医院同意，自行采购药品，不属于法律规定的范畴。且没有医院处方、病历，不能证明是其必需的治疗费用。

(2) 营养费及伙食补助费。被上诉人在住院期间不能进食，全靠医院给予营养匀浆鼻饲，不存在额外营养费支出。

(3) 今后治疗费与伤残补助费不应重复给付。既然已经评残，就证明其不能好转，不需治疗，只是一般维持治疗。

(4) 护理费用按2人计算明显过高，无法律依据。

(5) 精神赔偿费。民法通则第一百一十九条无此规定。

综上，请求二审法院撤销某区人民法院一审判决，发回重审或改判，并判决由被上诉人承担诉讼费。

二审法院审理后作出如下判决：本院认为，原审法院认定事实不清，适用法律不当。依照《中华人民共和国民事诉讼法》第一百五十三条第一款第三项之规定，裁定如下：

(1) 撤销原审法院民事判决。

(2) 发回原审法院重审。

接到二审法院判决后，原告在原审法院重新审理过程中要求调整诉讼请求数额：赔偿原告支出的医药费130,881.16元、误工费105,600元、护理费952,704元、残疾生活补助费337,455元、今后再治疗费288,000元、住院伙食补助费51,100元、营养费1,888元、残疾用具费300,000元、精神损失费402,000元（原告个人的精神损失费133,200元、原告直系亲属的精神损失费270,000元），上述各项损失共计人民币2,274,628.16元。

原审法院经过重新审理，作出如下判决：本院认为，公民的生命、健康权受法律保护。故意或过失侵害他人生命、健康权利的，应承担侵权责任，赔偿受害方的合理损失。赔偿的前提是侵权人存在侵权行为；给受害方造成了损害结果；侵权行为与损害结果之间存在因果关系。本案中，患者被他人打伤后，经被告处置后转送至他院手术治疗，手术后成为植物人状态至今。对患者成为植物人之损害结果，应由侵权人承担赔偿责任。

首先，应确定给原告造成损害结果的侵权人。对于原告所受到之侵害，直接侵害人为耿某和马某。二人将原告打伤，除应依法受到刑事处罚外，还应就其侵权行为承担民事赔偿责任。被告在对原告进行治疗时，因接诊大夫经验不足，造成原告之手术治疗的最佳时机被错过，加之不符合有关规定的转院，导致了不良后果的发生，故综合某区医疗事故技术鉴定委员会之鉴定结论及某市医疗事故技术鉴定委员会咨询会的结果，被告在治疗及转院过程中存在一定过错，亦应对原告所受到的身体伤害承担一定的责任。同时，原告系在他院接受手术治疗后出现植物人状态，在被告之后的治疗过程中是否存在医疗事故或过错亦是不可排除之因素，但鉴于原告和被告在本案审理中均明确表示不要求追加其他医疗机构作为本案当事人，故基于双方当事人的上述意思表示，本院认为除耿某、马某外，原告只要求被告承担侵权赔偿责任。

根据上述认定，直接侵害人耿某、马某以及对原告提供医疗抢救的被告应各自承担相应的民事责任。耿某、马某应承担主要责任，被告应承担次要责任。原告已与耿某、马某达成民事调解协议，故本院认为原告已就上述二人应承担的赔偿数额做出了相关的意思表示。虽原告称其与耿某、马某就赔偿事宜达成协议的数额仅限于原告在被告处治疗的费用，但其在被告处治疗的费用远远低于二人赔偿的24万元，且双方达成协议时原告已经形成植物人状态，故本院认定上述赔偿协议系双方对原告已经遭受到的全部损害达成的调解协议，即包括原告已实际发生的全部费用。故本院将在确认原告的全部损失后，对被告应赔偿的数额根据其应承担责任的比例进行判定。

其次，应确定侵权人的赔偿范围。在原告要求赔偿的损失费用中，对于其请求中符合法律规定的部分，本院予以支持，在此不再论述。对于其请求中不符合法律规定的部分，本院将根据相关法律规定进行判定。其中包括：其自行就诊的医药费用，应由其自行负担；对于鉴定文书作出之后的误工费用，没有法律依据；其要求赔偿的今后护理费系按2名护理人员的工资计算，没有法律依据；其要求赔偿住院伙食补助费51,100元，没有事实依据及法律依据；其要求赔偿精神损失费402,000元，没有法律依据。

据此，依照《中华人民共和国民法通则》第一百一十九条，判决如下：

（1）被告于本判决生效后30日内赔偿原告医疗费、自购医疗用品及护理用品费、护理费、营养费、今后治疗费、今后的护理费、误工费、住院伙食补助费、残疾生活补助费等共计人民币298,930元（已给付100,000元）。

（2）被告于本判决生效后30日内赔偿原告精神损失费人民币38,310元。

（3）驳回原告的其他诉讼请求。

上述判决作出后，原告不服，向二审法院提起上诉。二审法院判决维持一审判决。

三、律师点评

1. 医疗事故鉴定书存在的问题。

(1) 区医疗事故技术鉴定委员会的鉴定书缺乏证明效力，不能作为证据使用。

根据《医疗事故处理办法》等法规、规章的规定，鉴定结论应明确写清楚该事件是否属于医疗事故，如属于医疗事故者，则应写明事故等级及性质。区医疗事故技术鉴定委员会做出的鉴定结论没有写明“是”医疗事故还是“不是”医疗事故，不符合法规规定，缺乏证明力，法院不应当作为证据使用。

(2) 卫生行政部门未尽审核义务。

当时医疗事故技术鉴定委员会是由各省、市卫生行政部门负责组织的。作为鉴定的组织者，应当按照法律规定履行其法定职责，对鉴定书进行审核，防止违反法定程序和书写不规范的鉴定书随便发出。发出一份不具法律效力的医疗事故鉴定书，既影响医疗事故技术鉴定委员会和卫生行政部门的形象，也导致鉴定书失去原有的证据价值。任何一份鉴定结论要作为证据使用，必须具有法律规定的客观真实性、合法性与关联性，同时还必须符合法定程序，否则便缺乏证明效力。因此，该鉴定结论不能也不应作为判定责任的依据。

(3) 区医疗事故鉴定书并非必然无效。

按照我国《医疗事故处理办法》第十二条、第十三条之规定，直辖市医疗事故技术鉴定委员会分为市、区二级。当事人如果对区级医疗事故鉴定结论不服，在15日内提起复议的，以市级鉴定委员会的鉴定为最终鉴定。区级鉴定委员会的鉴定在没有争议的情况下，也是处理医疗事故的依据。本案被告在区医疗事故技术鉴定委员会于2000年2月24日发出鉴定书后，在规定的15日时间内依法向市医疗事故技术鉴定委员会提出重新鉴定申请，市医疗事故技术鉴定委员会接受了被告的鉴定申请。后因原告已诉至法院，市医疗事故技术鉴定委员会等待法院委托进行医疗事故鉴定。同时，被告也向一审法院提出委托市医疗事故技术鉴定委员会重新鉴定的申请。区人民法院在一审期间向市医疗事故技术鉴定委员会进行专家咨询。因此，根据我国法律的规定，市医疗事故技术鉴定委员会的专家咨询意见，可以作为最终的意见，但只能作为卫生行政部门对发生医疗事故的医疗机构和医务人员进行行政处理的依据，而不能适用于其他情况。因此，在法庭上区医疗事故技术鉴定委员会的鉴定结论能否作为判案的依据，还要看法院如何认定，并不必然无效。

2. 法院判决存在的问题。

（1）本案原一审法院忽略了原告是被人打伤的这一重要事实及后续治疗中存在的问题。本案属于我国民法理论中无意思联络的共同侵权，原告成为植物人的后果是由多种因素共同造成的。首先，原告因打架被人用硬物击伤头部造成可致人死亡的重创，对于原告成为植物人，打人肇事者应承担主要责任。其次，原告家属多次要求转院导致延误治疗，应负次要责任。原告所患硬膜外血肿，并不是只进行一次手术后就万事大吉。在术后尚需对病人严密观察，及时发现术后出现的并发症，并及时给予抢救处理、治疗，这是贯穿整个治疗的必备过程。然而，原告家属不顾医生劝阻，自行要求转院，丧失了及时抢救的时间，丧失及时治疗迟发血肿的时机，这也是使原告形成植物人后果的一个重要因素，原告家属对此负有不可推卸的责任。第三，后续治疗医院也负有一定责任。临床上脑疝及脑干受压时间过长均可造成患者成为植物人。脑疝形成不是形成植物人的绝对指标，脑疝形成后如果短时间内做手术也可以恢复良好。患者第一次手术后转院，术后出现了迟发血肿，且逐渐扩大，后续治疗医院一直未做任何处理，造成治疗的延误，这也是使病人形成植物人的一种因素，因此后续治疗医院也负有后续治疗不及时的责任。由此可见，打架肇事者、病人家属、后续治疗医院以及被告在原告形成植物人这一后果上各自都负有责任，各自的不当行为结合在一起，最终导致了这一后果的发生。这从法律上讲属无意思联络的共同侵权，与原告的后果形成因果关系，属于多因一果，因此各当事人应当按比例各负其责，而不应由被告承担全部的责任。

（2）重审一审法院认定事实清楚，适用法律正确，但在认定责任时判决被告医院承担20%的责任，比例偏高。某市医疗事故技术鉴定委员会的咨询意见为“床位不足不能成为转院的理由，错过最佳手术时机”，但并没有认定这些是导致原告出现植物人后果的原因。错过最佳手术时机固然是被告的不足，但不是导致原告出现植物人状态的必然原因。如果原告伤势不重，如果能够及时清除迟发血肿，原告也有可能不会成为植物人，因此法院认定被告承担原告全部费用的20%明显偏高。

四、医院应当注意的问题

1．医院应当坚持首诊负责制，重症病人应当立即手术，不能因为无床位拒绝手术和延误抢救。如果该例病人在该院内行手术，手术后仍出现植物人状态，这就是其自身疾病的发生发展，与医院诊疗行为无关。抢救生命是第一位的，床位是可以想办法调整的。

2．医院应当备有紧急手术和抢救的器械。如只有一套器械应在下台手术后，马上消毒器械以备用，不能因没有及时消毒而拒绝急诊手术病人。《医疗机构管理条例》第三十一条规定：医疗机构对危重病人应当立即抢救。对限于设备或者技术条件不能诊治的病人，应当及时转诊。

3．转送病人时应履行告知义务。如因技术力量等原因而转送病人，应向患方讲明，告知转院后可能出现的问题。同时，也应注意说明转院可能行手术更快，争取手术时间，取得病人家属的认同，并做好记录，这也可以减少纠纷。

4．转院接诊医院在本案中也存在不足之处。该原告在转院后30分钟进入手术室，但手术开始时间是在1小时后，时间上有拖延。第一次手术后未能及时检查CT、观察患者是否存在迟发血肿情况，也属经验不足。不是手术完成了就万事大吉，后面的护理、观察处理同样重要。

5. 医疗事故鉴定结论或法医鉴定结论属于证据，在医患纠纷案件中，是法院用以审判的依据，作为被告的医疗机构必须对此高度重视。在一审诉讼中，医院并未明确提出患者成为植物人的致因性，例如医院的诊疗行为有何过错；患者因外伤就诊于医院，其外伤是何种原因造成的；该外伤可能出现何种后果等，所以未在鉴定会上提出上述意见。医疗事故鉴定结论作出含糊不清的鉴定，从另一个角度说明医院参加鉴定会的准备不充分，未能给专家提供翔实、全面、具有法律依据的事实。在这种情况下，原一审法院依据鉴定结论判决医院承担全部民事责任就不足为怪了。但是，在提起上诉后，医院注意到了上述问题，提出了令人信服的意见，重审判决发生了质的变化。所以，医院在鉴定之前，应高度重视鉴定程序，做好充分准备，只有这样才能切实维护医院的合法权益。

五、患者应当注意的问题

1. 原告致伤原因清楚，打人者已被判刑，家属不能正确认识这一事实，主动放弃打人者应负主要民事赔偿责任的请求，属于自动放弃主要的权利。

2. 被告医院擅自转院固然存在不足，但不是导致其形成植物人的直接原因。原告家属在转院后未能督促医院尽快手术，未能在手术后注意观察护理，致使原告出现迟发血肿后未能及时清除，这也是导致其未能清醒的原因之一。

3. 原告不能正确认识法律责任和司法赔偿的原则，不能客观公正地考虑赔偿要求，致使自己的主张未被法院支持，还要承担不合理请求部分的诉讼费用，加重了自己的负担。

超量用药致患儿耳聋医疗损害赔偿案

一、案情简介

1995年1月26日，产妇王某在某医院产下一男婴焦某。1月29日焦某出现腹泻，大夫给予丁胺卡那霉素肌肉注射，每次15mg，每日两次。治疗2天共用药3次后，焦某大便恢复正常，大夫即停用了丁胺卡那霉素。2月2日母婴健康出院，出院记录无任何异常。一年零二个月后，即1996年4月22日，焦某及其父母三人先后向区法院提起诉讼，要求被告某医院赔偿损失。

二、双方的诉讼理由及法院判决

原告焦某诉称，其子1995年1月26日出生于被告某医院，生后第三天即1月29日被超剂量注射丁胺卡那霉素，导致耳聋，请求判令被告赔偿医疗费、交通费、住宿费、鉴定费、误工费、残疾生活补助费、残疾用具费、后续治疗费、残疾慰抚金共计人民币1,600,048.97元。

原告王某及焦某之父诉称，其子焦某在被告医院生后三天，因院方诊断和治疗上的错误，患上终身聋哑症，使其本人精神遭受非法侵害，故请求判令被告赔偿两人精神损害费各50,000元。

医院辩称，原告的起诉已超过诉讼时效，而且被告的医疗行为在主观上没有过失，对焦某因腹泻注射丁胺卡那霉素诊断正确，治疗正确，原告所诉之药物性神经性耳聋与丁胺卡那霉素耳毒性之发生率不具有必然的因果关系，被告没有侵害原告王某、焦某之父的人格权，不应承担侵权的民事责任，请求驳回原告的诉讼请求。

1997年4月21日，某市医疗事故技术鉴定委员会作出鉴定结论，认为"导致该患儿耳聋的因素可有宫内窒息、出生后感染、自身免疫、药物中毒等"，结论为该起医疗纠纷不属于医疗事故。1998 年 11 月 30 日，司法部司法鉴定科学技术研究所接受委托对焦某目前的耳聋与其在被告医院被注射丁胺卡那霉素之间有无因果关系作了法医学鉴定，结论为："被鉴定人焦某目前患有聋哑症，就现有材料并检查综合分析，不能排除被鉴定人焦某目前耳聋与其被注射丁胺卡那霉素之间存在着直接因果关系，且其耳聋以药物中毒的可能性为大。"1999 年 2 月 26 日，某市中级人民法院司法技术鉴定中心对焦某双耳耳聋的伤残等级进行了鉴定，结论为五级伤残。

一审法院认为，被告医院在原告焦某的病历记载为一般情况好、体检正常的情况下，违反卫生部《婴幼儿腹泻防治方案》，给焦某注射丁胺卡那霉素，并且也未向本院提供证据证明该治疗行为的必要性。被告对原告焦某和王某的用药均超出规定剂量，且对联合应用丁胺卡那霉素和小诺霉素的毒副作用认识不足，又违反对新生儿使用丁胺卡那霉素应监测血药浓度或根据测得的肌酐清除率调整剂量的规定，未告知所使用药物的毒副作用，未征得家属的同意和签字，对该医疗纠纷负有过错责任。司法部司法鉴定科学技术研究所在鉴定过程中，已对焦某进行了目前国内所能进行的各种检查，没有发现证据证明焦某被注射丁胺卡那霉素之前及其母亲王某被注射小诺霉素之前已经存在耳聋，也没有发现除药物性耳聋之外的其他导致耳聋的原因，原告焦某的耳聋与其被注射丁胺卡那霉素之间存在因果关系，被告应承担民事赔偿责任。被告提出该医疗纠纷不属于医疗事故，不应承担赔偿责任，依据的是市医疗事故技术鉴定委员会的鉴定结论。该鉴定结论是专门技术鉴定部门对医疗单位的医疗纠纷进行技术鉴定的认定意见，是卫生行政部门认定和处理医疗事故纠纷的依据，不应作为是否承担民事责任的依据，对被告理由不予采纳。被告称原告的起诉已超过诉讼时效，因焦某耳聋未能及时发现，故本案诉讼时效应从检查确诊并能证明是由被告诊疗行为引起之日起计算，被告所辩不予采纳。原告为耳聋多方求治，所花费用被告应当赔偿，但部分治疗没有必要，被告提出原告治疗费用不尽合理的理由应予采纳。原告主张的误工损失，因不能提供充足证据，不予认定。原告主张的安装残疾用具，应以满足目前所需为原则，今后需更换时可另行起诉。

原告焦某出生仅三天，即由于被告的过错造成了两耳失聪的终生缺陷，无法享受一个普通人应当享有的正常生活，身心受到巨大的创伤，精神上承受了巨大的痛苦。对此，被告应给予经济补偿来作为对焦某精神痛苦的慰抚。原告王某、焦某之父作为焦某的监护人，在得知焦某耳聋的事实后，四处奔波，求医求药，寝食难安，无法享受一个普通家庭的正常生活，精神上受到了较大的伤害，对此被告应给予经济补偿作为对二原告精神痛苦的慰抚。三原告对于精神损害赔偿的要求应适当予以支持。依照《中华人民共和国民法通则》第九十八条、第一百零六条第二款、第一百一十九条之规定，判决如下：

（1）被告赔偿原告焦某医疗费6,172.50元。

（2）被告赔偿原告焦某交通费、住宿费4,000元。

（3）被告承担原告焦某初次手术治疗及语言训练费用232,200元。

（4）被告承担原告焦某残疾生活补助费40,536元。

（5）被告赔偿原告焦某残疾慰抚金150,000元。

（6）被告赔偿原告王某精神损害慰抚金40,000元。

（7）被告赔偿原告焦某之父精神损害慰抚金40,000元。

（8）驳回原告焦某、王某、焦某之父的其他诉讼请求。

被告医院收到一审判决后，向上级法院提起上诉，上诉理由如下：一审法院认定事实错误。为焦某应用抗生素丁胺卡那是必需的、可以的；使用丁胺卡那的剂量未超出药典剂量；使用该药是一种常规治疗，没有必要征得家属同意并签字；焦某、王某患腹泻是事实，用丁胺卡那霉素、小诺霉素治疗后健康出院；原审法院改变司法部司法鉴定科学技术研究所的鉴定结论，将不确定的因果关系认定为肯定的因果关系，存在错误。原判适用法律错误，判决赔偿精神慰抚金没有法律依据。故请求撤销原判。

被上诉人焦某、王某、焦某之父则提出如下答辩意见：某医院在诊疗过程中过错明显。焦某并非细菌性腹泻，使用丁胺卡那霉素是滥用抗生素，且超过规定剂量 3.6mg/日，造成焦某耳聋与其使用该药物有直接因果关系。其行为严重侵犯了被上诉人的健康权和人格权，依法应当承担赔偿责任。一审法院结合案件全部证据认定某医院的过错与焦某耳聋有因果关系，不存在改变鉴定结论的问题，而是采信正确的鉴定结论。精神损害赔偿问题有法律依据，而且也被司法机关所认可，在司法实践中被确认采用。因此，一审判决事实清楚，证据充分，程序合法，裁量适当，适用法律正确，某医院上诉理由不能成立。请求二审法院查明真相，依法驳回某医院的上诉，维持原判。

二审法院认为，因医院上诉诸项理由缺乏证据及法律依据，其请求不予支持，应予驳回。原审判决认定事实清楚，程序合法，处理正确，适用法律并无不当，应予维持。依照《中华人民共和国民事诉讼法》第一百五十三条第一款第一项的规定，经本院审判委员会研究决定，判决如下：驳回上诉，维持原判。

该医院不服二审判决，向省高级人民法院提出申诉称：原判认定事实错误，程序违法。

再审法院查明的事实与原审认定的事实一致，再审法院认为原审认定事实清楚，证据充分。原审判认定医院对焦某的医疗损害予以赔偿，有法律依据，且合法、合情、合理，予以支持。但原审法院对焦某的法定监护人王某、焦某之父判决给予精神损害抚慰金缺乏法律依据，予以纠正。医院申诉部分有理，予以支持。依照《中华人民共和国民事诉讼法》第一百五十三条第一款第二项之规定，经法院审判委员会讨论决定，判决如下：

（1）撤销二审判决和一审判决第 6、7 项（即某医院分别赔偿王某、焦某之父精神损害慰抚金 4 万元）。

（2）维持二审判决和一审判决第 1、2、3、4、5、8 项及诉讼费承担部分（即某医院赔偿焦某医疗费 6,172.50 元；赔偿焦某交通费、住宿费 4,000 元；承担焦某初次手术治疗及语言训练费用 232,200 元；承担焦某残疾生活补助费 40,536 元；赔偿焦某残疾慰抚金 15 万元；驳回焦某、王某、焦某之父的其他诉讼请求）。

三、律师点评

本案从 1996 年患方起诉到 1999 年 4 月 30 日作出一审判决，到 1999 年 8 月 20 日作出二审判决，再到 2001 年 12 月 28 日作出再审判决，历时 5 年，引起了极大的社会反响。其间该省的多名全国、省级、市级人大代表提出对本案的监督提案，省卫生厅为此专门向省高级人民法院致函表示对案件的关注，该市其他十三家医院以及国内很多著名专家学者纷纷公开表示对医院的支持。

1. 医院应重视诉讼中的程序问题。

长期以来，法院存在“重实体，轻程序”的错误观点，即认为只要事实正确，程序是否正确关系不大，特别是在二审乃至再审程序中，法院往往对原审程序是否正确、审判程序是否存在瑕疵疏于审查。这不但与我国诉讼法的规定相左，而且往往导致一些案件的当事人缠讼不止，久拖不决。一个案件的事实经过错综复杂，当事人对于事实的认定过程往往是不易了解的，他们最容易体会到的就是案件的审理程序，因此说程序公正是看得见的公正。

程序公正与实体公正之间的关系是十分密切的，程序公正在很大程度上会影响实体公正。不一样的程序得出的结论有可能会不一样，因此审判程序的进行就会影响审判员对案件事实的认定，最终影响到判决的形成。所以，有人把程序公正称作是“最起码的公正”是有道理的。从近两年的审判实践来看，法院也已经加强了对审判程序的重视，我们也希望在不久的将来，

"重实体，轻程序"的现象能够得到根本的扭转。

具体到本案，审理程序在以下几点上存在瑕疵：

（1）关于本案的诉讼时效。从患儿焦某1995年1月26日在医院出生，于1995年2月2日痊愈出院，到1996年4月22日患儿父母提出诉讼，时间间隔14个多月。据医学研究表明，成人用药平均9.2天出现耳毒性反应，范围平均4～32天。儿童虽未见报道，但由于新生儿肝肾功能尚未发育成熟，血浆蛋白浓度低，与药物结合力弱，致使血中游离药物浓度可为成人的1.2至2.4倍，也就是说儿童如有耳毒性反应，其表现出来的时间应短于成人。因此，本案中患儿如因注射丁胺卡那霉素而致耳聋，就会在很短的时间内表现出来。婴儿对于声音没有反应不是很难发现的现象，正常婴儿出生后3～7日听觉已相当良好。本案的患儿父母与其子朝夕相处，却在儿子一岁多以后才发现有耳聋现象，因此本案的诉讼时效是一个值得探讨的话题。

诉讼时效是指债权人怠于行使权利的状态持续到法定期间，其公力救济权归于消灭的制度。建立时效制度的目的是消灭怠于行使的公力救济权，消除权利的不稳定状态。我国民法规定身体受到伤害要求赔偿的诉讼时效是一年，也就是说当事人自知道或者应当知道身体被伤害之日起一年内，就应当主张自己的权利。就本案而言，患儿父母在患儿出院14个月后起诉，就应当证明其存在没有超过诉讼时效的法定理由。法院认为因焦某耳聋未能及时发现，故本案诉讼时效应从检查确诊并能证明是由被告诊疗行为引起之日起计算，这是值得商榷的。耳聋并不是非经医院检查或者司法鉴定才能发现的生理障碍，原告提交司法鉴定结论的时间并不是法定的诉讼时效中止或者中断的理由。况且，只有法院判决才能确认患儿焦某耳聋是否由医院的诊疗行为引起，难道诉讼时效要从法院判决之日起计算？这显然是不合理的。因此法院对诉讼时效的认定是错误的。

（2）本案中，某区人民法院经中级人民法院转委托司法部司法科学技术研究所进行鉴定。鉴定后，某区人民法院未对该鉴定进行质证。在医院不知晓鉴定结果的情况下，患方增加了诉讼请求，医院在一审时未对此进行抗辩是令人遗憾的。

2. 鉴定结论问题。

本案的司法鉴定问题也属于程序问题，但由于本案的鉴定结论比较重要，故单列出来讨论。

本案有三份鉴定结论，其中一份是伤残等级鉴定，两份是对案件的事实进行综合认定的鉴定结论。第一份是 1997 年 4 月某市医疗事故技术鉴定委员会受本案一审法院委托所进行的医疗事故鉴定，鉴定结论为“该起医疗纠纷不属于医疗事故”。另一份是 1998 年 11 月 30 日司法部鉴定科学技术研究所所作的鉴定，结论为“被鉴定人焦某目前患有聋哑症，就现有材料分析，不能排除被鉴定人焦某目前的耳聋与其被注射丁胺卡那霉素之间存在着直接因果关系，且其耳聋以药物中毒的可能性为大。”法院认为此两份鉴定结论之间可以相互印证是令人费解的。这两份医疗事故鉴定是依据当时的《医疗事故处理办法》作出的。根据该办法的规定，医疗行为与患者损害后果之间存在直接因果关系的构成医疗事故。换言之，如果不构成医疗事故，那么医疗行为与患者损害后果之间就不存在因果关系，这与“不排除……存在着直接因果关系”的鉴定结论截然不同，两份鉴定结论非但没有相互印证，反而相互矛盾。法院不应该将其作为判决的主要证据之一。

在没有证据表明医疗事故鉴定结论存在诸如“据以认定事实的主要证据不足、鉴定程序存在严重错误”等情形的情况下，一审法院事隔一年多又进行再次鉴定，这种做法是值得商榷的。

第二份鉴定结论中的“不能排除被鉴定人焦某目前的耳聋与其被注射丁胺卡那霉素之间存在着直接因果关系，且其耳聋以药物中毒的可能性为大”是不确定的语言表述，完全是一种猜测的口气，这样的鉴定结论对当事人双方都不负责任，也不能就此得出医院的医疗行为存在过错、应当承担民事责任的结论。

3．本案不应适用举证责任倒置。

本案是在1996年4月22日起诉的，而此时《最高人民法院关于民事证据的若干规定》尚未开始施行，当时的举证规则仍应是“谁主张，谁举证”。但是，再审法院却仍然坚持认为，由于医院不能提供引起焦某耳聋的其他证据，因而医院应承担赔偿责任。笔者认为这是值得商榷的。事实上，患儿出院后一年多时间都与医院没有任何联系，医院根本无从掌握患儿在此期间的生活以及医疗等情况，任何人都无法肯定在此期间他不会因其他原因而导致耳聋。因此，要求医院提供引起焦某耳聋的其他证据，实在是强人所难。

四、医院应当注意的问题

就本案而言，病历书写不完整是某医院的主要教训。医护人员在发现患儿有腹泻现象后，没有在当天病程记录中予以记载，而仅在31日病程记录中记载“大便由粘绿转黄软便，仍伴有少量粘液，伴水分稍多”。这虽然也可以证明焦某存在腹泻，但由于患方主张这是正常胎粪，以至于患儿焦某存在腹泻的事实未被法院认定，认为医生是“在病历记载为一般情况好、体检正常的情况下”，违反规定给予丁胺卡那的治疗。再有，医嘱执行情况也不明确，共注射几次丁胺卡那霉素都成了疑问，给认定事实带来很大困难。

因此，广大医务工作者一定要高度重视病历书写。当然，本案是在1995年发生的，当时医院对于病历书写普遍都不是很重视，但是一旦涉及诉讼，医院就无法很好地保护自己的合法权益了。

五、患者应当注意的问题

未成年人的监护人，尤其是曾患病儿童的家长，应密切关注儿童的成长，发现问题要及早治疗解决，以避免产生不必要的纠纷。

对于患者的治疗应以确有必要为前提，医院不能因为在以往治疗中存在过错、将来会为患者承担后续治疗费用就盲目扩大治疗范围。没有必要的治疗对于患者是进一步的伤害。

输卵管炎误诊医疗损害赔偿案

一、案情简介

1998年4月20日，患者段某无诱因出现腹疼，到某市中医院打针后缓解。4月21日早晨，患者再次出现腹疼，伴恶心、呕吐、发热，于当日由其亲属陪同到被告某市人民医院就诊。经值班大夫检查后，诊断为急性阑尾炎，并告知患者家属“可能是阑尾炎，已经有腹膜炎，可能会穿孔，需马上手术”。4月21日上午，被告某市人民医院对患者段某实施手术。第二日，患者体温降至正常，腹痛减轻；第三日及其后腹痛逐渐减轻。至5月1日，患者出院，其出院时体温正常，无任何不适，复查血象正常，痊愈出院。在患者出院前，被告某市人民医院所做病理报告认为“阑尾乳头状胰腺癌待排除”，并建议其到上级医院会诊。

出院后，患者家属将病理切片及组织蜡块送到上级某军队医院（本案第二被告）会诊，某军队医院对该切片的报告为“阑尾高分化乳头胰癌并急性炎症”。患者姨夫孙某某（本案第四被告，某军队医院肿瘤科副主任医师）将此结果向其同事某军队医院普外科主任医师王某某（本案第三被告）进行了通报，结论认为应就近治疗。

同年5月7日，经孙某某联系，邀请某军队医院外科主任医师王某某主刀，在被告某市人民医院内行硬膜外麻醉下“右半结肠切除术”。术中见“盲肠及阑尾无异常”，阑尾呈盆位，长约8cm，直径0.5cm，右输卵管缺如，其残端贴子宫角表面有一结扎线，（右）卵巢及韧带无异常。左输卵管正常，（左）卵巢有一直径约4cm大小囊肿。因原切除组织病理报告为“高分化乳头状腺癌”，但术中发现阑尾完整存在。术者经与在手术室内观看手术的孙某某商量，决定修改术前制定的手术方案，将切除

"右半结肠"改为切除"包括右子宫角少部分（浆肌层）连同输卵管残端、卵巢及部分韧带组织"，并行左侧卵巢囊肿开窗术及阑尾切除术。术后病理检验报告为："（右侧卵巢）卵巢白体形成，可见卵泡；（右侧宫角）子宫内膜呈增殖期改变，周围平滑肌组织未见特殊，间质可见炎细胞浸润，合并出血；（阑尾）阑尾组织未见特殊。"

后经多方检验，患者第一次入某市人民医院手术后的病理切片诊断报告为"急性化脓性输卵管炎"；其第二次手术后的病理切片诊断报告为"卵巢组织；血管、脂肪、平滑肌组织；慢性阑尾炎"。

二、双方的诉讼理由及法院判决

原告向法院起诉，请求法院判令被告赔偿包括两次住院医疗费、误工费、护理费、伙食补助费、营养费、交通费、住宿费、通讯费、复印费、残疾生活补助费、间接受害人抚养费、精神损失费、律师代理费、继续治疗费、三次鉴定费、诉讼费共计739,050.41元人民币。

被告某市人民医院辩称：患者与我院分别建立了两次不同的合同关系——第一次为急诊手术，此次手术治疗解除了患者的痛苦，达到了治疗目的，我院对患者不构成侵权；在第二次手术中，患者依院外的诊断要求到我院就近治疗，并自请外院大夫手术，手术操作都不是由我院进行的，我院不应承担责任。

本案经过三次医疗事故鉴定，分别是县级市的医疗事故鉴定、市级医疗事故鉴定、省级医疗事故鉴定。

县级市医疗事故鉴定结论认为：此例不构成医疗事故。

市级医疗事故鉴定结论认为：第一，第一次手术把急性化脓性输卵管炎误认为急性化脓性阑尾炎切除，是术者对病变组织辩认错误。但化脓性输卵管炎有手术适应证，治疗符合原则，达到了治疗目的，而第二次手术切下的阑尾病理证实无明显急性炎症。第二，第二次按照"癌症"实施手术是错误的病理诊断造成的，给患者造成了一定的痛苦，但卵巢系双侧器官，切除一侧，保留另一侧卵巢不会导致功能障碍。因此，本例不构成医疗事故。

省级医疗事故鉴定结论认为：第一，根据患者病史、症状、体征、辅助检查及术后病理报告结果，诊断为急性化脓性输卵管炎并发腹膜炎，应予手术治疗。患者右下腹部疼痛、恶心、呕吐，全腹压痛、反跳痛，血常规检查白细胞升高，诊断为“急性化脓性阑尾炎”是可以的，具有手术治疗指征。手术切除了已化脓的右侧输卵管，达到了治疗目的。第二，某市人民医院在对患者行第一次手术时，术者违反操作规程，没有按操作常规探查病变器官与周围组织器官的关系，将病变的右侧输卵管误认为阑尾切除。术者和送检人员坚持认为手术切除的是“阑尾”，对错误的病理诊断起到了误导作用。第三，阑尾和输卵管的组织形态在显微镜下是容易区分的，某市人民医院和某军队医院对第一次的病理切片分别作出的“阑尾乳头状腺癌待排除”和“阑尾高分化乳头状腺癌伴急性炎症”的病理诊断是错误的。第四，第二次手术方案是依据错误的病理诊断制定的，错误的诊断导致了不正确的治疗方案，是患者病情所不需要的。当术中所见与术前诊断不符合并涉及妇产科专业领域时，术者未请妇产科医生会诊，而与从事肿瘤内科工作的孙某某医师商量治疗方案，错误地切除了患者正常的组织器官右侧子宫角和右侧卵巢及部分韧带组织。因此，本例医疗纠纷属于三级乙等医疗事故。

一审法院经查明后认为：原告在1998年4月21日入住某市人民医院，即与该院建立了医疗服务合同。原告因患有“急性化脓性输卵管炎并发腹膜炎”而右下腹疼痛、恶心、呕吐等，被某市人民医院当时诊断为“急性化脓性阑尾炎”是可以的，具有手术治疗指征，手术切除了原告已化脓的右侧输卵管，达到了治疗目的，所以对原告以第一次手术切除部分输卵管构成九级伤残而要求赔偿伤残者生活补助费、间接受害人的抚养费的请求本院不予支持。但被告某市人民医院在对患者行第一次手术时，违反手术操作规程，没有按操作常规探查病变器官与周围组织器官的关系，将病变的右侧输卵管误认为阑尾切除，被告某市人民医院存在过错，应适当赔偿原告第一次手术支出的医疗费、误工费、护理费、营养费、伙食补助费、交通费。1998 年 5 月 1 日，原告再次到某市人民医院就诊，即与某市人民医院第二次建立了医疗服务合同，被告王某某、被告孙某某到某市人民医院为原告实施第二次手术是经某市人民医院许可的，其二人的行为应视为某市人民医院的行为。由于某市人民医院在对原告进行第一次手术后，术者和送检人员坚持认为手术切除的是“阑尾”，对错误的病理诊断起到了误导作用；某市人民医院和某军队医院对第一次切片所作出的病理诊断是错误的；第二次手术方案是依据错误的病理诊断制定的，是原告病情不需要的，并且在实施手术的过程中，在涉及妇产科专业领域时，术者未请妇产科医生会诊，而与从事肿瘤工作的孙某某商量治疗方案，错误地切除了原告的组织器官，所以被告某市人民医院对第二次手术给原告造成的损失承担主要责任；被告某军队医院由于所做的病理诊断是错误的，其行为和原告所受损害的后果有关联，所以应承担第二次手术给原告造成的损失的次要责任；被告孙某某和王某某是代表某市人民医院对原告实施手术，所以被告孙某某、王某某不应承担责任。

三、律师点评

1. 患者能否追究会诊医师的责任？

某军队医院医生王某某与孙某某到某市人民医院为患者治疗，这是实践中大量存在的医生外出会诊行为。这种行为现由《医师外出会诊管理暂行规定》予以规范。

《医师外出会诊管理暂行规定》第二条规定：“本规定所称医师外出会诊是指医师经所在医疗机构批准，为其他医疗机构特定的患者开展执业范围内的诊疗活动。医师未经所在医疗机构批准，不得擅自外出会诊。”第十三条规定：“会诊结束后，邀请医疗机构应当将会诊情况通报会诊医疗机构。医师应当在返回本单位2个工作日内将外出会诊的有关情况报告所在科室负责人和医务管理部门。”第十五条第二项规定：“邀请医疗机构支付会诊费用应当统一支付给会诊医疗机构，不得支付给会诊医师本人。会诊医疗机构由于会诊产生的收入，应纳入单位财务部门统一核算。”

分析法条可知，医生外出会诊必须获得所属医院许可或由医院委派，会诊情况必须向所在单位汇报，会诊费用也是支付给所在医院而不是会诊医生。由此可见，医生的会诊行为是职务行为而非个人行为。也就是说，王某某与孙某某到某市人民医院会诊是代表某军队医院进行的职务行为。

《民法通则》第四十三条规定：“企业法人对它的法定代表人和其他工作人员的经营活动，承担民事责任。”这一规定虽然只规定了企业法人，但学理上认为其他法人也适用同一法理，即法人应对自己工作人员的过错行为负责。最高人民法院《关于适用 < 中华人民共和国民事诉讼法 > 若干问题的意见》第四十二条进一步明确规定：“法人或者其他组织的工作人员因职务行为或者授权行为发生的诉讼，该法人或其他组织为当事人。”

《民法通则》从实体上明确了职务行为的民事责任承担者是法人，而最高人民法院的司法解释则从程序上赋予工作人员就所从事的职务行为不受民事责任追究的权利。因此，患者不能追究某军队医院医生王某某和孙某某的责任。

2. 会诊医院是否应就会诊中造成的损害对患者承担责任？

既然王某某与孙某某的行为是代表某军队医院的职务行为，那么在他们实施的手术对患者造成了损害的情况下，某军队医院是否应就王某某与孙某某的致害行为对患者承担责任呢？答案同样是否定的。

《医师外出会诊管理暂行规定》第十四条规定：“医师在外

出会诊过程中发生的医疗事故争议，由邀请医疗机构按照《医疗事故处理条例》的规定进行处理。必要时，会诊医疗机构应当协助处理。”

法律之所以如此规定，是因为邀请医疗机构和患者之间的关系、邀请医疗机构和会诊医疗机构之间的关系是两个不同的法律关系，而会诊医疗机构和患者之间是不直接发生法律关系的。邀请医疗机构和患者之间是医疗合同关系。患者因疾病到医疗机构就诊构成一项要约，医疗机构接受患者就诊构成一项承诺，医患服务合同因此成立。在此合同中，医方有为患者提供医疗服务的义务，患方有缴纳医疗费用的义务。

具体到此案，该患者到某市人民医院就诊，自该医院接诊患者之时双方就构成了医疗服务合同关系，提供医疗服务的义务主体就是某市人民医院，而不是他人。某市人民医院邀请某军队医院医生来院会诊，只是履行义务的一种积极手段。某军队医院应某市人民医院之邀派出王某某与孙某某来会诊，对患者而言，其行为代表的是某市人民医院，责任当然也要由某市人民医院承担。

在本案中，法院判决某军队医院承担次要责任，不是因为军队医院医生王某某与孙某某的手术行为存在过失给患者造成了损害，而是因为其对患者病理切片及组织蜡块所作的错误诊断行为与患者所受损害有关联。

四、医院应当注意的问题

2005 年 7 月 1 日，卫生部《医师外出会诊管理暂行规定》开始施行。该规定对医师外出会诊的行为、程序、责任予以了规范，加强了对医师外出会诊行为的监督管理。医师违反规定擅自外出会诊的，将受到相应处罚。大量事实表明，医师未经批准擅自外出会诊容易引发医疗质量和医疗安全隐患等问题。因此，医生外出会诊一定要遵守规定。

五、患者应当注意的问题

患者看病时，请医生集体会诊是必要的。但对于重大复杂病情，请多名医生独立诊治确诊是同样必要的，以免医生的观点互相干扰与影响，造成以讹化讹。尤其是对于癌症病情的诊断，在有条件的情况下，应尽可能请多名医生确诊，排除怀疑。在决定进行切除器官组织手术前，更应慎重。

隐睾术致植物人状态医疗损害赔偿案

一、案情简介

患者傅某，因右侧隐睾拟做二期下降固定手术，于1997年8月24日10时入住被告医院外二科，其既往身体健康，有药物过敏史。入院后进行了体格检查。术前，外二科主任、主治医师及实习大夫进行术前讨论并对术中可能出现的各种情况进行了分析。在向家属告知有关情况且由家属签字后，医院于1997年8月26日下午进行手术。手术过程中，大夫找出精索后，为了使精索尽量延长，手术大夫向下拉精索，这时患者突然出现呼吸变浅、心跳缓慢等症状，麻醉大夫立即嘱巡回护士静注副肾素0.7mg，给患者吸氧。经过上述处理后，麻醉大夫急忙去麻醉办公室请麻醉科马主任会诊，并取气管插管准备插管。马主任赶到后，进行相关抢救5分钟后，患者自主呼吸恢复，心电示波心率130次/分。在严密监护下，终于在5时零5分完成手术。其间，曾使用甘露醇、碳酸氢钠、地塞米松、头部降温等抢救措施。当晚8时20分，病人在输液过程中出现荨麻疹、口角抽搐，大夫立即给予了相应的治疗。此后病人时有癫痫发作，均予以抗癫痫治疗。

1997年8月27日，病人病情稳定后转入外二ICU治疗。在治疗中，病人分别于9月4日、9月12日出现过敏反应。10月8日病人病情稳定，转神经内科治疗。出院诊断：（1）右侧隐睾（二期术后）；（2）缺氧性脑病、扭转痉挛。

二、双方的诉讼理由及法院判决

原告诉称：原告于1997年8月26日在被告医院外二科行二期隐睾术。术中，由于被告医院医务人员违规操作，致使傅某大脑长时间缺氧，严重损伤大脑，致身体一级伤残。被告的侵害行为导致原告身体严重伤残，现在原告的生活完全不能自理，原告父母傅某某与马某某的精神也受到严重摧残。因此，原告提出以下诉讼请求：（1）被告公开向原告赔礼道歉（内容须经原告同意）；（2）要求被告赔偿原告医疗费、护理费、生活费、精神伤害赔偿费等各项共计3,565,150元；（3）诉讼费、律师代理费由被告负担；（4）由被告负责为原告进行终身高压氧治疗。之后，原告于2000年1月3日将第2项诉讼请求变更为10,377,057元。2000年7月20日，原告重新变更赔偿请求，具体为：（1）1997年8月至1999年8月家属自支医疗费51,366.52元；（2）今后继续住院治疗的费用及相关费用合计938,100元；（3）专家会诊支出的费用合计2,466.5元；（4）其他经济损失（医疗事故鉴定费、律师代理费、复印费、打印费）3,806元；（5）到青岛儿童医院住院时的住宿费580元；（6）1999年8月份前支出的残疾人用具器材费2,901.88元；（7）1997年8月至1999年8月的营养费11,830元；（8）到外地住院治疗、求医、购药等往返交通费及伙食补助费12,909.3元；（9）终生护理费977,056元；（10）1997年8月至1999年8月住院期间伙食补助费3,750元；（11）傅某评残前生活费11,809元；（12）今后残疾人生活补助费303,010.5元；（13）今后残疾人用具费47,340元；（14）今后康复器材费96,960元；（15）其他经济损失（二胎生育费）80,000元；（16）一审代理费28,300元；（17）精神损害补偿费50万元；（18）今后出院后高压氧、针灸、按摩治疗费125,400元；（19）今后傅某体检费用44,702元；（20）傅某在被告处抢救、治疗费用10万元由被告负担；（21）一审诉讼费用由被告承担；（22）一审终结前支出的费用16,662.74元；（23）1999年9月份以后营养费90,045元。以上23项具体费用除一审诉讼费用外，其他22项合计为3,448,995元。

被告辩称：对于患者傅某的损害后果，我院组织专家经过讨论后认为，患儿具备手术指征，麻醉方式选择正确，术前准备充分，麻醉药物用量在规定范围之内，医护人员严格按操作规程进行麻醉及手术。患儿傅某在麻醉及手术过程中发生的心跳缓慢、呼吸浅慢至停止以及由于特殊体质继发的脑功能损害，均属于麻醉意外。根据国务院《医疗事故处理办法》第三条第二项之规定，由于病情或病员体质特殊而发生难以预料和防范的不良后果的，不属于医疗事故。

原告认为被告违反操作常规的一个重要理由是当时的麻醉医师张某某是麻醉士，不具备进行麻醉工作的资格。我们认为，此种说法不能成立。张某某于 1991 年 8 月毕业于某某卫校医士专业（四年制）。同年分配到我院麻醉科工作，任麻醉士。至 1997 年 7 月为傅某施行麻醉时，张某某已经能独立进行各种常规麻醉技术操作。根据上级有关规定和他的实际情况，张某某已经具备了晋升麻醉师的条件，只是由于名额的限制，1997 年 4 月 17 日院内讨论决定让其担任麻醉师的工作。当时，医院根据我国普遍存在的麻醉人员学历低、职称低，其实际能力与职称不相适应的特点，为解决手术量急剧增加但麻醉人员严重不足的矛盾，参照为上级所肯定、为大多数医院所实行的做法，允许部分工作能力较强的麻醉士担任麻醉师的工作。这与国内许多医院麻醉科的实际情况是一致的，同时也完全符合省地市三级卫生主管部门的有关指示精神。此外，高职低聘和低职高聘早已成为医院人事制度改革的内容之一，在许多医院得到推行。

综上，答辩人认为，答辩人在为被答辩人进行治疗时，手术方式、麻醉方法选择正确，对手术过程中可能出现的不良后果，答辩人已明确向被答辩人做了交待。在征得患者家属签字同意的情况下，大夫为其实施手术。手术过程中出现的意外是双方都不愿看到的，但这一现象的出现纯属意外，答辩人的工作人员在整个事件过程中，认真负责，不存在违规现象，被答辩人的诉讼请求缺乏事实和法律依据。因此，恳请法院查明事实，驳回被答辩人的诉讼请求。

1998年11月24日，区级医疗事故技术鉴定委员会对傅某事件进行了技术鉴定。鉴定认为，病人这种后果是医务人员难以预料和防范的，故认为属于医疗意外，不是医疗事故。原告不服该鉴定结论，申请重新鉴定，市级医疗事故技术鉴定委员会将其鉴定为二级医疗事故。原告对市医疗事故技术鉴定委员会的鉴定结论仍不服，又申请省级医疗事故技术鉴定委员会进行鉴定，省级鉴定共进行了四次，三次的结论均为技术事故，最后一次的结论为责任事故。

一审法院经过审理，判决如下：原告傅某在被告处住院期间，由于被告的过错导致其人身受到损害，构成医疗事故，被告对此应负全部责任。鉴于省医疗事故技术鉴定委员会已对是否构成医疗事故做出结论，被告在该医疗事故中过错明显且有其他证据可以相互印证，而被告也不能提供新的证据以推翻有关证据，对被告提出的重新鉴定申请本院不予支持。原告要求被告赔礼道歉因没有法律依据，本院不予支持。对于原告的赔偿请求，被告在庭审中对原告提供的有关赔偿的证据拒绝质证，庭前听证中对部分不予认可的证据也没有说明理由，本院根据原告提供的证据，对请求中的合法部分予以支持，对明显不合法或没有法律规定的部分不予支持。根据《中华人民共和国民法通则》第九十八条、第一百一十九条的规定，判决如下：

（1）被告赔偿原告医疗费51,366.52元。

（2）被告返还原告专家会诊支出的费用2,466.5元。

（3）被告赔偿原告为主张权利、实现债权支出的费用48,268.74元、到青岛儿童医院住院时的住宿费580元。

（4）被告赔偿原告1999年8月份以前支出的残疾人用具及器材费2,901.88元、1997年8月至1999年8月营养费11,830元、到外地住院治疗、求医、购药等往返交通费及伙食补助费12,909.3元、1997年8月至1999年8月住院期间伙食补助费12,909.3元。

（5）被告赔偿原告护理费972,691.67元。

（6）被告赔偿原告残疾人生活补助费计123,175元。

（7）被告赔偿原告今后残疾人用具费47,340元。

（8）被告赔偿原告精神损失费50,000元。

（9）被告赔偿原告1999年9月份以后营养费67,342.5元。

（10）被告赔偿原告今后康复治疗费用265,500元。

上述十项，被告于判决生效后10日内付清。

（11）傅某在被告处抢救、治疗费用15万元，原告不再予以支付，由被告承担。

（12）驳回原告的其他诉讼请求。

一审判决下达后，原被告双方均不服，同时上诉至二审法院，二审法院判决维持原判。

三、律师点评

在本案审理过程中存在以下几方面的问题，笔者依次作出分析：

1. 关于证据的问题。

本案在一审开庭审理之前，前前后后共做了六次鉴定，分别为区级医疗事故技术鉴定委员会所作的鉴定，市级医疗事故技术鉴定委员会所作的鉴定，省医疗事故技术鉴定委员会分别于1999年6月23日、2000年5月10日、2000年5月23日和2000年6月29日所作的四次鉴定。在这四次鉴定中，前两次是本案原告申请的，后两次鉴定双方当事人均未提出申请，是省卫生厅自行鉴定的。在省级鉴定中，除第三次鉴定外，其他三次鉴定双方均未到场。在一审期间，省卫生厅医疗事故技术鉴定委员会下达了（2000）1号《关于XX医院傅某医疗事件有关问题的通知》，通知载明："省医疗事故技术鉴定委员会曾分别于1999年6月23日、2000年5月10日、5月23日及6月29日先后进行了四次鉴定，以2000年6月29日的鉴定意见为准。"

在一审期间，被告方代理律师提出如下质证意见："对以上证据的真实性予以认可，但认为证据不合法。鉴定中没有看到申请人为谁，被申请人为谁，医疗事故技术鉴定委员会不能依职权提起鉴定。关于重复鉴定的问题，卫生部已明令禁止对省级鉴定结论进行重复鉴定。鉴定程序不合法，不知道鉴定人是谁，剥夺了我们申请回避的权利。而且，鉴定内容也不合法……”但是，一审法官对于被告代理人的质证意见未予理睬，反而在判决书中这样写道：“省医疗事故技术鉴定委员会所作四次鉴定，结论均认为构成医疗事故，只是事故等级不同。鉴于医疗事故的等级并不影响民事赔偿的范围和数额，本院根据双方提供的鉴定结论及其他证据，只认定被告行为构成医疗事故，对事故等级不予审查。”

根据我国民事诉讼法学中关于证据的理论，证据具有三个基本的法律特征，即客观性、关联性、合法性。就此案来看，作为本案重要证据的鉴定结论即缺乏合法性这一法律特征。

证据的合法性标准包括以下内容：第一，证据的主体必须符合有关法律的规定。这主要是指各种人证。例如，我国的刑事诉讼法和民事诉讼法都对证人能力做出了一些限制性规定，因此那些不具备证人能力的人提供的证言即使具备了客观性和关联性，也不能采用。基于同样的理由，不具备鉴定人资格的人做出的鉴定结论当然也不符合证据的合法性标准。此外，行政机关超越其法定权限收集的证据，亦属于主体不合法的证据，不能采用。第二，证据的形式必须符合有关法律的规定。例如，我国刑事诉讼法规定鉴定结论和勘验检查笔录上必须有鉴定人员或勘验检查人员的签名盖章，因此那些没有上述人员签名盖章的鉴定结论和勘验检查笔录就属于形式不合法的证据，不能采用。另外，如果法律规定证明某种民事关系存在的证据必须是书面形式，或者必须经过公证，那么不具备相应形式的证据也就不能采用。第三，证据的收集程序或提取方法必须符合法律的有关规定。例如，我国刑事诉讼法禁止刑讯逼供，因此使用刑讯手段提取的被告人口供就不具有合法性。我国行政诉讼法规定被告人在诉讼过程中不得自行向原告和证人收集证据，如果作为行政诉讼被告人的行政机关这样做了，那么其收集的证据也因程序不合法而不能采用。

由此可见，不具备合法性的证据包括主体不合法、形式不合法和程序不合法三种情况。无论属于哪一种情况，不合法的证据都不能被法官采纳作为判案的根据。

证据的合法性必须以特定的法律规定为前提。在不同的法律规定下，证据的合法性具有不同的内容，对于不同的司法或执法活动来说，法律规定的证据采用标准不同，合法性的含义也就有所不同。例如，我国最高人民法院的司法解释规定，未经对方当事人同意私自录制的谈话录音不得在民事诉讼中作为证据使用。因此，就民事诉讼而言，这种录音证据就不具有合法性，不能采用。但是，我国的刑事诉讼法律中没有这种规定，所以未经对方当事人同意的谈话录音就具有合法性，可以采用。在仲裁、公证、行政处罚和行政监察等活动中，具体采用的证据合法性标准也不完全相同。

某一方当事人提供给法庭的证据是否具有证明力，取决于它是否完全符合证据的三个法律特征。结合本案来看，省级医疗事故技术鉴定委员会所做出的鉴定结论可否作为本案一审法官进行判决的依据，取决于此四次省级鉴定结论是否合乎法律的规定。很遗憾，答案是否定的。四次省级鉴定结论的违法性体现在：(1）根据卫生行政部门的规定，在进行医疗事故鉴定时，需医患双方到场陈述，但在省医疗事故技术鉴定委员会所进行的四次鉴定中，除第三次外，其他三次双方均未到场陈述；（2）虽然在省医疗事故技术鉴定委员会进行第三次鉴定时医患双方均到场陈述，但根据当时适用的《医疗事故处理办法》的规定，省级鉴定是最终的鉴定，且卫生部在1998年以后废止了可以重新进行鉴定的规范性文件，因此省医疗事故技术鉴定委员会的行为违反了这种禁止性的规定，这一次的鉴定结论仍因不具有合法性而不能成为法官判案的依据。

综上，省级的四次鉴定结论均因违反法律、法规的规定而不具有合法性，因此这四次鉴定结论均不能够作为法官判案的依据。

2. 关于侵权责任的构成。

根据我国侵权行为法的理论，侵权行为应具备以下四个要件：（1）有损害后果的存在；（2）行为具有违法性；（3）行为人主观上存在过错；（4）损害后果与违法行为之间存在因果关系。此四个要件必须同时具备，缺一不可。

就本案来看，原告傅某在医院做过手术之后，患上了缺氧性脑病，此种客观情况是为有损害后果的存在，此其一；第二，被告医院在为原告实施手术的过程中，由不具有麻醉师资格的麻醉士为原告行麻醉术，违反了有关法规的规定，由此可以认定被告人的行为具有违法性；第三，被告医院明知麻醉士张某不具备麻醉师的资格，仍然允许其实施对原告的麻醉工作，被告医院在主观上的的确确存在过错。至此，被告的行为已经具备了侵权行为四项必备要件中的三项，笔者在此对被告行为是否具备第四项要件进行分析。

侵权行为法中所说的因果关系指的是违法行为作为原因，损害事实作为结果，在两者之间所存在的前者引起后者，后者被前者所引起的客观联系。就我国现行侵权行为法理论来看，在确定因果关系时所采用的是原因说，即“违法行为与损害结果之间具有直接因果关系”。此种学说主张对原因和条件加以严格区别，仅承认原因与结果之间存在因果关系，而条件与结果之间则无任何因果关系，即认为法律上的原因不同于事实上的原因。

结合本案来看，一审法官在以下几个问题未澄清前，即认定被告医院的违法行为与原告的损害结果存在因果关系是欠妥的：（1）省级医疗事故技术鉴定委员会所作的四次鉴定结论能否作为本案的证据；（2）不具备麻醉师资格的麻醉士在实施手术过程中，是否必然导致原告缺氧性脑病这一损害结果的发生；（3）原告是否属于过敏性体质。对于第一个问题，如前所述，法官不应将其作为定案的证据，此处不再赘述。对于第二个问题，张某某之所以不具备麻醉师的资格，是由我国现行医疗体制造成的，并非其自身问题。张某某已有5年工作经验，且根据一般逻辑推断，无论如何也推理不出不具备资格与损害结果之间存在必然的因果关系。对于第三个问题，由于医学是一门非常复杂的科学，即便是医师，也因“术业有专攻”而具有不同的分类，很难想象法院的法官仅根据原被告双方当事人所提供的证据，就可以客观准确地判断出患者是否属于过敏性体质。因此，对于上述三个问题，法官可以委托鉴定机构对这些问题予以重新鉴定，或者根据法律的规定，对不具有合法性的证据不予采信。这两种结案方式均符合公平正义的原则，但唯独不能在没有弄清楚事实的情况下进行判决。遗憾的是，一审法官在没有弄清楚上述三个问题的情况下进行了判决。

综上，可以看出，一审法官在不能确定违法行为与损害结果是否存在因果关系的情况下，做出了错误的判决。

3. 关于原告所聘请诉讼代理人的费用问题。

根据我国《民法通则》第一百三十四条的规定，承担民事责任的方式有以下几种：（1）停止侵害；（2）排除妨碍；（3）消除危险；（4）返还财产；（5）恢复原状；（6）修理、重作、更换；（7）赔偿损失；（8）支付违约金；（9）消除影响、恢复名誉；（10）赔礼道歉。结合本案来看，即便是被告医院的诊疗行为确实对原告傅某构成了侵权，根据《民法通则》第一百三十四条的规定，医院所应承担的民事责任也只是赔偿损失这一种。但此处应指出的是，在侵权行为法中，行为人向受害人所赔偿的损失应是其侵权行为造成的直接损失，此种直接损失的范围，我国《民法通则》第一百一十九条有明确的规定。第一百一十九条规定：“侵害公民身体造成伤害的，应当赔偿医疗费、因误工减少的收入、残疾者生活补助费等费用；造成死亡的，并应支付丧葬费、死者生前扶养的人必要的生活费等费用。”我国《医疗事故处理办法》第十八条规定：“确定为医疗事故的，可根据事故等级、情节和病员的情况给予一次性经济补偿。补偿费标准，由省、自治区、直辖市人民政府规定。”从我国现行法律、法规、司法解释、自治条例和单行条例、地方政府规章的规定来看，除我国最高人民法院于1999年12月19日颁布并实施的《关于适用〈中华人民共和国合同法〉若干问题的解释（一）》第二十六条规定债权人在行使撤销权时所支付的律师代理费由对方当事人承担外，在民事诉讼中，律师代理费用不应由败诉的一方承担。因此，本案一审法院判决原告的律师代理费用由被告医院来承担是没有法律依据的。

4．关于傅某某与马某某在本案中的诉讼地位问题。

在本案一审过程中，患者傅某的父母傅某某与马某某提出，因被告医院的侵权行为造成了傅某缺氧性脑病这一损害后果，给两人的精神造成了痛苦，因此两人要求被告医院向其赔偿精神损失费。对此，被告方代理律师在质证时对傅某某与马某某的诉讼地位问题提出了质疑，但遗憾的是，一审法官认为此问题不应作为本案争议的焦点而未予理睬。从一审法院所下达的判决书来看，一审法官实际上认为傅某某与马某某在本案中是可以以原告的身份参加诉讼的。

根据我国《民法通则》第十一条、第十二条的规定，自然人的民事行为能力分为无民事行为能力、限制民事行为能力和完全民事行为能力三种情况。在本案中，患者傅某年龄未满9周岁，应属于无民事行为能力人。我国《民法通则》第十六条第一款规定：“未成年人的父母是未成年人的监护人。”我国《民事诉讼法》第五十七条规定：“无诉讼行为能力人由他的监护人作为法定代理人代为诉讼。”因此，在本案中，原告应是患者傅某，而不是作为其法定监护人的傅某某与马某某。一审法院将傅某某、马某某和傅某同样列为原告是不符合我国现行法律规定的。

以上所讨论的是在诉讼程序上，法院将傅某某与马某某列为原告是不符合法律规定的。那么将傅某某与马某某作为原告提起的诉讼请求与傅某的诉讼请求合并审理是否符合法律的规定呢？答案是否定的。本案一审是在2000年审理并结案的。在当时，国家所颁布并实施的法律、法规、司法解释对于精神损害赔偿这一问题均无具体的规定，此其一。第二，我国民法理论及司法实践对第三人精神损害的赔偿问题一直持否定态度。2001年3月8日颁布并于2001年3月10实施的最高人民法院《关于确定民事侵权精神损害赔偿责任若干问题的解释》第三条规定，自然人死亡后，其近亲属可以因所列举的侵权行为向人民法院起诉请求赔偿精神损害。除此以外，第三人不可以向法院起诉请求精神损害赔偿。

综上，从程序上来讲，傅某某与马某某根据法律的规定在本案中不具备原告的资格；从实体上来讲，我国现行法律、法规、司法解释不承认第三人的精神损害。因此，在本案中一审法院将傅某某与马某某列为原告的做法，不论是从程序法的规定来看还是从实体法的规定来看，均不符合法律的规定。

四、医院应当注意的问题

1. 医疗事故鉴定是医疗纠纷案件中不可避免的重要环节之一。按照现行《医疗事故处理条例》的规定，卫生行政部门在接到医疗机构关于重大医疗过失行为的报告或者医疗事故争议当事人要求处理医疗事故争议的申请后，对需要进行医疗事故技术鉴定的，应当交由负责医疗事故技术鉴定工作的医学会组织鉴定。医患双方协商解决医疗事故争议，需要进行医疗事故技术鉴定的，由双方当事人共同委托负责医疗事故技术鉴定工作的医学会组织鉴定。亦即医疗事故鉴定或者由医疗机构报告引起，或者由医疗事故争议当事人申请引起，或者由医患双方当事人共同委托引起，没有上述人员的参与，卫生行政部门是不能依职权进行医疗事故鉴定的。

2．按照现行《医疗事故处理条例》的规定，设区的市级地方医学会和省、自治区、直辖市直接管辖的县（市）地方医学会负责组织首次医疗事故技术鉴定工作。省、自治区、直辖市地方医学会负责组织再次鉴定工作。必要时，中华医学会可以组织疑难、复杂并在全国有重大影响的医疗事故争议的技术鉴定工作。当事人对首次医疗事故技术鉴定结论不服的，可以自收到首次鉴定结论之日起15日内向医疗机构所在地卫生行政部门提出再次鉴定的申请，亦即不提倡重复鉴定，只能对首次鉴定申请再次鉴定。

3．在我国目前的医疗体制下，低职高聘现象可能一时无法消除。在判断是否构成医疗事故时，需要考察的是是否存在医疗过失行为以及医疗过失行为与人身损害后果之间是否存在因果关系。从法律上讲，低职高聘并非医疗过失行为，不具备某种资格而上岗并不必然导致人身损害后果的发生。只要医疗过程中存在低职高聘现象，只要医疗过程中出现了人身损害后果，就不问青红皂白地将损害后果的发生一律归咎于医护人员不具备诊疗资格，是对因果链条的错误剪接，违背了《医疗事故处理条例》规定的归责原则。此点可以作为医院诉讼或者处理医患纠纷的抗辩理由。

4．对于低职高聘，医院应有正式聘任手续，并报上级备案。

5．医院在进行手术时，应仔细做好术前准备，事前准备齐全手术用具。另外，医生应加强业务学习，注意与时俱进，了解医疗技术前沿信息，选择先进的医疗方案，争取较好的医疗效果。

五、患者应当注意的问题

1．产生医疗纠纷后，患者应严格根据法律、法规的规定提请医疗事故鉴定。不能仅仅因为鉴定结论不符合自己的要求，就反复要求重新鉴定。另外，也不应采取非正常手段达到自已的目的。

2. 患者在诉讼过程中，应提出合理的诉讼请求，并要有相应的法律依据，避免漫天要价，否则会给自已造成损失。

某医疗中心整形美容损害赔偿案

一、案情简介

原告白某于 1995 年 9 月 6 日接受胡某某的移脂隆胸手术，胡某某从白某两大腿和小腿抽脂注入两乳房。术后一周，白某下不了床，回家休息一个多月，仍不能正常走动。同年 12 月，腿和胸部开始液化而住院治疗。由于白某开始不敢向医生吐露真情，因而被误诊，大量注射青霉素等药物引起肾脏不好、腰疼、心律不齐、精神不振等。后来白某让胡某某开刀引流。现两乳留下五个瘢痕，两腿也留有瘢痕。

二、双方的诉讼理由及法院判决

原告诉称，被告的行为给原告造成身体上、精神上的极大痛苦，并使原告失去工作，造成经济上的巨大损失。请求法院判令被告赔偿原告经济损失 450,297 元、精神损失 40 万元，共计 850,297 元。

被告胡某某辩称，白某的隆胸手术是自己所做，但只能说是效果不佳，不能算手术失败。胡某某表示愿意适当赔偿原告一定的经济损失。

被告某医疗中心辩称，胡某某是中心聘用的医生，聘用手续齐备。对胡某某给原告所造成的损失，中心只负领导管理上的责任，民事赔偿责任应由胡某某独自承担，中心不应承担连带责任。

被告某杂志社辩称，其所发布的广告除了将胡某某的学历错登为博士外，其余内容均为真实的。原告接受手术主要是经其朋友介绍，其所受的损害与广告无必然的因果关系，请求驳回原告对其的起诉。

法院经审理查明，白某经好友介绍，得知胡某某所开设的美容整形科做自体移脂隆胸手术比较成功，后又看到《××青年》杂志1995年第8期刊登的美容整形广告。白某遂于1995年9月6日在好友的陪同下，向胡某某交纳了手术费1.2万元，后由胡某某主刀做隆胸手术。胡从白某两腿的上、下12处抽出脂肪，经离心处理后，将分离出来的脂肪颗粒用注射器注入两乳房内。术后，白某在胡某某的手术室楼上，即某大厦招待所住宿一周，接受胡的治疗，后返回家乡。同年10月，左乳房出现红块，到当地医院打针，开刀引流，后右乳房亦感染液化。1995年11月8日，白某在某医学院附属医院住院治疗，同年12月1日出院。后又至某市某区中医院、某市人民医院治疗，共用去医疗费6,696元、交通费6,421元、住宿费1,050元、鉴定费250元、整容费2,000元（交1.2万元，已退1万元）、营养费1,200元（住院1个月，40元/天）、误工费1.5万元人民币。

又查，胡某某1983年7月毕业于某医科大学，1987年到某医科大学学习，获外科硕士学位，非美容整形博士。1992年12月底来该市。1993年11月与该市某医疗中心签订技术合作合同，承包中心下属某门诊部整形美容科，每月向中心交纳管理费5,250元。1995年3月，双方变更合同，胡某某每月向中心交纳管理费1.1万元。胡某某没有取得美容整形许可证，无资格做美容整形手术。医疗中心是1989年经市人民政府办公厅批准成立的，是市卫生局办的经营型的医疗卫生服务实体，经济上实行独立核算，自负盈亏。业务范围包括中医、中药房、中药柜传统医疗门诊、中医药技术咨询和培训。中心在下属门诊开设美容整形科超出执业范围。《××青年》杂志于1995年第8期刊登的题目为“自体细胞移植美容”的广告中，除“胡某某博士”失实外，其他广告内容基本与所申报的广告内容相符。

法院认为，被告胡某某没有取得美容整形许可证，开设美容整形科是非法的。胡某某在手术条件不具备且没有完全掌握脂肪移植技术的情况下，对原告白某实施自身脂肪移植隆胸致手术失败，感染后又未及时作正确的处理，给原告身体上、精神上造成了极大损害，胡某某对此存在过错。对白某因此而造成的经济损失人民币 32,617 元、今后修复费人民币 2 万元和其他损失人民币 20 万元，共计人民币 252,617 元，胡某某应负全部赔偿责任。被告某市某医疗中心非法设立美容整形外科，并发包给胡某某，收取管理费用，默认、放任胡某某的不法行为，对胡某某给白某造成的损害负有不可推卸的责任，应对胡某某所承担的民事赔偿负连带清偿责任。被告某杂志社所刊登的广告内容除将胡的学历错登为"博士"外，其余内容均为真实的，原告所受损害与错登的广告内容无直接因果关系，故对原告的损害可不承担民事赔偿责任。据此，依据《中华人民共和国民法通则》第一百零六条第二款、第一百一十九条、第一百三十四条第一款第七项、《中华人民共和国广告法》第四条之规定，判决如下：

（1）被告胡某某在本判决生效之日起 15 日内赔偿原告白某经济损失和其他损失人民币 252,617 元。

（2）被告某市某医疗中心对胡某某上述赔偿承担连带清偿责任。

（3）某杂志社不承担民事赔偿责任。

本案诉讼费人民币 6,299.3 元由被告胡某某承担。

三、律师点评

医疗美容损害赔偿案件是一类新型的侵权案件。随着生活水平的日益提高，人们对医疗美容服务的需求越来越大，由此引发的损害赔偿纠纷也越来越多。医疗美容与生活美容是不同的，医疗美容须经卫生行政部门批准，是一种对身体具有侵入性的治疗，采用手术等外科手段，具有医疗风险，也是一种诊疗护理行为，且行为人系医务人员，领有医疗执业许可证。生活美容是经工商行政管理局批准，只是采用化妆、修饰、护理等方法进行美容。因此，医疗美容损害赔偿纠纷应适用《医疗事故处理条例》的有关规定来处理。根据有关规定，只有同时具备了以下四个要件，致害人才承担医疗美容损害赔偿责任。

1. 致害人实施了不法侵害行为。

医疗美容所侵害的客体主要是身体权和健康权。（1）对身体权的侵害，表现为面部美容致眉毛脱落，眉毛、眼睑部位留有瘢痕，鼻形、口形扭曲，乳房、腹部手术留有瘢痕等。（2）对生理健康权的侵害，表现为手术致组织损伤、破坏，视力下降，嗅觉不灵敏，牙齿脱落，乳房丧失哺乳能力等。（3）对心理健康的侵害，表现为手术效果不理想和毁容引起的受害人心情压抑、精神痛苦、紧张、愤怒、情感失常、自卑等。

医疗机构及其医务人员在医疗美容服务中违反《医疗美容服务管理办法》的规定和诊疗护理规范、常规，是医疗机构承担医疗美容损害赔偿责任的前提之一。

2. 致害人有主观过错。

过错包括故意和过失，是行为人在实施侵权行为时所表现出的主观状态。在医疗美容损害赔偿案件中，行为人的过错一般表现为过失，即行为人对自己行为的结果应当预见或是能够预见而没有预见，或虽已预见却轻信能够避免。在审理这类案件时，确定致害人是否有过错应考虑以下几项内容：（1）技术性过错，包括执业者是否领有医学美容执业许可证，具体医务人员是否具备医学美容医师资格，仪器设备等是否符合标准，手术所选用的术式以及术前设计是否适当。（2）责任性过错，包括具体医务人员的职业道德评价，是否留有受术者术前照片，协议对手术效果是否有明确约定，有无对手术者不公平、不合理的规定，事故发生后是否采取了积极的修复、矫治等慰抚受术者的工作等。本案中，被告没有取得美容整形许可证，无资格做美容整形手术，手术条件及设备都不符合标准且没有完全掌握脂肪移植技术，在手术失败后也没有对受害人采取必要的精神上的慰抚，因此本案被告的行为是明显的过失行为。

3. 因果关系。

因果关系是侵权行为和损害后果的连结点，只有二者之间具有直接的、必然的联系，或者符合法律逻辑，才能构成因果关系，才能确定致害人应当承担赔偿责任。本案中，损害事实是由于被告技术较差和责任心不强引起的，行为和后果之间显然具有因果关系，应确定致害人应当承担赔偿责任。反之，如果行为人主观上无过错，损害是由于受术者自身的原因如过敏体质等引起的，则行为和损害后果之间不具有因果关系，即排除了行为人的赔偿责任。

4. 损害后果。

不法医疗美容服务行为侵害生命健康权所造成的损失，应当包括财产损失和非财产损失（即精神损害）。财产损失，包括医疗费用的支出、误工损失、丧葬费用的支出、护理费用的支出、交通费、重新手术所支出的费用等。非财产损失（即精神损害），主要指侵害他人心理健康而使受害人遭受心理上的痛苦，是致害行为对受害人精神利益的损伤。

医疗美容致人损害的，或多或少均会对受害人造成精神损害。基于精神损害赔偿金的补偿性和抚慰性等特点，在确定赔偿数额时，应考虑以下因素：（1）侵权人的过错程度。医学美容损害一般非出于行为人的故意，所以应考察其手术中的过失和事后的态度。过失主要包括术式选择不当的过失、美容设计的过失、使用药品的过失、订立协议的过失等。事后态度主要指行为人是否采取了积极的抚慰受害人的措施，如及时复查、修补、介绍受害人入院治疗等。（2）损害后果。对于严重毁容难以修复，或导致器官生理功能丧失难以治愈的，应认定为严重后果；面部留有明显瘢痕且对五官的生理功能造成一定影响或者功能减退的，为较严重后果；面部留有明显瘢痕，社会评价不认为是严重毁容的，属于一般后果；手术效果不理想，但无明显瘢痕的，属于轻微后果。（3）行为的社会影响。主要考察受害人的身份、地位、社会知名度、当地群众的社会思想意识和法律意识等。这主要是从社会学的角度保护受害人的社会角色利益。(4）当事人的赔偿能力。(5）损害是否有修复的可能。如果侵权人采取了积极的修复措施或者及时提供医疗条件，使受害人的生理功能得到恢复，容貌有了改善，则可以减轻行为人的赔偿责任。

医疗美容直接将外科手术等方法作用于人的面部及肢体，所产生的损害一方面是由于行为人的过错引起的，另一方面是由于受害人自身的原因和其他外力引起的。根据过错责任原则，如果行为人无过错，则不承担民事责任。行为人的免责事由一般应包括以下几个方面：(1）在紧急情况下为抢救垂危患者生命而采取紧急医学措施造成不良后果的；(2）在医疗活动中由于患者病情异常或者患者体质特殊而发生医疗意外的；(3）在现有医学科学技术条件下，发生无法预料或者不能防范的不良后果的；(4）无过错输血感染造成不良后果的；(5）因患方原因延迟误诊导致不良后果的；(6）因不可抗力造成不良后果的。

本案中，被告胡某某对原告白某所受的损害应承担主要过错责任，原因有二：一是胡某某没有取得美容整形许可证，无证对外行医属非法行为；二是胡某某对原告白某所实施的移脂隆胸手术失败是造成白某身体损害的主要原因。鉴于被告某市某医疗中心与胡某某之间存在承包关系，医疗中心应承担连带清偿责任。

医疗美容损害赔偿包含人身损害赔偿和精神损害赔偿两方面内容，既包括对患者容貌、器官功能的损害即对人身损害的赔偿，又包括因容貌受损而致受害人精神损害的赔偿。

本案发生在《医疗事故处理条例》和《最高人民法院关于审理人身损害赔偿案件适用法律若干问题的解释》施行之前，法院所判其他损失人民币 20 万元实际上是精神损害抚慰金，这是法院基于法律规定的自由裁量权作出的。但在《医疗事故处理条例》和《最高人民法院关于审理人身损害赔偿案件适用法律若干问题的解释》施行之后，应严格依照其中的规定进行赔偿。

此外，《××青年》杂志刊登的不实广告，违反了广告法的规定，更违反了《医疗广告管理办法》第三条的要求："医疗广告内容必须真实、健康、科学、准确，不得以任何形式欺骗和误导公众。"但是，鉴于广告中的不实部分与原告所受损害不具有直接的因果关系，因此法院做出的该杂志对原告的损害可不承担民事赔偿责任的判决是合理的。

四、医院应当注意的问题

1. 医院要依法行医。医疗美容与普通生活美容不同，医疗美容首先是一种医疗行为，从事医疗美容的人应具有医生资质。《中华人民共和国执业医师法》第十四条规定："医师经注册后，可以在医疗、预防、保健机构中按照注册的执业地点、执业类别、执业范围执业，从事相应的医疗、预防、保健业务。未经医师注册取得执业证书，不得从事医师执业活动。"《医疗美容服务管理办法》第十一条对负责实施医疗美容项目的主诊医师的条件也做出了明确规定，除了具有执业医师资格，经执业医师注册机关注册外，还必须符合两个条件：第一，具有从事相关临床学科的工作经历，其中负责实施美容外科项目的医师应具有6年以上从事美容外科或整形外科等相关专业临床工作经验；第二，经过医疗美容专业培训或进修并合格，或已从事医疗美容临床工作1年以上。本案中的胡某某虽获某外科硕士学位，但是并不具备上述条件，没有资格做美容整形手术。医院将整形美容科承包给无资质的人，违反了我国法律的规定。

2. 发生医疗美容纠纷时，医院可以适用医疗事故处理程序与相关规定来处理。但是，本案中，医院没有采用这种处理方式。

3. 刊登医疗广告时，应实事求是，避免进行夸大、虚假宣传，以免引发法律纠纷。

五、患者应当注意的问题

1. 就医前应首先确认医疗单位是否具有开展医疗美容服务

业务的资格，行医人员是否具有执业资格。

《医疗机构管理条例》第二十七条规定："医疗机构必须按照核准登记的诊疗科目开展诊疗活动。"本案中，某市某医疗中心是经市人民政府办公厅批准成立的，是市卫生局办的经营型的医疗卫生服务实体，业务范围包括中医、中药房、中药柜传统医疗门诊、中医药技术咨询和培训。中心在下属门诊开设美容整形科超出了执业范围。《医疗美容服务管理办法》第九条规定："医疗机构增设医疗美容科目的，必须具备本办法规定的条件，按照《医疗机构管理条例》及其实施细则规定的程序，向登记注册机关申请变更登记。"

美容隆胸手术的实施要求医疗单位具备较完善的诊疗救治设备，要求专业技术人员具有丰富的临床经验、可靠的技术能力，这是对患者负责及手术成功的基本保障条件。因此，对于患者来说，要特别注意这一点，切忌"病急乱投医"，要对关系自己生命健康的决定采取谨慎态度。

2. 要办理签字手续。

医疗机构施行手术、特殊检查或者特殊治疗时，必须征得患者同意，并应当取得其家属或者关系人同意并签字；无法取得患者意见时，应当取得家属或者关系人同意并签字；无法取得患者意见又无家属或者关系人在场，或者遇到其他特殊情况时，经治医师应当提出医疗处置方案，在取得医疗机构负责人或者被授权负责人员的批准后实施。胡某某在为白某进行手术之前，没有按照上述规定办理法定手续，并未履行签字手续。妇女的移脂隆胸整形手术是一项难度较大的整形外科手术，它是通过外科损伤性手段再塑女性乳房形状，使之达到外形美观而又不影响生理功能的目的。因为这种手术是损伤性的，有切口、有出血，而且在手术中必须使用具有毒性的麻醉剂，所以手术显然存在危险因素，这就要求在施行这种手术前须办理法定手续。

对于患者来说，与医师签订协议是维护自己权益最为有效的工具，在诉讼中也是作为重要证据支持己方诉讼请求的关键。

3．患者应采取措施及时自救。

本案中，白某在手术失败后住院治疗，因一开始不敢向医生吐露真情而误诊。由于大量注射青霉素等药物，引起白某肾脏不好、腰疼、心律不齐、精神不振等症状，而且对手术的损害后果也没有起到应有的补救作用。这属于患者自身没有尽到补救的义务，患者虽然不会因此丧失对被告的损害赔偿请求权，但是却延误了治疗时间，给自己造成了更大的伤害。

4．保持对医疗广告的清醒认识。

当前，日益严重的虚假违法医疗广告严重扰乱了正常的医疗市场和广告市场秩序，损害了广大患者的合法权益，已成为社会一大公害。尽管本案中杂志上的虚假广告并不是导致白某受到损害的主要原因，但是也在一定程度上对于白某遭受损害起了推动和鼓励的作用。在更多情况下，这种虚假不实的广告对患者的影响是非常大的，尤其在患者怀有急切就医心理的时候，更是容易造成患者被非法或者不合格的医疗机构欺骗，给患者的身心健康造成难以挽回的损失。因此，如果患者由于虚假广告而遭受损害，可以依据《中华人民共和国广告法》及《医疗广告管理办法》等相关法律、法规和部门规章对广告者提起诉讼，维护自己的合法权益。

五、病历管理、书写相关案例

患者病历丢失请求赔偿案

一、案情简介

某患者在某医院的门诊病历遗失。该患者认为病历的所有权归其所有，医院将其丢失，侵犯其人身权利，遂起诉到法院要求医院赔偿。

二、双方的诉讼理由及法院判决

原告诉称：我于 1984 年在某医院建立病历档案，十几年来我一直在此看病，病历中记载了我的病情诊断资料，其中有骨折、肩周炎等项。某年某月某日，我去某医院看病，奇怪的是病历却不见了。我多次找医院领导交涉，都没有结果。故要求某医院赔礼道歉，赔偿我精神损失费 5,000 元，并承担诉讼费用。

被告辩称：原告所述并非事实。某月某日原告来我院看病时，未找到病历，我院组织人员在病历库房内相关和近邻归档架位中各科门诊收回用的病历中寻找，均没有找到。为了不影响其就医，我院给其病历副页一张解决其本次看病问题，并继续查找病历。到目前为止，还不能说病历丢了，因为看病的环节比较多，病历并不是在所有的环节都处于医院的控制之下。尤其是病人可以拿着病历自己到另外一个科室看病，很难说病人是否将病历自行拿走或者丢失。而且法律规定，病历保管期限只有 15 年，该患者的病历已经不属于法律保护的范围，其在医院看病没有受到影响，也没有遭受任何损失，所以不应当要求精神损害赔偿。如果能确定是我院将病历丢失，我们同意赔礼道歉。

法院认为，该患者享受医疗保险待遇，被告医院是该患者的定点公费医疗机构。患者在被告医院接受治疗，双方之间成立医疗服务合同关系。病历是指医务人员在医疗活动过程中形成的文字、符号、图表、影像、切片等资料的总和，包括门诊病历和住院病历。本案中，医院于 1984 年为某患者初建病历，其中包括了初建病历之日至病历丢失之日医务人员对其所患伤病的诊治所作的全面而连续的原始记录。病历有着重要的医学作用和法律效用，对于医疗、教学科研、医疗机构管理均具有重要的意义，而且还有可能在法律纠纷中作为证据使用。因此，医务人员和非医务人员都必须严格遵守与病历保存和管理相关的制度。根据国务院卫生行政部门的要求，医疗机构应当书写并妥善保管病历资料。本案中，医院设置专门部门负责本机构病历和病案的保存与管理工作，应当妥善保管患者病历。而患者在诊治时应当出示挂号证且由患者自行保存。

本案中，原被告双方对于病历是否丢失、丢失的时间以及由谁来承担病历丢失的责任均存在分歧。病历是否丢失以及由谁承担丢失责任是患者主张权利的事实前提，现在双方均未能提供足够的证据证明自己的主张，通过现有证据对于事实的真伪以及事件发生时的具体情况已经无法确定。但如上所述，医院作为医疗机构负有保管患者病历的义务，根据证明责任分配的规则，履行义务的一方对其已经履行义务应当承担证明责任。在截至目前医院尚不能提供患者病历的情况下，医院对于患者病历未丢失以及即使丢失也有可能系患者自己造成而应自行负担相应责任的主张，应承担证明责任。现医院无法提供其尽到保管义务或者病历由患者持有或丢失的证据，应承担对其不利的相应法律后果。据此，本院认定患者病历系在医院保管之下丢失。

病历分为两种，即门诊病历和住院病历。本案中，医院为患者建立的病历系门诊病历，初建时间为 1984 年。医院根据卫生部发布的《医疗机构管理条例实施细则》中医疗机构的门诊病历保存期不得少于 15 年的规定，认为为患者建立的病历已经超过 15 年的保存期限，其不再负有保管义务，对于病历的丢失不应承担责任。但该条例实施细则规定“不得少于15年”即意味着医疗机构对于病历的保管不得少于15年但可以超过15年，在超过15年并未销毁的情形下医疗机构仍然应该负有保管义务。另外，15年的起算点应当是患者最后一次就诊时间而不是初建病历时间，故对于医院上述主张，本院不予支持。

侵权行为是承担侵权损害赔偿责任的前提。对当事人因侵权行为提起的诉讼，我国法律规定：公民、法人由于过错侵害他人财产、人身的，应当承担民事责任。没有过错，但法律规定应当承担民事责任的，应当承担民事责任。根据上述规定，侵权行为是指行为人由于过错侵害他人的财产和人身，依法应当承担民事责任的行为，以及依据法律特别规定应当承担民事责任的其他损害行为。如前所述，病历有着重要的医学作用和法律效用，医疗机构应当妥善保管。病历虽系患者的医疗资料，但同时也属医疗机构的业务技术档案，由医疗机构负责保管，病历的所有权并不属于患者，同时患者也不能对病历享有人身权益。所以，医院丢失患者病历的行为并不构成对于患者的所有权、其他财产权益以及人身权益的侵犯。患者认为医院丢失病历的行为构成侵权行为并无请求权利的基础，即相应的法律规范。本院认定医院丢失病历的行为不构成民事侵权行为。

另外，患者称因病历的丢失造成其目前某些病情无法确定，也给其造成精神上的损失，但未能提供相应的证据。《最高人民法院关于确定民事侵权精神损害赔偿责任若干问题的解释》规定，具有人格象征意义的特定纪念物品，因侵权行为而永久性灭失或者毁损，物品所有人以侵权为由，向人民法院起诉请求赔偿精神损害的，人民法院应当依法予以受理。患者据此要求医院给付其精神损害赔偿，但由于其并非病历所有权人，且病历并不具有人格象征意义亦非必须永久保存，故其要求精神损害赔偿的主张亦不能成立。

综上，对于患者要求医院承担因病历丢失的侵权损害赔偿责任的主张本院不予支持，对于其要求医院公开赔礼道歉并赔偿精神抚慰金的诉讼请求本院不予支持。

但是，需要说明的是该患者在医院接受诊疗，双方之间成立医疗服务合同关系。其中，病历是医院医务人员对患者所患伤病的诊治所作的全面而连续的原始记录，而该原始病历的丢失对于患者日后在医院以及其他医疗机构就诊及医疗服务合同的履行可能会造成一定的影响。

另外，根据医疗行政管理的有关规定，医疗机构未按照国务院卫生行政部门规定的要求妥善保管病历资料的，应当由医疗机构行政管理部门给予处理。现在医院相关医务人员未尽到该项法定保管义务，属失职行为，本院拟向有关机关发出司法建议对此予以处理。

综上所述，判决如下：

驳回患者要求医院赔礼道歉以及赔偿的诉讼请求。

案件受理费210元，由患者交纳（已交纳）。

三、律师点评

本案中法院的判决是正确的。

1. 法院确认了病历的所有权。首先，根据《医疗机构病历管理规定》第二条之规定，病历是指医务人员在医疗活动中形成的文字、符号、图表、影像、切片等资料的总和，包括门（急）诊病历和住院病历。该条确定了病历的概念。第四条规定："在医疗机构建有门（急）诊病历档案的，其门（急）诊病历由医疗机构负责保管；没有在医疗机构建立门（急）诊病历档案的，其门（急）诊病历由患者负责保管。住院病历由医疗机构负责保管。"从中可以看出，病历的所有权不是属于患方而是属于医院。其次，《医疗事故处理条例》第十条明确规定："患者有权复印或者复制其门诊病历、住院志、体温单、医嘱单、化验单（检验报告）、医学影像检查资料、特殊检查同意书、手术同意书、手术及麻醉记录单、病理资料、护理记录以及国务院卫生行政部门规定的其他病历资料。”病历资料分为客观性病历资料和主观性病历资料。从以上规定我们不难看出，患者可以复印的只能是客观性病历资料。所谓主观性病历资料，是指医疗活动中医务人员通过对患者病情发展、治疗过程进行观察分析、讨论提出的诊断治疗意见等，蕴含了医务人员的专业知识，反映了医务人员对疾病的主观认识，带有一定的主观性，这一认识有可能不断深化。所以，根据该条例第十六条的规定，对于死亡病例讨论记录、疑难病例讨论记录、上级医师查房记录、会诊意见、病程记录等病历资料患者无权复印，如发生纠纷只能“在医患双方在场的情况下封存和启封”。从上述规定我们看出，条例允许患者复印客观性病历资料，是为了保障其知情权。

另外，从所有权的构成来看，所有权人可以对物品实施占有、使用、收益、处分。患者除了在门诊就诊时短时间占有和使用病历外，在其他时间并未对病历实施占有、使用、收益、处分。在患者要求复印、复制病历时，也需向医疗机构申请，并需缴纳一定费用，并且复印、复制过程也是由医院完成的，患者仅仅是“在场”，在这个过程中患者也并未实施占有和使用。从另一个方面来说，病历虽然记载了患者的一些个人资料，但是其性质是医疗机构的业务技术档案。病历中凝聚了医务人员智慧的汗水，是医务人员工作的书面记录和证明医疗机构履行其告知义务的书面材料，也是医学经验的积累，是培养下一代医学生的教材，还是医学教学、科研发展的资料。法律规定病历长期由医疗机构保管使用，并在达到一定保管年限后，医疗机构就可以销毁病历，并不需征得卫生行政管理部门和患者的意见。由此可以看出，医疗机构做为病历的所有权人，对病历独立行使占有、使用、处分的权利。我们认为病历的所有权应由医疗机构享有，患者只在一定情况下可以实施占有和使用。

2. 本案不构成侵权案件。医疗侵权属于一般侵权，应具备一般侵权行为的构成要件，即行为的违法性、有损害后果、损害后果与违法行为之间有因果关系、行为人有主观过错。从本案来看，病历的所有权属于医院，患者只拥有使用权，医院丢失病历并不存在对该患者所有权、其他财产权益以及人身权益的侵犯。而患者到医院就医，无论是否指定医师，均是与医师所在医疗机构发生医疗合同关系。医疗违约责任的构成要件包括医患之间存在有效的医疗合同关系、医方存在违约行为、存在损害事实、违约行为与损害事实之间存在因果关系。而医方承担违约责任的必要条件是医疗合同义务的违反。医院对病历负有保管义务，在患者需要使用时，应当完好地提供。现医院未尽妥善保管之义务致使患者病历丢失，构成合同违约，而不是侵权。

3. 该患者不存在精神损害赔偿问题。该患者不是病历的所有权人。根据《最高人民法院关于确定民事侵权精神损害赔偿责任若干问题的解释》第四条之规定，患者无权要求精神损害赔偿，因而法院没有支持其精神损害赔偿要求是正确的。

4. 举证责任分配问题。《最高人民法院关于民事诉讼证据的若干规定》第二条规定：当事人对自己提出的诉讼请求所依据的事实或者反驳对方诉讼请求所依据的事实有责任提供证据加以证明。本案患者因医院丢失病历而主张人身侵权损害赔偿，则患者需证明其损害存在的事实以及损害的程度。通过分析案件，原告并没有举证其有损失存在，因此不存在赔偿的问题。

四、医院应当注意的问题

1. 尽管医院拥有病历的所有权，但它是患者看病全面而连续的记录，系患者的医疗资料，患者对其享有使用的权利，且在诉讼中患者有权复印客观病历资料，因此医院应当认真负责地做好病历的保管工作。按照规定，医疗机构应当建立病历管理制度，设置专门部门或者配备专（兼）职人员，具体负责本机构病历和病案的保存与管理工作。患者在医疗机构建有门（急）诊病历档案的，门（急）诊病历应当由医疗机构指定专人送达患者就诊科室；患者同时在多科室就诊的，应当由医疗机构指定专人送达后续就诊科室。在患者每次诊疗活动结束后24小时内，其门（急）诊病历应当收回。

2. 病历不应随意外借，不应拿出病历室，如有需要，可复印，确保原件始终保存在病案室。复印客观病历资料时，医患双方应同时在场，目的是保证已经存在的病历资料公平、公开、有效和真实，复印后要加盖医院印章。

3. 医院应当严格病历管理，严禁任何人涂改、伪造、隐匿、销毁、抢夺、窃取病历。除对患者实施医疗活动的医务人员及医疗服务质量监控人员外，其他任何机构和个人都不得擅自查阅该患者的病历。因科研、教学需要查阅病历的，需经患者就诊的医疗机构有关部门同意后方可查阅。阅后应当立即归还，并且不得泄露患者隐私。

五、患者应当注意的问题

1. 患者对病历不享有所有权。病历虽然记载了患者的个人资料，但其性质是医疗机构的业务技术档案，是医务人员的工作记录和医学经验的积累，是培养下一代医学生的教材和科研发展的资料。所以，患者对病历只享有使用权。

2. 法院判决医院作出赔偿以损失的存在为前提，不是简单地有过错就一定要赔偿。患者只有提交损失存在的证据，证明因病历丢失带来的损失及程度，如查找病历的误工费、交通费等损失，才可以让法院支持自己的主张。

3. 患者在提起诉讼前应当咨询律师，选择正确的诉由，明确自己的证明责任范围，争取胜诉的机会。

服毒死亡索赔案

一、案情简介

2002年4月某日上午11时，原告樊某的妻子王某吞服敌敌畏后到被告某医院急诊科抢救，入院时病人神志清楚、活动自如。病人就诊后院方给予下胃管洗胃并静点解磷定、阿托品等药物治疗，但病人病情仍然逐渐加重。当天下午1时许，由急诊科转入病房治疗，大约在下午2时左右病人因抢救无效死亡。病人死亡后，家属当时并未对院方的治疗提出异议。病人去世后大约6个月，病人家属樊某来到医院要求复印病人的病历资料。医院起初说病历找不到，告知樊某找到后再给复印，但家属强烈要求立刻复印，否则就不离开医院。医院在不得已的情况下，在当天晚上为其复印了一张门诊抢救记录。拿到门诊抢救记录后，病人家属诉至法院要求医院赔偿。

二、双方的诉讼理由及法院判决

原告诉称，医院在为其妻子治疗的过程中阿托品的用量过大，且洗胃时间过长，医院在抢救过程中存在严重过错，要求医院赔偿9,800元。

被告辨称，病人死亡是由于其吞服敌敌畏所致，医院已尽到了抢救义务，虽然患者最终死亡，但医院并无过错，不予赔偿。

在诉讼过程中，双方当事人均未提出鉴定申请，某区人民法院委托某市医学会进行医疗事故技术鉴定。某市医学会受理后，要求当事人双方提交鉴定所需的材料。医院向某市医学会提交了另一份病历资料，该病历资料与先前向病人家属提供的资料在病情的记录时间、药物用量、病人的死亡时间等方面均存在差异，尤其是阿托品的用量明显变少。最后，某市医学会向某区人民法院出具了意见书：“当事人双方提供了两份不同的病历资料，我会不能根据两份病历进行鉴定。”

某区人民法院曾督促双方调解解决纠纷，医院方同意给付1,000元，但被原告拒绝。一审法院于是作出如下判决：“原告有义务对自己提出的主张提供证据。本案中原告没有提供证据证明被告在为其妻治疗的过程中存在过错，应当承担举证不能的责任。判决驳回原告樊某的全部诉讼请求。”樊某不服一审判决，向某市中级人民法院提起上诉。

上诉人（一审原告）诉称：（1）一审法院没有认定医院伪造病历的事实。（2）一审法院适用法律错误。根据最高人民法院的司法解释，医疗行为的举证责任由医疗机构承担。医疗机构由于没有提供证据证明其没有过错，应当承担举证不能的责任。

被上诉人（原审被告）辩称：（1）我院向患方家属提供的并不是病历资料，而仅仅是一个证明，我院没有伪造病历。（2）患者的死亡是由于服药所致，与我院无关。

中院在审理后作出了二审判决，内容如下：根据最高人民法院的司法解释，医疗机构在医疗纠纷中负有举证的义务，本案中被告有义务证明在对患者的治疗过程中没有过错。由于被告没有证据证明自己无过错，因此推定其存在过错，应当承担举证不能的责任。但考虑到患者服药与其死亡也有一定的联系，故判决撤销一审法院的一审判决，判令医院承担部分赔偿责任。

三、律师点评

1. 关于病历的争议。

（1）法律对病历的保护。

我国卫生部颁布的《病历书写基本规范》（试行）第三条规定：“病历书写应当客观、真实、准确、及时、完整。”第九条规定：“因抢救急危患者，未能及时书写病历的，有关医务人员应当在抢救结束后6小时内据实补记，并加以注明。”《医疗事故处理条例》第九条规定：“严禁涂改、伪造、隐匿、销毁或者抢夺病历资料。”《执业医师法》第三十七条明确规定，医师在执业活动中隐匿、伪造或者擅自销毁医学文书及有关资料的，由县级以上人民政府卫生行政部门给予警告或者责令暂停6个月以上1年以下执业活动；情节严重的吊销其执业证书；构成犯罪的，依法追究刑事责任。这些规定就是为了保证病历资料的真实、完整而做出的。

本案中，某市医学会受理医疗事故技术鉴定后，医院向某市医学会提交的病历资料与先前向病人家属提供的资料相比，在病情的记录时间、药物用量、病人的死亡时间等方面存在一些差异，尤其是阿托品的剂量在病历中明显变少。为此，医院所提交的病历的真实性受到原告的质疑，致使医学会未能得出鉴定结论，并最终使医院在诉讼中处于不利地位。事实上，病人家属樊某到医院要求复印病历资料时，病历尚未整理好，医院是在不得已的情况下，在当天晚上出具了一份抢救过程的说明，向患方家属提供的并不是病历资料。因抢救时阿托品的使用记录不全，虽然使用但却没有记录，故医院出具的证明和病历不太一致。在鉴定时，专家根据病历中对患者症状的描述，得出该患者已出现阿托品化的表现，可以证明医院使用的阿托品已够剂量，由此也可以证明医院并没有伪造病历。因此，在对病历的真伪进行审查时不能机械地以病历的记录作为唯一的证据，还应综合考虑其他可以证明事实的证据。同时也可以看出，专家的医学鉴定是凭借专家多年的临床经验结合病历作出的，而不仅仅是只凭病历作出判断。本案病人系服毒患者，在未明确其死亡原因的基础上，仅因医院病历记载存在不统一，即要求医院对患者的死亡承担过错责任，似有失公允。

（2）患者有复制病历的权利。

《医疗事故处理条例》第十条规定：“患者有权复印或者复制其门诊病历、住院志、体温单、医嘱单、化验单（检验报告）、医学影像检查资料、特殊检查同意书、手术同意书、手术及麻醉记录单、病理资料、护理记录以及国务院卫生行政部门规定的其他病历资料。患者依据前款规定要求复印或者复制病历资料的，医疗机构应当提供复印或者复制服务并在复印或者复制的病历资料上加盖证明印记。复印或者复制病历资料时，应当有患者在场。”从这一规定可以看出，向患者提供必要的病历复印资料是医疗机构的法定义务。当患者要求获得病历时，无论是否发生医疗事故争议，医疗机构均应提供复印或复制服务。复印或复制病历时，应当医患双方共同在场，以确保复印或复制病历的真实性。本案中，院方在患者请求复印病历资料时的推诿、拒绝行为有违其法律上的义务。

病历是对病人病情和治疗情况的客观记录，在医疗事故技术鉴定中是重要的鉴定材料，在诉讼中也是非常重要的证据，因此《医疗事故处理条例》及相关的法律、法规都对病历做出了明确的规定，给医疗机构设定了明确的义务和责任。这为保护患者的知情权以及维护自己的合法权益提供了明确的法律依据。

2. 关于举证责任的问题。

《最高人民法院关于民事诉讼证据的若干规定》第四条第一款第八项规定：因医疗行为引起的侵权诉讼，由医疗机构就医疗行为与损害结果之间不存在因果关系及不存在医疗过错承担举证责任，即部分举证责任转移。在本案中，医院在一审中没有主动提出鉴定申请，且在鉴定过程中由于病历记录的不一致，致使未能得出鉴定结论，且未能尸检，医院无法完成举证，只能承担举证不能的责任。但考虑到患者服药与其死亡也有一定的联系，最后二审法院判决由院方承担部分赔偿责任也是相对公平的。

四、医院应当注意的问题

通过本案，医疗机构应当吸取以下教训：

1. 医疗机构应当按照国务院卫生行政部门的规定，书写并妥善保管病历资料。

2. 上级医师可以审查修改下级医师记录的病历。因笔误或经上级医师审查须对病历做出修改时，应保证原记录清楚可辨，修改时应使用不同颜色的墨水书写，注明修改时间并签名。发生医疗事故争议后，医师不得再对病历进行修改。

3. 注意不得涂改、伪造、隐匿、销毁病历。否则，医院及相关医务人员将依情节承担相应的法律责任，轻者被处以警告或暂停执业，重者构成犯罪的，将被依法追究刑事责任。

4. 患方依法提出复印或封存病历的要求时，院方应及时满足患方的要求。

5. 对于医疗侵权纠纷，医院应根据情形，在诉讼中及时提出鉴定申请。

五、患者应当注意的问题

1. 理解医疗行为的结果受到主客观多种因素的影响，有可能达不到患者预期的效果，尤其在抢救服毒患者时，不能保证成功率为100%。患者服毒后要及时送医院抢救，争取时间是非常重要的。

2. 患者的死亡主要是其自身服敌敌畏的结果。该患者是具有民事行为能力的人，应当自行承担自己选择的后果。

患者胃破裂诉医院损害赔偿案

一、案情简介

1998年12月15日，患者丁某因腹痛伴恶心4小时到某省医院急诊科就诊，经检查腹平透无异常、尿淀粉酶偏高，暂按"腹痛待查、胰腺炎可能性大"诊断，给予禁食水、抗炎治疗、留诊观察。12月16日4时，经CT检查诊断急性胃扩张，即给予肠胃减压。6时许，患者症状减轻。7时，医护查房发现患者不见，经查找未找到。8时5分，患者在一朋友陪同下再次到普外科求医，因腹痛待查入院。10时30分，诊断为"急性胃扩张、胃穿孔、泛发性腹膜炎"。11时30分，进行手术。患者于1999年3月3日出院。2001年1月3日，患者以医疗损害赔偿为由将医院诉至法院。

二、双方的诉讼理由及法院判决

原告诉称：1998年12月15日晚20时许，原告到被告处就医，被告经X光检查，得出"腹部无异常所见"的结论，随即给原告打吊瓶。21时原告出现呕吐症状，22时被告医院按胰腺炎对原告进行治疗。12月16日凌晨30分左右，原告病情恶化，大夫看过后答复先换药，明天再化验血、尿。4时许，原告呕吐，经CT检查，于4时30分进行肠胃减压，但效果不明显。6时20分原告疼痛难忍，找大夫不见，医院护士将胃管拔下。8时20分原告转至外二科，诊断为胃穿孔。11时20分进行手术。

由于被告医院医护人员违反操作规定、误诊误治、对病人没有及时治疗造成原告胃破裂，给原告的学习、生活带来极大痛苦，现虽已出院，但还存在腹部疼痛、消化不良、大便不正常、中毒性心肌炎等症状，已构成医疗事故。故请求被告赔偿原告医疗费30,859.90元、误工护理费3,819.60元、原告伙食补助费 1,924.00 元、护理人员伙食补助费 3,924.00 元、交通费 2,289.00 元、出院后发生的医疗费 23,681.80 元、误学费 30,000.00元、保姆费 8,400.00 元、营养费 6,000.00 元、伤残赔偿 212,000.00 元、继续治疗费 190,800.00 元、终身生活费 190,800.00 元、精神损害抚慰金 200,000.00 元、鉴定费 200.00 元、切口整形费 10,000.00 元、诉讼费 12,000.00 元，共计人民币 670,000.00 元。

被告辩称：患者因腹痛恶心 4 小时，于 1998 年 12 月 15 日 20 时到我院求医，患者称发病后呕吐一次，没有腹泻，不发烧，既往有重度佝偻病史。查体，体形消瘦，剑突下有轻压痛，腹部没有其他阳性症状，辅助检查尿淀粉 900U，腹平透无异常所见。经内外科会诊，结合病史、体检及辅助检查结果，暂按腹痛待查、胰腺炎可能性大的诊断，暂时禁食水、抗炎、对症治疗留诊观察。

12 月 15 日 23 时，内科医生发现患者私自饮用饮料 500 毫升，严厉制止，并重申禁食水的重要性。12 月 16 日 4 时，CT 检查时被答辩人又一次饮水 500 毫升，CT 医生予以劝阻，患者不予理睬。CT 片出来后，外科医生马上给予肠胃减压，引出胃液 350 毫升。6 时，患者腹痛减轻，患者及家属要求终止肠胃减压，医生、护士极力劝阻，但患者不听劝告，自行拔除胃管。7 时，医护查房，发现患者及家属不见了，经查找未找到，为此护士交接班时作为特殊记事做了重点交班。到了 8 时 20 分，患者在朋友陪同下再次到外科求医，以腹痛待查入院，后进行了急诊治疗。术后被答辩人出现窦性心率过速，经治疗恢复正常，于 1999 年 3 月 3 日痊愈出院。

医院对患者的处置符合医疗原则，胃穿孔的出现系患者自身疾病发生发展的结果，急诊观察期间患者不遵守医嘱自行脱离医护人员，自身存在过错，现经省级医疗事故鉴定，不构成医疗事故，医院没有过错。

某区医疗事故技术鉴定委员会在对本例进行鉴定后，出具的鉴定意见为：（1）医院腹部透视"无异常所见"，尿淀粉酶偏高，印象诊断"急性胰腺炎"，可以理解。（2）12月16日4时20分，患者经CT检查诊断为急性胃扩张，没有引起值班医生的高度重视，在肠胃减压不明显的情况下，没有采取进一步有效措施。（3）患者于6时20分发生胃破裂，8时明确诊断，12时20分开始手术，诊断过晚、手术准备时间过长是导致术后并发症的直接原因。鉴定结论：三级甲等医疗技术事故。

某市医疗事故技术鉴定委员会的专家分析意见是：（1）患者来诊时查体，腹部透视未见明显异常，予以对症治疗处置及留查无误，根据尿淀粉酶的检查结果按胰腺炎做出处理无原则上错误。（2）胃扩张为少见病例，临床未做出诊断可以理解，行CT检查后予以肠胃减压，治疗原则及措施均正确，但肠胃减压后并未达到确切的减压目的，医方没有进行相应的处理为不足之处。（3）胃破裂后行急诊手术，方式及术后处理正确，但在被告诊治过程中发生胃破裂，医院应负相应责任。（4）急诊观察病历对于疾病的发展过程、处理经过、会诊意见及治疗效果没有进行记录，此为不足之处。鉴定结论：三级甲等医疗技术事故。

某省医疗事故技术鉴定委员会的专家意见是：（1）急性胃扩张为目前罕见病例，以往死亡率很高，无论采取何种治疗措施，其死亡率平均达60%以上，其病理发展过程为胃扩张——胃壁坏死——破裂，临床观察诊断需要一个过程。本例胃坏死破裂是疾病的病理结果，对该患者的手术处理及术式是正确的，抢救了病人的生命。（2）留诊观察给予禁食、补液、肠胃减压等保守治疗措施是正确的。（3）不足之处是肠胃减压效果欠佳，但不是胃破裂的直接原因，急诊病志记录不太详细。鉴定结论：不构成医疗事故。

一审法院经过审理认为，原告在被告医院治疗过程中发生胃破裂并致十级伤残的事实存在。由于被告医院责任心不强，重视不够，对疾病的发展过程、处置经过、治疗效果没有详细的记录，在肠胃减压未达到效果的情况下，被告没有进行相应处置，负有一定的过错。虽然被告在确诊后及时进行手术治疗挽救了原告的生命，但不能免除其过错赔偿责任，而原告在治疗过程中一度自行脱离医患关系，亦负有一定过错，故应依法减轻被告的赔偿责任。遂作出判决如下：一次性赔偿原告医药费21,889.10元、伙食补助费1,134.00元、护理费2,673.76元、残疾生活补助费11,113.20元、交通费42.00元、残疾赔偿金7,000.00元、鉴定费210.00元，共计44,062.06元。驳回原告其他诉讼请求。

患者丁某不服一审判决，提起上诉称：（1）原审法院认定上诉人“在治疗过程中一度脱离医患关系，因此负有一定过错”是错误的。（2）原审法院认定被上诉人挽救了上诉人的生命是错误的。（3）原审法院据以作出判决的省级医疗事故鉴定书是无效的，因为该鉴定委员会并未依据《医疗事故处理办法》第十二条之规定报省政府批准。而且，被上诉人所提供的病历是被篡改的。

被上诉人答辩称：上诉人在治疗过程中一度脱离医患关系是基本事实，一审法院并没有认定错误，请二审法院驳回上诉人的诉讼请求，维持原判。

二审法院认为，关于患者在治疗过程中一度脱离医患关系的事实，医院虽然提供了护士交接班记录，但由于医院与本案有利害关系，故其真实性存在疑问。在经历了一夜的治疗，病情尚未好转的情况下，自行脱离医患关系明显不合常理，故不能认定患者脱离医患关系的事实。由于省鉴定委员会并未依据《医疗事故处理办法》第十二条之规定报省政府批准，并且其鉴定所依据的病历是经过篡改的，所以其鉴定结论当然是错误的，不能作为定案依据。经审查，市医疗技术结论具有真实性、合法性、关联性，所以采信市级鉴定结论。从省医院急诊病历看，省医院存在误诊误治情形。对于患者的胃破裂，省医院治疗抢救措施不力，抢救存在明显延误，不能认定“在确诊后及时进行手术治疗挽救了丁某的生命”，本院支持上诉人的诉请。判决：撤销一审除了交通费和残疾赔偿金外的其他判决，一次性付清医疗费30,859.94元、住院伙食费1,620.00元、护理费3,820.00元、残疾者生活补助费11,340.00元、诱发心脏病的治疗费1,500.00元、补课费1,000.00元，共计57,181.94元。

三、律师点评

本案从2001年1月3日起诉至2002年10月31日下达二审判决，经历了数次开庭、三级鉴定、二级审理。由于当时《医疗事故处理条例》尚未开始实施（2002年9月1日起实施），因此法院判决适用的是《医疗事故处理办法》。在此笔者将结合本案的法律问题，对新旧两个法规进行比对，以使大家明了两部法律规定的差别所在，达到正确应用法律的目的。

1. 关于病历记载的问题。

从上述医患双方的陈述中大家可以看出，对于本案双方有着截然不同的“事实”，如医方的治疗态度问题、患方不遵医嘱两次饮水的问题、患方私自拔除胃管的问题等，但其中争议最大、对案件影响也最大的就是患方在治疗过程中是否曾经私自离院1小时。如果患方曾经离院，那么对于其病情恶化并最终出现胃破裂的结果，患方必须承担一部分的责任；反之，如果其未曾离院，那么其就不用承担责任。对于这一事实，医方提供了护士交接班记录进行佐证，但是患方认为医方的病历经过了篡改，不能作为定案的依据。由于患方不能证明医方提供的病历经过了篡改，一审法院采信了医方的证据，认为“原告在治疗过程中一度自行脱离医患关系，亦负有一定过错，故应依法减轻被告的赔偿责任”。但是，二审判决基于“医院与本案有利害关系”且患者在病情尚未好转的情况下，自行脱离医患关系“明显不合理”，否定了医院提交的证据，认为不能认定患者脱离医患关系的事实。对于二审法院认定上述事实的理由，笔者暂且不作评论，在此强调的是，在这种医患双方对于事实各执一词的情况下，对医疗行为进行了记录的病历的重要性凸显无疑。在医疗行为中，病历是医院对病人病情发展和诊治的书面记录，记载着各种行为、时间、事件、用药、医嘱等，对于认清案件事实起着十分重要的作用。

《医疗事故处理办法》第八条规定，“发生医疗事故或事件的医疗单位，应指派专人妥善保管有关的各种原始资料。严禁涂改、伪造、隐匿、销毁。”但是，由于病历完全掌握在医院一方的手中，对病人所在单位、病人、家属、事故当事人及其亲属不予调阅。就连法院、检察院和受托的医疗事故技术鉴定委员会，在需要查阅原件时，都需持介绍信经医院院长签字就地调阅，患者一方可以说对病历记录了什么完全一无所知。在诉讼中，往往是病人虽对病历记录提出了疑义，却又无法举证证明，但也难以接受依此做出的判决，既造成了患者的诉累，也增加了法院在断案过程中的困难。对此，新颁布的《医疗事故处理条例》第八条规定：“医疗机构应当按照国务院卫生行政部门规定的要求，书写并妥善保管病历资料。因抢救急危患者，未能及时书写病历的，有关医务人员应当在抢救结束后6小时内据实补记，并加以注明。”第九条规定：“严禁涂改、伪造、隐匿、销毁或者抢夺病历资料。”第十条规定：“患者有权复印或者复制其门诊病历、住院志、体温单、医嘱单、化验单（检验报告）、医学影像检查资料、特殊检查同意书、手术同意书、手术及麻醉记录单、病理资料、护理记录以及国务院卫生行政部门规定的其他病历资料。患者依照前款规定要求复印或者复制病历资料的，医疗机构应当提供复印或者复制服务并在复印或者复制的病历资料上加盖证明印记。复印或者复制病历资料时，应当有患者在场。”

依此规定，患者可以在认为自己被医院侵权或认为医院违约的情况下，在提起诉讼前先行取得病历，在自己“监督”下对病历进行封存和复印，避免了患者认为医方在得知自己因医疗行为被诉至法院或被申请鉴定后篡改病历，造成有利于自己的情况，有利于对案件事实进行确认。对于医院一方来讲，这种规定也促进了医院对于治疗行为的责任感，如果未按国家相关规定填写病历，即使自己做出了正确的诊断，也很有可能承担赔偿责任。案例中，医院一方就是因为病历记载不完善，在鉴定和诉讼中处于不利地位。

2．关于医疗事故鉴定的问题。

根据《医疗事故处理办法》的规定，医疗事故是指在诊疗护理工作中，因医务人员诊疗护理过失，直接造成病员死亡、残废、组织器官损伤导致功能障碍的。根据《医疗事故处理条例》的规定，医疗事故是指医疗机构及其医务人员在医疗活动中，违反医疗卫生管理法律、行政法规、部门规章和诊疗护理规范、常规，过失造成患者人身损害的事故。由此可以看出，《条例》比《办法》对医疗事故的外延做出了更为广泛的规定：《办法》中医疗事故的主体是医务人员，强调损害后果要达到相当的程度（组织器官损伤导致功能障碍）才算事故，而《条例》中根据医疗机构实际上是医疗事故民事责任的承担者的情况，增加了医疗机构作为医疗事故的主体，将笼统的“诊疗护理过失”具体地明确为“违反法律、行政法规、部门规章和诊疗护理规范、常规”的行为，强调只要是过失造成了患者的人身损害就可以构成医疗事故，而不一定要达到功能障碍的程度，删除了原《办法》中不合理的“虽有诊疗护理错误，但未造成病员死亡、残废、功能障碍的”不属于医疗事故的规定，并且取消了技术事故和责任事故的划分。这种扩大医疗事故范围的做法，加大了医院的责任，增强了对患者权益的保护。

不过，与扩大医疗事故的范围相对应，《条例》对医疗事故也做出了一些限制性的规定。原《办法》第三条规定：“在诊疗护理工作中，有下列情形之一的，不属于医疗事故：（一）虽有诊疗护理错误，但未造成病员死亡、残废、功能障碍的；（二）由于病情或病员体质特殊而发生难以预料和防范的不良后果的；（三）发生难以避免的并发症的；（四）以病员及其家属不配合诊治为主要原因而造成不良后果的。”《条例》第三十三条将其修改为：“有下列情形之一的，不属于医疗事故：（一）在紧急情况下为抢救垂危患者生命而采取紧急医学措施造成不良后果的；（二）在医疗活动中由于患者病情异常或者患者体质特殊而发生医疗意外的；（三）在现有医学科学技术条件下，发生无法预料或者不能防范的不良后果的；（四）无过错输血感染造成不良后果的；（五）因患方原因延误诊疗导致不良后果的；（六）因不可抗力造成不良后果的。”《条例》一方面扩大了医院一方的责任范围，另一方面将紧急情况、不可抗力或患方过错造成不良后果作为医院的法定免责条款，是对医院一方利益的保护。结合本案而言，如果认定患者丁某在治疗过程中曾离院1小时的事实，虽然依照《办法》规定对鉴定结果没有多大影响，但依据《条例》规定医院一方就会完全不负任何责任。

关于医疗事故的鉴定，新旧规定之间的差别更大。医疗事故的技术鉴定工作原由卫生行政部门组织，并由卫生行政部门提名鉴定委员会人选，现改为由医学会负责医疗事故鉴定，由具备一定条件的医疗卫生专业技术人员组成专家库，从中抽取专家进行鉴定。《条例》增加了对患者死因、伤残等级的鉴定，并规定除医学专家外，还要抽取法医参加鉴定。原来的医疗事故鉴定体制的合理性一直受到公众的质疑，鉴定结论的公正性难以得到保障。由上级行政部门对下属医院进行的鉴定，被称为“父子鉴定”，由兄弟医院的医生对本院医生进行的鉴定被称为“兄弟鉴定”，造成“医医相护”的不良形象，即使其结论正确也会遭到患者和社会的怀疑。而医学会不是行政机关，而是一个公益性的非营利性法人社团，作为中立的第三方，其与医疗机构不存在直接的利害关系，具有中立性。医学会聘请医疗技术人员和法医进入专家库，对这些人员的专业知识背景有严格的要求，而且专家组成不受行政区域的限制，医患双方可在医学会主持下从专家库中随机抽取专家。这就可以最大限度地保证鉴定的独立、客观、公正，使鉴定结论具有可信性，为医疗事故的公平处理打下良好的基础。

《条例》与《办法》相比，不仅鉴定主体更加合理，而且鉴定程序也更加严格。《办法》中分为省（自治区）、地区（自治州、市）、县（市、市辖区）三级医疗事故技术鉴定委员会，《条例》则规定“设区的市级地方医学会和省、自治区、直辖市直接管辖的县（市）地方医学会负责组织首次医疗事故技术鉴定工作。省、自治区、直辖市地方医学会负责组织再次鉴定工作。”这就将三级鉴定改为原则上的两级鉴定，省级鉴定从《办法》中的最终鉴定变为再次鉴定，并规定中华医学会可以组织疑难、复杂并在全国有重大影响的医疗事故争议的技术鉴定工作。关于专家鉴定组成员的回避，《办法》仅仅规定“是医疗事故或事件的当事人或者与医疗事故或事件有利害关系的”，应当回避，《条例》则细化为“是医疗事故争议当事人或者当事人的近亲属的；与医疗事故争议有利害关系的；与医疗事故争议当事人有其他关系，可能影响公正鉴定的”，应当回避。《条例》还增加了对鉴定时间的规定：医学会必须自受理鉴定之日起5日内通知当事人提交有关材料，当事人应当自收到医学会的通知之日起10日内提交有关材料，医学会在接到当事人材料后45日内组织鉴定并出具鉴定书。也就是说，一共只需60天时间就可以作完鉴定。上述规定保证了鉴定工作的科学、客观、合理、公正，增强了鉴定结论的科学性、合理性、权威性。在案例中，在基本明确的案件事实下（该案适用《办法》进行处理，患者是否离院1小时对于鉴定结论并没有影响。只是对法院判决有着一定的作用），在认可医院的诊断和治疗措施的情况下，鉴定机构基于同样的案件材料竟然分别作出三级甲等医疗事故和不构成医疗事故的结论。前后差别如此之大，使人不难看出鉴定结论受到了案外因素的影响。如果本案适用《条例》进行处理，就可以避免由三级甲等医疗事故到不构成医疗事故、经由三级鉴定医患双方对于鉴定结果仍不能达成共识、二审法院否定一审法院采信的省级鉴定然后采信医患双方都不认可的市级鉴定这种混乱局面的出现。

从鉴定结果上来看，《办法》将医疗事故分为责任事故和技术事故两类。医疗责任事故是指医务人员因违反规章制度、诊疗护理常规等失职行为所致的事故。医疗技术事故是指医务人员因专业技术水平和经验不足所致的事故。根据当时的规定，如果在实践中出现了责任事故和技术事故相交叉的情况，则依其中占主要份量的事故来进行归类。虽然对责任事故的处罚一般要比对技术事故更具有层次性，但是在实际应用中这种分类方法常常难以拿捏准确，并往往由此产生对鉴定结果的争议。因此，《条例》取消了这种分类方法，只对事故进行级别的划分。《办法》将医疗事故分为三级："一级医疗事故：造成病员死亡的；二级医疗事故：造成病员严重残废或者严重功能障碍的；三级医疗事故：造成病员残废或者功能障碍的。"这就将达不到三级事故损害标准即没有患者死亡、残疾或功能障碍出现的情况排除在事故范围之外。《条例》则根据对患者人身造成的损害程度，将医疗事故分为四级："一级医疗事故：造成患者死亡、重度残疾的；二级医疗事故：造成患者中度残疾、器官组织损伤导致严重功能障碍的；三级医疗事故：造成患者轻度残疾、器官组织损伤导致一般功能障碍的；四级医疗事故：造成患者明显人身损害的其他后果的。"将"造成患者明显人身损害的其他后果"规定为四级医疗事故，包括了过去不予赔偿的"医疗差错"，这一点是重大进步。在现实生活中，有很多患者虽然确因医方的原因造成了明显、严重的人身伤害，但由于达不到三级事故损害标准而不能被鉴定为医疗事故，也就无法获得相应的赔偿。这对患者而言实在是不公平的，也是《办法》的缺陷之一。当时卫生部在《关于<医疗事故处理办法>若干问题的说明》中作了如下补充规定：

“在胸腔、腹腔、盆腔、颅内及深部组织遗留纱布、器械等异物；开错手术部位，造成较大创伤；或造成严重毁容等，可认定为医疗事故。但反应轻微，或体内遗留的异物微小，不需再行手术，或异物被及时发现、取出，无明显不良后果者，不能认定为医疗事故。”但是，这也并不全面、完善。此次《条例》将其作为兜底条款，具有很好的现实意义，也产生了良好的社会反响。

《办法》对医疗事故鉴定采用的是“全责”或“无责”的归责原则。被鉴定为事故的，医方要承担全部责任；如果不是事故，就一点责任也没有。这种不区分责任大小，不考虑“一果多因”情况的一刀切的做法，在实际操作中遇到了很大的困难，医方或患方往往会重复申请鉴定，增加了不必要的负担，也无法体现法律的公平性。《条例》则改变了这种分类方法，将医疗事故细分为四级 12 类，每一不同类级都承担不同的责任比例，增强了鉴定结果的科学性、合理性。《条例》的另一个进步就是将《办法》中的“补偿”一词改为了“赔偿”。一字的差别说明法律的定位发生了根本性的变化：补偿是象征性的、安慰性的，说不上医院有多少过错，而赔偿是建立在确定犯了过错的基础上的，是对医院的一种惩罚，也是患者一方应享有的权利和医院一方应承担的义务。从赔偿的数额上看，《办法》只规定根据事故等级、情节和患者的情况给予一次性经济补偿，过去通常至多给予几千元的补偿了事，与有的患者因此终身残疾或死亡的严重损害后果是极不相称的。《条例》则明确地规定：“医疗事故赔偿，应当考虑下列因素，确定具体赔偿数额：（1）医疗事故等级；（2）医疗过失行为在医疗事故损害后果中的责任程度；（3）医疗事故损害后果与患者原有疾病状况之间的关系。”《条例》还具体规定了赔偿的项目和标准，赔偿项目包括医疗费、误工费、住院伙食补助费、陪护费、残疾生活补助费、残疾用具费、丧葬费、被扶养人生活费、交通费、住宿费、精神损害抚慰金。此外，《条例》规定：“参加医疗事故处理的患者近亲属所需交通费、误工费、住宿费，参照本条例第五十条的有关规定计算，计算费用的人数不超过 2 人。医疗事故造成患者死亡的，参加丧葬活动的患者的配偶和直系亲属所需交通费、误工费、住宿费，参照本条例第五十条的有关规定计算，计算费用的人数不超过 2 人。”“医疗事故赔偿费用，实行一次性结算，由承担医疗事故责任的医疗机构支付。”这就对确定赔偿数额的计算依据作了细致具体的规定，有利于确定赔偿数额，增加了赔偿的合理性和易操作性，有利于医患双方依法保护自己的合法权益，减少社会的诉讼成本，不至于再出现“诱发心脏病的治疗费”、“补课费”这种莫名其妙的赔偿项目。

四、医院应当注意的问题

医院应重视对病历的记载，应详细记录疾病的发展过程、处置经过、治疗效果等，这样方能证明医院的医疗行为无错，争取胜诉。

遇有病人不遵医嘱、不配合治疗的情形，医院更应详加记录，并请病人签字认可作为证据。

五、患者应当注意的问题

患者应严格遵守医嘱，配合治疗，避免病情扩大，否则对自己的身体健康不利。

六、医疗安全保障相关案例

温箱断电双胞胎脑瘫巨额索赔案

一、案情简介

某孕妇妊娠29周$^{+2}$合并上呼吸道感染和急性肠胃炎，急诊入某院。该孕妇还伴有心律失常性早搏、贫血、低蛋白血症、鼻衄，并为乙肝病毒携带者，不能继续妊娠。经治疗保胎，于妊娠36周行剖腹产生下一对未足月男女双胞胎，阿氏评分10分，体重分别为2,400克和2,300克。医院即按早产儿护理，将双胞胎置于温箱中。温箱第二天曾发生两次断电，第三天男婴出现发烧、脸色发青，初诊为新生儿肺炎，超高热，早产儿生活能力低下。经治疗好转，于1个月后出院。出院7天后患儿家长诉其“抽搐”，再次入院，诊断为“婴儿手足抽搐症，抽搐原因待查”。后转往儿童医院治疗，经儿童医院诊治，核磁显示男婴双侧额颞部蛛网膜下腔增宽可见透明间隔腔，诊断为：(1) 早产出生低体重儿；(2) 新生儿肺炎；(3) 婴儿手足抽搐症；(4) 脑发育不全；(5) 透明间隔腔（先天性）；(6) 脑性瘫痪。核磁显示女婴胼胝体发育不良，骨髓鞘形成迟缓，诊断为：(1) 婴儿手足抽搐症；(2) 脑发育不全；(3) 右腹股沟斜疝。

患儿家长认为，由于医院在护理过程中严重不负责任，导致男女双胞胎脑瘫，要求医院赔偿500万元。

二、双方的诉讼理由及法院判决

原告诉称：双胞胎出生时阿氏评分10分，表明发育良好，各方面均正常。在医院特护期间，因医院护理人员疏忽，没有发现温箱断电，致使两小孩受冻引起高烧、颅高压、脑内缺血、缺氧窒息，经权威专家诊断为脑瘫，并已致残。由于医院在护理过程中严重不负责任，使原告身心受到严重损害，请求医院赔偿医疗费、护理费、残疾生活补助费、精神损害费等费用500万元，并承担诉讼费。

被告辩称：原告双胞胎患有脑瘫疾病是事实，但是是先天的脑发育不良还是后天的脑损伤引起的脑性瘫痪目前尚无定论，这需由具有处理这类问题能力的权威部门作出鉴定意见。任何一家之言均不能作为决定和影响本案的审理依据。我们将配合法院的审理工作，以使当事人的合法权益受到保护。

某中级人民法院法医学鉴定书的鉴定意见如下：

（1）关于脑瘫的诊断。二被鉴定人四肢肌张力增高，双足站立时呈芭蕾脚，脚弓反张，四肢协调精细动作差，语言发育迟缓，表情淡漠，智力障碍，结合MRI检查结果，认为二者脑瘫诊断成立，男婴属重度脑瘫，女婴属轻中度脑瘫。

（2）关于脑瘫的治疗。一般地说，脑瘫的治疗时间很长，甚至需要终生治疗，预后较差。治疗方法可以采取住院治疗、间断住院治疗、康复治疗、间断康复治疗、家庭康复治疗、社会康复治疗等，定期检查评估治疗效果。治疗原则是及早治疗、综合治疗、有重点分阶段治疗。对于男婴、女婴来说，结合三个地区的专家意见和现行的三甲医院收费标准，具体治疗方法和治疗时间以及治疗费用大致如下：

1~3岁期间应不间断住院治疗，其中：

①药物治疗费用：172×30×24×2=247,680元（市儿童医院住院期间平均每天的治疗费用为172元）；

②康复治疗费用：160×30×24×2=230,400元（省人民医院收费标准为每个小孩全身按摩及功能训练每次收费80元，每天2次，共计160元。北京地区的康复治疗费用每天平均约220

元左右，佳木斯地区的康复治疗费用每天平均约100元左右)；

③定期检查、配矫形器、手术治疗费用：60,000元（平均每人每年1.5万元)。

4~7岁总计48个月，治疗时间可以减半，但康复治疗不能间断，需定期检查，其中：

①药物治疗费用：172×30×24×2=247,680元（依据同上)；

②康复治疗费用：160×30×48×2=460,800元（依据同上)；

③定期检查、配矫形器、手术治疗费用：80,000元（平均每人每年1万元)。

8~18岁总计132个月，住院康复治疗时间可减半。除医院康复外，还要结合家庭以及社会康复治疗以及定期检查，其中：

①康复治疗费用：160×30×66×2=792,000元；

②定期检查预防和治疗并发症费用：110,000元（平均每人每年0.5万元)。

18岁以后至死亡（武汉地区男性平均寿命70岁，女性73岁左右)，男婴仍需社会康复，女婴可能需要社会康复。另外，二者还需要定期检查、抗癫等对症治疗，预计医疗费用约300,000元。

以上医疗费用总计252.856万元。

(3) 关于护理费用。护理可分为医疗护理和生活护理，二被鉴定人住院期间需要医疗护理。男婴因系重度脑瘫，预后差，可能终生需要生活护理，女婴预后可能好些，但是否需要终生生活护理目前不好确定。护理费用数额可以由法官参考有关标准决定。

(4) 关于伤残等级。由于二被鉴定人系脑瘫，其预后很差，经过适当治疗能否达到使其生活自理目前难以预料。且因年幼，现在难以检查判断伤残等级，但根据教授意见其日后存在不同程度的残疾。

总之，以上分析意见是建立在现在的医学水平和医疗收费标准的基础上的，日后随着医学的发展是否有新的治疗方法，收费标准是否增加目前难以预料。故以上分析意见仅供法官参考。

经一审法院审理查明，两原告出生后医院给予阿氏评分10分，并将其送婴儿观察室温箱内护理。第二天，天气降温，晚21时30分患儿父母与值班护士均发现温箱内提示灯熄灭、断电，便按电源开关，使温箱恢复工作。大约10分钟后，护士又一次发现温箱断电，但没有采取措施。第三天，气温继续下降，最低温度为零下，并降雨加雪。凌晨6时30分，婴儿父亲发现特护室无人值班，温箱提示灯熄灭，温箱内双胞胎面色发青、呼吸急促、高烧，男婴已窒息，于是抱起孩子大声呼救，医护人员听到喊声赶到特护室，立即将两个孩子送往新生儿科进行抢救，后转儿童医院治疗至今。儿童医院组织本市各大医院专家进行抢救，对两小孩的病情进行会诊，最后确诊为“脑发育不良，急性上感，急性支气管炎，脑性瘫痪”。被告医院组织本院医疗事故技术鉴定委员会的专家讨论认为：“（1）产科病房在护理双胞胎的过程中有疏忽之处，没有及时发现温箱指示灯熄灭，没有及时发现男婴发热、发绀；（2）男婴突然发高热除第一条原因外，还有早产儿神经系统发育不完善、调节体温功能差等原因；（3）对产科个别护理人员存在的不足之处，建议领导加强教育、严肃处理。根据《医疗事故处理办法》的有关规定，此病案属于医疗差错。”在此鉴定结论的基础上，某医院与两原告之父母达成协议，协议对两小孩病案确认为医疗差错；医院愿意承担两小孩因此次疾病造成的后遗症的诊费，并作相应的赔偿；医院同意退还其在产科的住院费和两个小孩在新生儿科的住院诊疗费用，并补偿其10,000元。嗣后，某医院又要求原告父母到法院起诉，由法院裁判，并代其支付了案件诉讼费。法院在审理期间，委托该院法医室对二原告的病情、伤残等级、今后治疗、康复费用、护理费进行鉴定。法医技术人员组织有关专家进行了讨论，并到国内其他省市的专门医院进行了走访、咨询。法医学鉴定结论为：男婴属重度脑瘫，女婴属轻中度脑瘫，男婴、女婴今后医疗康复费用总计2,528,560元。关于伤残等级，法医鉴定结论认为，由于二被鉴定人系脑瘫，预后很差，经过适当治疗能否达到使其生活自理目前难以预料，日后存在不同程度的伤残；关于护理费，法医鉴定认为，男婴终身需要护理，女婴预后效果可能好些，但是否需要终身护理目前不好确定。另查明，医院已支付原告医疗等费用109,549.55元。

一审法院最终判决由医院赔偿原告医疗费、后期治疗康复费、护理费、住院伙食补助费、交通费及精神损失费等共计人民币3,833,849.55元。诉讼费28,510元，由医院承担。

二审法院认为：公民的生命健康权受法律保护。医疗部门在为患者治疗疾病的过程中，应当履行社会义务和承担法律责任。根据《中华人民共和国民法通则》第九十八条的规定，上诉人双胞胎婴儿对自己的生命安全和身体的生理机能及心理状态的健康依法享有受保护权。上诉人某医院的医疗差错行为造成了本案的医疗人身损害赔偿纠纷。（1）某医院与双胞胎婴儿的法定代理人在某医院护理双胞胎婴儿的医疗差错行为发生后，达成了书面协议，该协议不违反法律禁止性规定，且该协议书签订后，某医院依约退还了双胞胎婴儿的住院诊治费，支付了补偿费，该协议已实际履行，是双方当事人的真实意思表示，为有效协议。（2）一审法院根据该有效协议确定的赔偿原则，对某医院愿承担的双胞胎婴儿属此次疾病造成的后遗症的诊疗费，组织有关专家进行鉴定，测算出具体的赔偿数额并无不当。上诉人某医院在一、二审审理期间对一审法院确定的赔偿数额的计算方法亦未提出异议，该计算方法的基本原则应予采信。（3）上诉人某医院在诉讼过程中，认为上诉人双胞胎婴儿的脑瘫不是由于其温箱断电造成的，而是由于双胞胎婴儿自身的先天性原因造成的，并申请对病历进行鉴定。此主张既是对某医院医疗事故技术鉴定委员会鉴定结论的否认，亦是对双方原已达成并已实际履行的有效协议的反悔，违反了诚实信用原则，本院不能支持。依据《中华人民共和国民事诉讼法》第六十四条的规定："当事人对自己提出的主张，有责任提供证据。"上诉人某医院在一、二审诉讼过程中，没有举出能够证明双胞胎婴儿的脑瘫是由先天因素造成的确凿证据，其应承担举证不能的法律后果。上诉人某医院的过错是客观存在的，且不能排除其过错行为与双胞胎婴儿脑瘫产生之间的因果联系，上诉人某医院的主张没有事实及法律依据，此项请求和主张本院不予支持。（4）对一审法院确定赔偿数额时计算有误的部分，本院予以纠正。上诉人双胞胎婴儿上诉称一审判决支付的赔偿数额过低的上诉理由不能成立，其请求本院不予支持。上诉人某医院上诉称一审判决认定赔偿数额有误的上诉理由成立，应予支持，但其上诉称判决结果会对社会造成危害的主张没有事实依据。据此，一审判决部分事实认定不清，判决不当。经本院审判委员会讨论决定，依照《中华人民共和国民事诉讼法》第一百五十三条第一款第三项之规定，判决如下：

变更某市中级人民法院的民事判决为：医院于本判决生效后15日内支付男婴后续治疗康复费（1999年4月之后）、护理费、住院伙食补助费及精神损失费计人民币1,464,104.78元；支付女婴后续治疗康复费（1999年4月之后）、护理费、住院伙食补助费及精神损失费计人民币1,442,204.78元（上述款项已先予执行男婴、女婴各300,000元，应予冲减；某医院已支付男婴、女婴1999年4月以前在另一医院的住院诊疗费用109,549.55元，亦应冲减）。

三、律师点评

此案例在全国引起极大震动，是目前全国医疗纠纷案件中赔偿额最高的案例。此案反映出一些问题，值得研究探讨。

1. 法院未委托法定鉴定机构分析脑瘫与医院过错之间的因

果关系以及孕妇自身因素与婴儿脑瘫的关系，有失公平。

此案争议的焦点是双胞胎婴儿的脑性瘫痪与医院温箱断电有否因果关系。只有得出正确的结论，方能分清责任，作出公正的判决。

我国《民事诉讼法》第七十二条规定："人民法院对专门性问题认为需要鉴定的，应当交由法定鉴定部门鉴定；没有法定鉴定部门的，由人民法院指定的鉴定部门鉴定。"医学是一门专业性很强的学科，而生理病理变化又是非常复杂的过程，没有一定的临床实践经验是无法作出正确的诊断和判断的。法官不具有医学知识，其应当委托法定鉴定部门进行鉴定。而在此案中，一、二审法院均未委托法定鉴定部门对因果关系进行鉴定，仅凭医院自己"属于医疗差错"的鉴定结论即认定医院负全部责任，这是不公正的。根据当时国务院颁布的《医疗事故处理办法》的规定，"医疗差错"是指医务人员在工作中存在某些不足，这些不足不是导致患者出现不良后果的原因。如果患者出现的不良后果是由医务人员的不足造成的，就构成医疗事故。该例不是医疗事故，说明该医院工作中的不足不是导致双胞胎脑瘫的原因。

二审法院仅凭咨询个别专家，得到"不能排除温箱断电的因果关系，准确鉴定单个病案的致病原因目前的科学技术水平还不能达到"的答复而认定医院负全部责任，有失公平。个别专家不能代表中国医学界的水平，而且不是法定鉴定机构。再者，不能排除也就是不能肯定，那么孕妇自己的因素，如早产、自身疾病、先天性、新生儿低体重等，是否是产生婴儿脑瘫的原因也是不能排除的。如果存在，那么这些因素所占的比例是多少呢？法院应当对此分析清楚。在此案二审判决结束后，卫生部组织全国小儿神经专家、脑神经科专家、影像学专家等十几位权威专家进行讨论。十几位专家均认为，鉴于该双胞胎早产、低体重以及其母亲自身疾病等因素的影响，再加上核磁影像学的支持，双胞胎属于先天性脑瘫的可能性较大。因此，一、二审法院对于标的几百万元的案件，既未委托市、省医疗事故技术鉴定委员会，也未委托司法部司法鉴定中心、最高院司法鉴定中心等法定鉴定机构进行客观、科学的鉴定，缺乏科学依据，草率作出判决，有失公允，不能体现公平、公正，也不能以法服众。

2. 赔偿数额过大，缺乏依据，且一次性支付显失公平。

（1）此案中，一二审法院依据某中级人民法院法医出具的治疗意见作出判决，从表面形式看没有错误，但根据我国《民事诉讼法》第六十五条第二款“人民法院对有关单位和个人提出的证明文书，应当辨别真伪，审查确定其效力”的规定，法官在审理案件时对所有证据都应详加审查，而不是直接拿来使用。此案中，法医学鉴定认定该双胞胎每天的药物费用为172元、治疗费用为160元并且每年都需要作手术，缺少医学临床依据。首先，在其鉴定中所聘专家的意见是要对患儿做一个全面评估，判断其需要什么治疗。而对该双胞胎各位专家没有进行检查，也未对双胞胎进行评估，只是泛泛地谈了一个一般治疗规律，对双胞胎没有针对性。其次，专家所谈的治疗费用是一个单元，即一个治疗疗程，单元的概念是7～10天，而不是每天。专家也没有认定该双胞胎每年都需要作手术，法医最后的个人结论是不正确的。

此案中，双胞胎是否需要治疗，应当实行什么样的治疗，应当由经治医院开具证明，而不是仅仅提出一个泛指和推论的概念。一、二审法院照搬法医鉴定意见是不正确的。

（2）该双胞胎在判决时已经2岁，其在这2年中实际花费医药费的数额是多少？每年实际花费是否有538,080元？票据何在？一审法院在判决中认定，医院在一年零三个月时间内共支付双胞胎医药费109,549.50元（包括前期抢救费用）。也就是说按照双胞胎一年零三个月的实际费用计算，即便加上前期抢救费用，1～3岁期间的治疗费用也达不到538,080元。由此可见，法医认定的治疗费是没有依据的，与实际花费数额相差太大。

一、二审法院本应以其实际花费作为判案依据，并依此审查法医结论的准确性，但一、二审法院对此都没有加以考虑。

(3) 一、二审法院判决医院一次性支付今后的治疗费、护理费也有失公平。当时该双胞胎只有2岁，分别按70岁、73岁平均寿命计算，还有近70年时间。首先，一次性支付所产生的利息对原告来说属于不当得利。再者，在这70年中可能会发生很多难以预料的事件，如果原告未能活到70岁或73岁，被告所支付的剩余年度的费用，对原告家长来说也属于不当得利。最后，一次性支付容易引发道德风险，对被监护人不利。

因此，这部分费用应当按年支付，或建立基金，按照每年实际发生的与本案有关的治疗、护理费用，实报实销或按比例数额支付。唯有如此，方能体现公平、公正。

四、医院应当注意的问题

1. 医院应加强责任心，按医疗护理规定的时间巡视和查房，及时发现问题，及时处理，避免发生意外。

2. 医院的医疗事故鉴定结论未讲明温箱断电、医护人员观察护理不足与患者发生脑瘫之间的因果关系，使法官产生误解，认为医院已经承认有过错，当然应当承担责任。

3. 医院与患者签订的协议书中语言表达不准确，“医院愿意承担两小孩因此次疾病造成的后遗症的诊费”中“此次疾病”是什么疾病？是脑瘫还是新生儿肺炎？这就使法官产生了误解，认为医院已经同意赔偿，确认协议有效。

4. 根据当时施行的《医疗事故处理办法》第十一条的规定，医患双方均可提起医疗事故技术鉴定。医疗纠纷发生后，医院一方可以在诉讼前主动申请医疗事故鉴定，而不是等待患者起诉或申请医疗事故鉴定。

5. 在法院审理期间，医院可以请国内权威专家就小孩病因的产生和今后的治疗项目、治疗护理费用等出具咨询意见书，将其作为证据提交给法院。针对法医学鉴定书，医院应提出质证意见，尤其是可以用医院的诊断治疗证明及患者实际花费的费用，对一审法院判决的费用数额提出异议。二审法院就是以医院在一审中未对赔偿数额计算方法提出异议而采信一审的计算方法的。很多医院常常认为，不是医疗事故就不应承担责任，因而对费用不予质证，这是非常大的一个误区。在法院审理期间，医院作为当事人一方认为自己不应承担责任，不等于法院已经认可医院不承担责任。医院不对费用进行质证，就是放弃自己对费用的异议，法院就可以认可原告提出的费用主张，或依司法鉴定认定的费用计算赔偿数额。因此，不管医院是否应当承担责任，都应对患者不合理的索赔主张提出质证意见，并表明即使计算方法合理，但由于不是医院的责任，医院不应承担赔偿责任。

五、患者应当注意的问题

1．正确理解患者的不良后果。一旦在医院治疗后出现不良后果，患者往往认定医院存在过错，这是一个非常大的误区。患者发生不良后果的原因有很多，如自身疾病异常、自身体质特殊、现代医学水平的限制、正常并发症、疾病的自然转归等，医务护理人员的过错并不是唯一产生不良后果的原因。医院的医疗行为强调的是服务过程而不是结果，医生不能保证百分之百地治愈所有疾病，不能按照结果判断医院是否存在过错。因此，判断医院是否有过错，过错与患者的不良后果之间是否存在因果关系，应当由医学权威专家们作出分析意见。

2．我国的司法救济是以发生的实际损失为准，而不是以推理、想象的损失为准，而且赔偿应体现合法、合理、公平、公正，未出现的损失不能要求赔偿。

老年痴呆症患者跳楼身亡赔偿案

一、案情简介

2003 年 10 月 27 日下午 4 时，患者包某被家人发现摔倒在地，当时晕厥。2 小时后被送到某医院急诊科，当时患者神志渐渐清醒，头颅 CT 检查未见明显异常，对症处理并收急诊留观。10 月 28 日上午，患者神志模糊，病情加重，为进一步诊治收入医院神经科治疗。诊断为：安定过量后续反应、右基底节腔梗、两肺感染、老年性痴呆。28 日下午医院将其转往 ICU 治疗。10 月 30 日上午，应其家属要求，医院将患者从 ICU 转往神经科继续对其采用对症治疗，患者病情恢复良好。10 月 31 日以后医院根据患者的实际情况将护理等级调整为Ⅱ级，但要求陪护的医嘱一直执行。

2003 年 11 月 10 日晚 23 时，患者诉睡眠差，经药物治疗并接受暗示疗法后，24 时查房时患者已安然入睡。11 月 11 日晨 4 时 30 分左右，患者起床后在陪护人员的陪同下在病房外的走廊上散步。5 时左右，当散步到走廊拐角的窗前（护士站无法看到）时，患者让陪护人员回病房拿面巾纸。当护工返回时，发现患者已经从五楼窗户跳下。发现病人跳楼后，护士立即向值班医生汇报。医生赶到楼下时看到病人俯卧在病房北面草坪和台阶连接的地方，经检查发现病人呼吸心跳已经停止，当场死亡。

二、双方的诉讼理由及法院判决

患者的家属向法院诉称：其父包某于 2003 年 10 月 28 日入住被告医院。11 月 11 日凌晨 5 时许，包某从五楼病房坠落至一楼地面死亡。由于被告未尽安全保障义务，导致包某坠楼死亡，被告应负民事赔偿责任。要求被告赔偿原告精神损害抚慰金 18,000 元、死亡赔偿费 144,980 元、丧葬费 10,426.5 元，合计人民币173,406.5元。

被告辩称：三原告之父包某于2003年10月27日下午被送到答辩人医院，经完善诊断为“安定过量后续反应、右基底节腔梗、两肺感染、老年性痴呆”。因包某恢复良好，10月31日被告将其护理等级调整为Ⅱ级。11月11日晨4时30分左右患者在陪护人员的陪同下在病房外的走廊上散步，情绪正常。患者让陪护人员回病房拿面巾纸，自己从五楼窗户跳楼死亡。被告对患者的诊治过程符合医学常识和诊疗常规，患者包某自杀身亡，后果应由行为人自负。原告所诉被告“未尽安全保障义务”，应由原告承担举证不能的后果，请法院驳回原告的诉讼请求。

一审法院经过审理，判决如下：本院认为，被告既然诊断包某患有老年性痴呆，应按照老年性痴呆（精神病人）来治疗护理，其设施应防止病人发生意外，其病区窗户应有防护措施，但其现有设施不符合保障精神病人安全的要求，且包某从ICU转回内一科后，被告没有告知其家属需要陪护及相关注意事项。因此，对于患者包某坠楼死亡，被告医院存在一定的过错，应酌情予以赔偿，由被告医院承担30%为宜。死亡赔偿金按照本省2003年年度城镇居民人均可支配收入标准计算11年，丧葬费按本省2003年职工月平均工资计算6个月，精神损害抚慰金按当地平均生活水平及损害后果等因素确定。根据《中华人民共和国民法通则》第一百零六条第二款，《最高人民法院关于审理人身损害赔偿案件适用法律若干问题的解释》第十八条、第二十七条、第二十九条，《最高人民法院关于确定民事侵权精神损害赔偿责任若干问题的解释》第一条、第十条、第十一条的规定，判决如下：

被告医院赔偿原告精神抚慰金18,000元、死亡赔偿金144,980元、丧葬费10,426.5元（合计173,406元）的30%，计52,020元。

一审判决宣判后，双方均不服，向二审法院提起上诉。原告上诉称：由于医院未尽安全保障之责，导致受害人坠楼死亡，医院应负全部民事赔偿责任。原审判决医院承担部分责任，显然减轻了医院的责任，属错判，请求二审法院依法改判。被告医院辩称，包某系自杀，医院方不负任何责任。医院上诉称：一审法院否定包某自杀身亡缺乏事实依据，认定包某系精神病人缺乏事实与科学依据。另外，原审适用有关人身损害赔偿的司法解释对案件进行判定属法律适用不当。请求二审撤销原判，改判医院不承担责任。原告辩称：包某患有老年性痴呆，应按照精神病人来护理，医院没有严格依照有关规定对病人进行护理，应承担全部责任。

二审法院认为，被告医院诊断包某患有老年性痴呆症留院治疗，应严格依照老年性痴呆症护理的有关规定进行护理，医院护士应经常不定时地巡视，始终置患者活动于护士的视线内。由于医院的忽视，患者包某坠楼死亡，原审判令医院承担30%的责任并无不妥，应予准许。双方上诉均无理由，本院不予采纳。据此，依照《中华人民共和国民事诉讼法》第一百五十三条第一款第一项之规定，判决如下：驳回上诉，维持原判。

三、律师点评

1．本章答辩中的重点。

（1）医院开出的护理等级符合诊疗护理规范，医院并没有过错。所谓老年性痴呆是指发生在老年期和老年前期的大脑皮质获得性高级功能的全面损害，如不同程度的记忆力、思维能力、语言表达能力、性格、情感反应控制及社会交往力的障碍，但无意识障碍。一般分为三个阶段：早期患者主要表现为记忆力下降、情感障碍、判断力下降等情况，但并不影响日常生活能力；中期患者痴呆加重，远近记忆力均出现明显障碍，人格改变，生活需要他人部分帮助；当发展到疾病晚期，病情严重痴呆，出现比较严重的精神症状如乱打乱闹、毁损物品等状态时，可以由精神病院进行诊治，以约束其行为；对于病情相对较轻，存在一些精神症状的患者，由一般医院的神经内科治疗。因此，并非所有的老年痴呆患者均需要医院全程护理。本案中，包某有轻度的老年性痴呆症状表现，患者来院时精神恍惚，医生要求Ⅰ级护理，设陪护一人；后病情变化时转入ICU，医院全程护理；当其病情稳定转出ICU后，医生改为Ⅱ级护理。Ⅱ级护理的病人可以设陪护，也可以不设陪护，并没有强制性规定，医院的护理行为符合医学原则。医院开出的护理等级符合诊疗护理规范，医院并没有过错。

（2）患者的死亡是其自杀的结果，医院履行了合理的注意义务。根据患者高坠死亡后果分析，可能的致死原因有他杀、自杀、意外失足三种。公安机关的现场勘查结论排除了他杀的可能，死亡原因只有自杀和意外失足两种。被告医院的建筑是严格按照国家标准设计的，窗台离地面91.7厘米、窗台与扶行栏杆之间间距45公分宽，根本不可能发生意外失足的情形，患者系自杀身亡的结论无可置疑。只不过自杀的原因有患者主观自由意志选择和精神疾病引发两种可能，无论是由于哪种因素自杀，死因本身是确定的。从患者死亡前没有任何异常征兆、有意识地支开陪护人员这一点看，他对行为的性质和后果有着清醒的认识，自杀应当是其自己主观自由意志选择的结果。医院履行了其注意义务，不应当承担赔偿责任。

2. 两审判决中存在的问题。

两审法院均认为，包某系老年痴呆，其活动应始终处于护士的视线内。包某跳楼，医院存在疏忽，因此应当承担赔偿责任。两审法院均混淆了医院监护管理职责和监护人义务的概念。医院开出的护理等级符合诊疗护理规范，其病房设施也符合国家设计标准，医院不存在过错。因此，从侵权法的角度来讲，医院已经履行了其应负的注意义务，在不存在过错的前提下不应承担赔偿责任。

另外，从合同法的角度来看，被告医院作为一所综合性医疗诊疗服务机构，其主要的职责是对患者的一般性疾病进行诊断治疗，其他的附属义务如保障患者安全也是为了保证诊疗工作的顺利进行。医院根据患者病情的变化，对患者进行了不同等级的护理，已经依据诚实信用原则履行了安全注意义务。患者与医院建立了医患合同关系不等于医院需对患者的行为时时监控，综合医院不像戒毒所、精神病院等特定机构那样对就诊人员负有特殊的监管职责。包某在专人 24 小时陪同的情况下还能跳楼自杀，苛求医院做到事前防范显然超过了一所综合性医疗机构能力所及的范围，是不客观的。二级护理是指患者不能走出病区。该患者是在病区内跳楼，护士难以防范，因此医院不存在违约情形，也不应承担违约责任。法院的判决超出法律对医院要求的注意义务。再者：本案诉讼中，原被告双方均未申请，法院也未依职权委托进行医疗事故鉴定，也可能是造成法院判决医院承担责任的一个因素。医疗诊治护理工作是一门专业性强特殊的复杂的专业学科，没有临床护理工作的人很难准确的把握相关知识和规范。本案法院在无鉴定结论的情况下，以其自己对护理工作的理解，作出判决，确难保证判决的公正性。本案应当委托医学会，对医院的诊疗护理工作是否存在过错，作出鉴定结论，作为法院判定的依据。

四、医院应当注意的问题

1. 诊断过于草率。被告医院在患者入院时仅仅根据患者家属的介绍，没有进行专门的检查与诊疗，就作出了“老年性痴呆”的诊断。在这一点上，被告医院做得过于草率。对于该患者是老年性痴呆症早期、中期还是晚期，医院均没有作出说明和记录，以致在诉讼中处于比较被动的位置。

2. 对于专业性问题应当重点向法院陈述。对于什么是老年痴呆、老年痴呆有哪些表现、老年痴呆护理可以适用什么样的护理级别、每个护理级别具有哪些操作规范，医院应当重点向法院陈述。医疗是一项复杂的活动，法院对其复杂性未必了解得比较清楚。因此，对于专业问题，医院应当多注意证据的收集，向法院重点陈述，以取得法院的理解和支持。

五、患者应当注意的问题

医院对患者并不负有监护人义务。医院对患者负有在合理范围内的注意义务，而不是监护人义务。如果二级以上护理患者走出病区，在其他地方死亡，医院未尽及时查找和不应让其离开病区的职责或对需要陪护的病人医院未尽陪护职责而导致人身损害后果，医院就存在过错，需要承担责任。就本例而言，患者有24小时专人陪护，又未离开病区，自杀是其意志的选择，医院并不因此而必然承担责任。所以，如果患者存在着某些精神问题，家属应当及时向医院说明，要求其提高护理级别，并向陪护做出说明。在必要的情况下，应当送往专科医院进行诊疗，这样会使患者的诊疗和安全更有保障。

患者在病房卫生间摔倒骨折索赔案

一、案情简介

患者王某2004年11月26日因脑梗入住甲医院神经内科。2004年11月27日晚10时左右，王某在医院病房内卫生间如厕时，摔倒在地，经诊断其为“左股骨粗隆间骨折”。医院进行术前检查，认为王某骨质疏松严重，不适宜进行手术，因此决定采用保守方法治疗，让骨折处自然愈合。之后，王某自行转院，到其他医院进行手术治疗，至今左半身瘫痪。王某起诉甲医院，要求医院赔偿医药费、伤残费等。

二、双方的诉讼理由及法院判决

原告诉称：原告到医院就医，享有法律赋予的各项权利，医院应当保证其服务符合保障人身安全的要求，并应依法承担安全保障义务。但医院疏于管理，对卫生间扶手没有及时修复和更换，造成其摔伤，因此医院存在过错，应当承担赔偿责任。

被告辩称：原告以人身损害为由提起诉讼，要求医院承担责任的依据不足。第一，原告因患脑梗入院，在病房卫生间摔倒。虽有卫生间扶手断掉的事实，但原告尚未证明到底是其摔倒后拉扶手站起时扶手断掉，还是由于其拉扶手，扶手断掉导致摔倒，因此原告应当证明扶手断掉与其摔倒之间具有因果关系。第二，医院与某服务有限公司签订了服务合同，合同中约定医院里面设施的维修、检查由该公司负责。如果医院卫生间设施出现问题，应当由该公司承担责任，该公司才是本案的适格被告。可见，医院不是本案的适格被告，原告不应要求医院承担民事责任。

本案经过法院调解，双方自愿达成如下协议：

（1）甲医院在某年某月某日前赔偿原告医疗费、护理费、伙食补助费、交通费、营养费、精神损害抚慰金、伤残赔偿金、后续治疗费、残疾用具费、查阅、复印涉案病历支出等共计80,000元，逾期则按《中华人民共和国民事诉讼法》第二百三十二条的规定处理。双方对此事不再追究。

（2）本案案件受理费2,910元，原告王某承担1,455元，被告甲医院负担1,455元。

三、律师点评

1. 关于案件的性质。

医患纠纷是指患者在医疗机构的诊疗活动中与医疗机构及医务人员发生的医疗纠纷和其他民事权益争议的总称，即包括医疗纠纷和非医疗纠纷。医疗纠纷特指患方在就诊过程中因对医疗机构的诊疗护理行为持有异议而引发的纠纷，包括因诊疗引起的纠纷和因护理引起的纠纷。该案发生在医院病房这一特定场所中，有人可能会认为本案是因护理不当所引起的医疗侵权行为，将纠纷与医院的护理工作联系起来。但通过分析可知，本案是因医院对设施管理不当而致患者损害引发的，而不是由于护士操作和履行护理工作不当而直接引发的。本案虽然发生在医院这个特定场所，但对患者病房这一居住设施的维护应与一般的宾馆场所相同，并无特殊之处。该案基于医院后勤管理中的工作失误而发生，符合我国《民法通则》以及最高人民法院关于人身损害赔偿的司法解释的规定，属于在医院中发生的医患之间的一般民事侵权案件的范畴。

2. 关于法律适用问题。

（1）实体法适用问题。

第一，关于医院的安全保障义务。《最高人民法院关于审理人身损害赔偿案件适用法律若干问题的解释》第六条规定，从事住宿、餐饮、娱乐等经营活动或者其他社会活动的自然人、法人、其他组织，未尽合理限度范围内的安全保障义务致使他人遭受人身损害，赔偿权利人请求其承担相应赔偿责任的，人民法院应予支持。该条规定确定了从事经营活动或者其他社会活动的自然人人和组织的安全保障义务，其违反安全保障义务的，应当承担损害赔偿责任。该司法解释采用的是概括式和列举式的方式，因此承担安全保障义务的主体不仅限于住宿、餐饮、娱乐等主体，还应包括其他主体。这些主体的特征是：如果物体（包括经营场所）可能给他人带来危险，支配和掌控的人（包括自然人和法人）应在合理的范围内避免危险的发生。因此，医院应当在医院院区内承担安全保障义务，对其医院院区内所使用的建筑物、配套服务设施、设备应当保证安全可靠，有国家强制标准的应当符合强制标准的要求，没有国家强制标准的应当符合行业标准或者达到进行此等服务所需要的安全标准，需要国家相关行政部门验收合格方可使用的，应当在验收合格后投入使用。医院还要对相关设施进行经常、勤勉的维护，使其在使用过程中一直符合安全标准。

第二，关于责任承担主体问题。医院辩称，医院与某服务有限公司签订了服务合同，合同中约定医院里面设施的维修、检查由该公司负责，该公司才是本案的适格被告，原告不应要求医院承担民事责任。医院主张的以上理由不能成立。依据法律规定，在本案中负有安全保障义务的主体是医院，患者因医院设施不符合安全要求而导致人身损害，医院为侵权人，不能通过与他人签订合同的方式转移保障安全的法定义务。当然，医院在承担赔偿责任后，可以依据其与某公司签订的合同向该公司追偿。

（2）程序法适用问题。

本案既然是医患之间发生的一般民事侵权案件，就不应当适用专门调整医疗诊疗技术行为的《医疗事故处理条例》以及《最高人民法院关于民事诉讼证据的若干规定》中有关医疗纠纷举证责任倒置的规定。对于此类侵权行为，应当按照《民事诉讼法》以及《民法通则》的一般规定，适用一般过错责任原则进行判定。因此，原告应当就损害事实与医院的过错行为有因果关系这一问题进行举证。

依据《最高人民法院关于民事诉讼证据的若干规定》，建筑物或者其他设施以及建筑物上的搁置物、悬挂物发生倒塌、脱落、坠落致人损害的侵权诉讼，由所有人或者管理人对其无过错承担举证责任。因此，院方也要对其没有过错进行举证，即医院应当就医院的设施是完好的、不会对患者造成危险进行举证，证明医院已经定期对各项设施进行了检查和维修，尽到了合理范围内的安全保障义务和注意义务，医院不存在过错。

本案的特殊之处在于，除原告陈述外，无其他证据证明原告损害后果与医院卫生间扶手断掉之间必然有因果关系，被告也难以举证证明自己对原告的损害后果无任何过错，因此法院对医患双方进行了调解。就法院最终以 8 万元调解解决本案来看，法院在判决时考虑到了医院在案件中应当承担的责任比例，医院既没有承担全责，也没有不承担责任。法院推定医院存在一定的过错，没有尽到合理范围内的注意义务，因此裁定医院承担一定的赔偿责任。

四、医院应当注意的问题

1. 加强对设施的维修和检查，注意保障安全。在医院院区内，无论是一般设施还是特殊设施，医院都要确保其性能符合安全标准，否则致人损害的，医院应承担相应的赔偿责任。因此，医院应当加强对设施的维修和检查，防止该类事件的产生。医院不能因为与其他单位签订了维修和检查合同，就放松这方面的管理工作，而应当及时督促维修和检查，注意保障安全。

2. 了解医院在保障安全方面的其他职责。除了要保障其所使用的建筑物、配套服务设施、设备安全可靠外，医院在安全保障方面还负有下列义务：（1）危险预防义务。医院向患者提供的食品、餐具应当符合有关的标准，对卫生洁具要进行消毒，防止传染病感染等。（2）对不安全因素的明确警示或说明、劝告、协助、保护义务。医院应当对各种可能出现的伤害和意外情况等危险因素作出明确的警示或对患者进行必要的说明；对于患者的不安全行为，应当进行劝告制止，必要时通知安全部门采取相应的措施。(3) 危险源的消除义务。在危险源表现为第三人侵害时，制止第三人侵害构成安全保障义务的一部分。(4) 救助义务。对于已经发生或正在发生的危险，医院应当进行积极的救助，以避免损害的发生或尽量减少损失。因此，医院应当对职工加强安全保障方面的培训，以便更好地履行安全保障义务，防止发生意外事故。

3. 注意收集无过错证据。对于建筑物或者其他设施以及建筑物上的搁置物、悬挂物发生倒塌、脱落、坠落致人损害的，我国法律采用的是过错推定的归责原则。因此，所有人或者管理人只有在对其无过错能够举证证明的情况下，才能够免责，否则将推定其存在过错。

五、患者应当注意的问题

1. 了解医院应履行的安全保障义务。患者进入医院院区，因医院设施不符合安全标准而遭受人身损害，或者医院在其他方面没有尽到安全保障职责的，患者可以依法要求医院进行赔偿。

2. 注意证据的收集。按照我国法律在举证责任方面的分配原则，患者对损害事实以及损害事实与侵权行为之间的因果关系负有举证责任。因此，患者要注意收集这方面的证据，以避免举证不能所带来的不利后果。

七、疾病特殊或混合因素相关案例

手术效果不佳医疗损害赔偿案

一、案情简介

某患者腰痛，经乙医院诊断为腰 4/5 椎间盘膨出，腰 5 骶 1 突出。后到甲医院住院，经牵引治疗有所好转，但仍感腰痛腿麻。在甲医院作核磁共振检查后，被诊断为腰椎间盘突出症伴腰骶椎管狭窄，即在甲医院行腰骶椎板切开减压及腰椎间盘摘除术。术后患者以手术效果不好、甲医院诊疗行为存在严重过错为由向法院提起诉讼，要求甲医院赔偿损失。

二、双方的诉讼理由及法院判决

原告起诉称：我因腰痛经乙医院 CT 诊断为腰 4/5 椎间盘膨出，腰 5 骶 1 突出。经甲医院牵引治疗有所好转，但仍感腰痛腿麻。被告医生认为只有通过手术治疗才能彻底治愈，于是我同意接受腰椎间盘摘除手术。但手术后，腰痛腿麻没有得到缓解，还和手术前一样。后我又到被告医院作检查，CT 显示结果与术前无异，仍然是 C4/5、L5/s1 椎间盘突出，硬膜束受压。我到甲医院反映情况，该院一教授说，CT 黑影可能是因为椎间盘没有拿干净，也可能是明胶海绵留置切口，还可能是椎间盘再次突出。对此，我以书面形式向被告提出质疑：我在医院作的不是简单的吸盘术，而是全椎盘摘切开 + 髓核摘除术，为何会在短期内再次突出？术前医生不是说，做过的地方绝对不会再突出吗？被告给我的结论为："术前诊断及术中检查均未见腰 5 骶 1 椎间盘突出，由此，术中未行腰 5 骶 1 椎间盘摘除术，现腰 5 骶 1 椎间盘突出为新发现的突出。"显然，被告是在逃避责任。被告在我入院诊断记录及手术记录上明确写着腰椎间盘突出症（L_4-L_5）以及腰椎椎管狭窄，怎能说术前未见腰5骶1椎间盘突出呢？事实上，被告在手术中未按手术要求将突出的椎间盘摘除，根本没有达到约定的手术目的，并且造成我身体内部有形组织和生理机能受到破坏。经卫生局医疗事故技术鉴定委员会鉴定，本例虽然不属于医疗事故，但医院对本人实施的手术存在不足，连手术前后的必要检查都没有进行。以上事实证明，被告在整个手术过程中确实存有严重的过错，致使原告术前诊断的症状在术后仍然存在，而且更加严重，给原告造成不应有的经济损失和精神及身体上的痛苦，被告应承担民事赔偿责任。请求法院判决被告赔偿原告在被告医院住院费18,519.60元、在其他医院继续治疗费用19,150.60元、精神损害费5,000元、误工损失14,300元、CT检查费500元、医疗事故鉴定费1,800元、住院伙食费1,200元和护理人员交通费160元，并承担本案诉讼费。

被告辩称：原告主诉反复腰痛伴双小腿麻木3年，加重5个月，经检查诊断为腰椎间盘突出症伴腰骶椎管狭窄。我院对其行腰骶椎板切开减压及腰椎间盘摘除术，出院时症状明显缓解。我院对原告的治疗护理活动完全依照医疗常规进行，没有任何医疗过错。原告在长达一年时间后才诉病情依旧甚至加重，要求我院赔偿，这是没有事实根据和法律依据的，请驳回原告的诉讼请求。

一审法院经过审理，作出如下判决：本院认为，医生在有利于患者痊愈和不违背医学常识的原则下，在一定的范围内有采用各种医疗方法的权利。被告将原告收入住院治疗，双方即形成以诊疗活动为主要内容的医疗合同关系，被告在诊察诊疗过程中，对原告负有不可推卸的注意义务。被告在对原告进行手术治疗前，根据原告在其他医院所作的CT提示和本院的MRI检查报告意见，对原告的病情已确诊为腰椎间盘突出症（腰4/5、腰5骶1）并椎管狭窄，在原告家属签署的手术同意书上，被告也清楚地列明手术名称是腰 4 ~ 骶 1 椎板切开减压及腰髓核摘除术，被告对原告所患病症应该是清楚的。根据手术记录，被告医生手术中检查手术部位后，对手术方案作出适当调整，行将腰 4/5 大块变性突出的髓核取出，双侧窝扩大使受压神经根管狭窄等，行双侧神经根管扩大使神经根松懈的手术，均应属医生行使其合理裁量权的行为。如果被告在手术中摘除原告不良髓核干净、扩大双侧神经根管属实，即被告所进行的手术是正确和过关的，那么原告在接受手术治疗后，其病症理应朝着康愈的方向发展。但原告在术后合理的期间内，其腰椎病症仍是 3/4 椎间盘轻度膨出，腰 4/5 椎间盘膨出；腰 5 骶 1 锥体后方宽带形软组织影，硬膜囊受压，双侧侧窝变窄；腰 5 骶 1 锥体后方宽带形软组织影可能是瘢痕组织或椎间盘再次突出等。原告的术后病症显示手术结果与被告医生的手术行为结果不一致，在没有证据显示原告的病症是术后并发症或系其自身的原因所致的情况下，可以认定原告现阶段的病症是由被告医生在施行手术过程中存在技术过失或差错造成的。被告在履行与原告的医疗合同的过程中存在瑕疵，虽不属医疗事故，但就原告术后的病症分析，应属医疗差错，被告对医疗差错应承担民事责任。被告关于没有过错而应免责的辩解理由不成立，本院不予采纳。被告因瑕疵履行医疗合同，应对原告发生的住院治疗费及手术中支付的输血费、原告住院期间的护理费、术后 CT 检查费、误工费等费用承担赔偿责任。其中，护理费按原告丈夫的月薪标准自原告手术之日起计至出院后 2 个月。被告没有造成病情的恶化，且原告的继续治疗费尚未明确，误工费按原告主张的 1,100 元/月计算，自原告住院之日计算。原告要求被告支付术后在其他医院的治疗费的诉讼请求，理由不成立，本院不予支持。原告要求被告支付住院期间的伙食费和护理人员的交通费，于法无据，本院不予支持。医疗事故鉴定费是鉴定部门依规定向申请人收取的费用，该费用理应由鉴定结论对其不利的一方承担，原告要被告承担该费用的诉讼请求，理由不成立，本院不予支持。被告在履行医疗合同的过程中虽有瑕疵，造成原告一定的精神损害，但未造成严重后果，原告要求被告支付精神损害抚慰金的诉讼请求，本院不予支持。

综上所述，依照《中华人民共和国民事诉讼法》第一百二十八条，《中华人民共和国民法通则》第一百零六条第一、二款，《最高人民法院关于确定民事侵权精神损害赔偿责任若干问题的解释》第八条第一款之规定，判决如下：

（1）被告医院赔偿原告住院手术期间的医疗费人民币15,500元。

（2）被告医院赔偿原告住院手术期间的护理费人民币2,065.96元（按2,173元/月计算，自2000年6月14日计至7月12日，节假日不扣除）。

（3）被告医院赔偿原告误工费人民币3,642.06元（按1,100元/月计算，自2000年6月2日计至9月12日，节假日不扣除）。

（4）被告医院赔偿原告手术后CT检查费500元。

（5）驳回原告其他诉讼请求。

收到一审判决后，医院不服，提起上诉，并提出下列意见：

第一，一审法院认定上诉人有医疗差错没有依据。确定医疗技术行为是否有过错，必须由专门的技术鉴定委员会作出结论。本案中，某市医疗事故技术鉴定委员会已作出鉴定结论，明确指出被上诉人术前的诊断为“腰4/5椎间盘突出，腰5骶1椎间盘膨出伴椎管狭窄”而不是腰4/5、腰5骶1椎间盘突出。膨出和突出是两个不同的疾病感念。一审法院仅以上诉人在其他医院的一个CT诊断报告和上诉人的术前诊断就认定被上诉人术前患有腰4/5、腰5骶1椎间盘突出，这是不正确的。术前疾病的诊断只能依据CT、MRI等影像和临床症状，而最后确定诊断必须要依据术中亲眼所见得出。由于医生水准不一样，对CT片的认识也有差异，只有经鉴定委员会多位专家确认，才能作出最终确定的诊断。一审法院是如何得出与鉴定委员会专家们不一样的诊断呢？其二，一审法院又依据什么认定上诉人的手术没有干净摘除被上诉人的不良髓核、没有进行扩大双侧神经根管呢？又依据什么认定上诉人存在医疗差错呢？某市医疗事故技术鉴定委员会的结论已明确说明了上诉人不存在医疗技术行为的过错。《医疗事故处理办法》对医疗事故的定义是医务人员由于诊疗护理过失，直接造成病人死亡、残疾、组织器官损伤导致功能障碍的。该例不被鉴定委员会认定为医疗事故，说明被上诉人的现存后果不是由于上诉人的过失所致，而是属于手术的后遗症。这是由现代医学技术发展水平和被上诉人自身的疾病所决定的，医生不能包治百病，这也是医疗的高风险所在。我国《民事诉讼法》第七十二条规定："人民法院对专门性问题认为需要鉴定的，应当交由法定鉴定部门鉴定。"因此，一审法官仅凭被上诉人术前在其他医院的 CT 诊断和上诉人术前的初步诊断就认定上诉人存有医疗差错是没有依据的，也是不正确的。

第二，被上诉人没有证据证明上诉人有过错。按照我国《民事诉讼法》第六十四条的规定，谁主张谁举证。最高人民法院 2001 年 12 月 21 日颁布的《关于民事诉讼证据的若干规定》第四条第一款第八项规定："因医疗行为引起的侵权诉讼，由医疗机构就医疗行为与损害结果之间不存在因果关系及不存在医疗过错承担举证责任。"这是关于举证责任倒置的规定。但是，该司法解释第八十三条规定："本规定自 2002 年 4 月 1 日起施行。2002 年 4 月 1 日尚未审结的一审、二审和再审民事案件不适用本规定。"因此，本案还是应当由被上诉人举证。被上诉人申请的医疗事故鉴定结论并没有认定上诉人存在医疗差错，只是说上诉人病历记录不全，有些必要的检查如腰部平片未拍等，但这些不足仅仅是管理部门在今后应当注意的，与被上诉人现存症状无直接因果关系。被上诉人没有拿出法定鉴定机构的证明作为上诉人存在医疗差错的证据，因此上诉人不存在医疗差错。

第三，一审判决适用法律不当。被上诉人提起的诉讼事由是人身损害赔偿，而一审法官混淆了侵权之诉和违约之诉的概念。我国法律规定当侵权之诉和违约之诉发生竞合时，当事人只能选择一种诉由。最高人民法院规定医疗行为纠纷案由有两个：一是人身权纠纷，为医疗事故损害赔偿纠纷，二是服务合同纠纷，为医疗服务合同纠纷。这两个案由适用的法律不同，处理的后果也是不同的。本案一审判决认定上诉人履行医疗合同有瑕疵，将其作为医疗服务合同纠纷，随后又认定属医疗差错，上诉人对被上诉人造成了一定的精神损害，应承担民事责任。一审判决既选择了侵权责任，又选择了违约责任，歪曲了法理，误用了法律，造成判决结果不公正。另外，判赔金额也极不合理。比如，上诉人仅交住院费 7,912.64 元，为何判赔 15,500.00 元？因此，上诉人请求：（1）撤销原判，改判上诉人不承担赔偿责任。（2）诉讼费由被上诉人承担。

二审法院经过审理，作出如下判决：认定是否属于医疗事故或医疗差错应由负责医疗事故技术鉴定的专门医疗事故技术鉴定委员会作出结论。本案中，被上诉人因腰痛到上诉人医院就诊，后在上诉人处行腰 4 骶 1 椎板切开 + 髓核摘除术。该手术经深圳市医疗事故技术鉴定委员会鉴定，认为该案不属于医疗事故，而被上诉人没有证据证明上诉人在手术过程中存在过错，因此该鉴定结论应作为认定本案事实的依据。上诉人主张对被上诉人无须承担任何民事赔偿责任，上诉人的上诉理由成立，本院予以支持。一审认定事实不清，适用法律错误，处理不当，应予纠正。根据《中华人民共和国民法通则》第一百零六条第二款，《中华人民共和国民事诉讼法》第一百五十三条第一款第三项之规定，判决如下：

（1）维持一审人民法院判决第五项。

（2）撤销一审人民法院民事判决第一、二、三、四项。

（3）驳回被上诉人的诉讼请求。

（4）二审受理费共计 4,656 元，由被上诉人负担。

三、律师点评

1. 本案一审法院采用“如果手术正确，病人术后效果一定好，现在病人术后效果不好，就是医院存在失误”的三段论推理，推出医院有过错。显然，一审法官犯了大前提不周延的错误。产生手术效果不好的原因有以下几种情况：

（1）病人体质特殊产生不良后果；

（2）正常手术出现的后遗症、并发症，医务人员难以预料和防范；

（3）病人自身疾病异常引起的发生发展；

（4）医生操作不当引起不良后果。

按照我国《医疗事故处理条例》第三十三条的规定，前三种情况属于医务人员免责的范畴。在第四种情况下，医务人员存在过错，应承担相应的责任。因此，从术后效果不好不能得出医生有过错的结论，依据错误的逻辑必然得出错误的结论，故一审法院判决医院承担责任是不正确的。

2. 医学是专业性很强的学科。根据《中华人民共和国执业医师法》第九条规定，一般医生需要读 4 年本科，经过一年实习方能获得考取医师的资格。要成为一名有经验的医生，需要十几年以上的工作经历。我国《民事诉讼法》第七十二条规定：“人民法院对专门性问题认为需要鉴定的，应当交由法定鉴定部门鉴定。”本案中，医疗事故技术鉴定委员会已经作出“不是医疗事故，属于手术后遗症”的结论，原告方也没有其他证据证明被告有过错，一审法院在这种情况下自行认定医院有医疗差错是没有事实和法律依据的。

3. 一审法院混淆了人身伤害侵权和合同违约之诉的概念。

我国最高人民法院规定的涉及医疗纠纷的案由有两种：一是侵害人身权纠纷中的医疗事故损害赔偿纠纷，二是服务合同纠纷中的医疗服务合同纠纷。这两个案由适用的法律不同，处理的后果也不同。前者适用侵权民事责任，后者适用合同违约民事责任。根据我国《合同法》第一百二十二条的规定，当二者发生竞合时由当事人选择其一进行诉讼。而一审法院在判决中，既认定医院履行医疗合同有瑕疵，构成违约，又认定属医疗差错，构成民事侵权，造成审判中适用法律的混乱。

4．一审法院在认定事实有误进而判决的情况下，判决赔偿金额不合理。

原告医疗费已经通过医保报销 80%，自己仅支付 20%，而一审法院却判决医院赔偿 100% 给原告。按照我国法律的赔偿原则，以当事人发生实际损失为依据进行赔偿，没有损失不赔偿，即损失填平原则。一审法院的这种判决显然有违我国司法审理的原则，是不正确的。

二审法院纠正了一审法院的错误判决，维护了我国法律的尊严，体现了公正、公平。

四、医院应当注意的问题

1．病历属于证据，医院必须注重病历记录的规范。根据卫生部《病历书写基本规范》（试行）的规定，病历书写应当真实、客观、全面、完整。但是，本案中医院提交的病历记录前后不一致，病历记载不全，患者出院时检查记录不全面，没有客观指标的记录，患者门诊复诊病历中没有患者主诉的记录，从而使法官作出了认定错误。

2．医院在术中调整术式的，应及时向患者家属告知，并应及时进行病历记录，由家属签字。本案中，医院未注意履行告知义务。

3．必要的检查不得缺少。由于 CT 扫描的伪影较多，应采用 X 平片进行鉴别诊断。医院未给患者进行腰部 X 平片的照射，存在检查不足的问题，应当从中吸取教训。

五、患者应当注意的问题

1．对医院违约或者侵权要有正确的认识。医院存在违约或者侵权情形是患者维权的前提条件。患者应当充分认识并准确判断医院的行为是否为违约行为或者侵权行为，不能仅凭手术效果不佳就判断医院存在过错。否则，一旦维权不成，还要支付金钱、时间和精力等大量的成本。

2．对医学的复杂性、手术的效果和风险以及现代医学水平的局限要有正确的认识。到目前为止，医学上尚有许多疾病不能治愈。有些疾病在治疗过程中还可能出现新的发展，导致病情恶化。而且，由于每个人的体质存在差异，同样的方法在不同的人身上效果不一样，体质的特殊往往是医生难以预料和防范的，因此在医疗服务过程中的治疗结果往往是难以确定的。总而言之，造成疾病治疗不愈、手术效果不佳的原因很复杂，并非在所有的情况下医院都存在过错或者构成医疗事故，患者应当走出认识的误区。

患者肾衰竭医疗损害赔偿案

一、案情简介

2001 年 7 月，原告患者包某以“右下腹腔内包块半年”为主诉入被告某医院求医。患者在来被告处就诊之前，曾到私人诊所行 B 超检查（该私人诊所的负责人是马某），右下腹肿块被诊断为“畸胎瘤”。

8 月 2 日，在完成术前谈话后，某医院为包某行“剖腹探查术”。术中大夫摸及肿瘤位于右下腹盆腔，前面有肠管和肠系膜覆盖，并固定于肠系膜下，向左推开肠管，钝性分离瘤体表面与肠系膜粘连，见肿瘤表面欠光滑，形状不规则，约 10cm × 8cm，用手指难以分离其周围组织，用血管钳细心分离，发现瘤体下方有一条管状组织，约 0.3cm，认为可能是导尿管经过瘤体，加以保护。继续分离上方粘连带时，断离其内一细小血管，此时瘤体略松动，考虑为畸胎瘤、平滑肌瘤、异位肾，难以判断。准备切除时，让患者父亲观看，说明并发症，家属同意手术。继续探查，发现肿瘤后方又有一条管，且两管状组织与膀胱相连，双肾区肾缺如，考虑可能为孤立异位畸形肾，此时肾表面血运良好。为保证足够的肾血运和明确诊断，被告将异位肾上方细小血管（管径约 0.2cm）吻合，吻合后血运通畅。查无活动性出血，畸形肾复位，依次缝合关腹。术后诊断右髂窝部孤立异位肾。向家属交待有发生肾功能衰竭的可能，严密观查治疗。术后引出尿液 420ml，患者出现急性肾衰前兆，在尚未进一步治疗之际，在没有医疗护送的情况下家属自动出院。后来医院得知家属将被上诉人转送兰州某医院。2001 年 8 月 3 日，患者入住该院，被诊断为：（1）孤立肾（盆腔、融合）；（2）孤立肾（盆腔、融合）术后；（3）急性肾功能衰竭；（4）盆腔融合孤立肾无功能。

2001 年 9 月 6 日，患者入住上海某军医大学附属医院，被诊断为：（1）急性肾功能衰竭、急性缺血性肾小管坏死；（2）孤立融合肾术后。2001 年 9 月 22 日，行肾移植术。术后患者状态尚可，肾功能正常。

二、双方的诉讼理由及法院判决

原告包某要求被告赔偿以下损失：医疗费 8,177.681 元、残疾生活补助费 158,967.30 元、住院伙食补助费 1,650 元、陪护费 9,471 元、交通费 14,272 元、住宿费 37,940 元、精神损害抚慰金 15,896.73 元、省医学会鉴定费 3,000 元，并承担本案的全部诉讼费用。

本例经市医学会鉴定，结论如下："由于该病例的罕见性、特殊性，加之主治医生术前检查不够细致全面，在剖腹探查中对主要脏器未进行仔细探查，术中对病情的认识不够及时，从而导致了难以避免的肾功能衰竭。依据《医疗事故处理条例》第三十三条第二、三、六项之规定，该病例属罕见特殊病例诊治困难造成的严重并发症，不构成医疗事故。"

省医学会经过鉴定，认为："本例构成医疗事故。根据《医疗事故处理条例》第二条、第四条，《医疗事故分级标准（试行）》、《医疗事故技术鉴定暂行办法》第三十六条之规定，本病例属于二级甲等医疗事故，医方承担主要责任。"

被告辩称：（1）本案应以市医学会的鉴定结论为依据进行审理，因为患者包某在兰州某医院的主治大夫参与了省医学会的鉴定，违背了程序正义的原则；（2）省医学会将异位孤立融合肾与孤立肾混为一谈，对患者自身属罕见病例、体质特殊的情况未进行细致地分析；（3）省医学会的鉴定结论仅对我院未进行 B 超检查给予了评定，但未对患者在院外进行 B 超误诊、误导所应负的责任给予评定。

一审法院经审理后认为："被告的医疗事故对原告造成了人身损害，依法应承担民事赔偿责任。原告的起诉理由正当，请求基本成立。被告主张省医学会鉴定程序违法，结论错误，要求委托中华医学会或他省医学会重新鉴定或以市医学会的鉴定结论作为定案依据，因被告的理由无证据支持，反复鉴定于法无据，故对其请求予以驳回，省医学会的鉴定合法有效，应作为本案定案的依据。被告要求追加私人诊所负责人马某为共同被告，因马某与本案无关，不符合追加的条件，不予追加。被告主张各项费用的计算应以本市标准为依据，无法律根据，而原告主张以甘肃省的标准为依据，有法可依，原告的主张能够成立。被告主张原告复查可在兰州就近进行，不一定要到上海，交通费应以到兰州的标准计算，拒绝负担到上海多支出的交通费，因被告未提供复查可以在兰州进行的证据和应当在兰州发生的数额及凭据，而原告在上海的复查已成事实，费用确已实际发生，应予认定。被告主张原告私自转院、错过了抢救肾衰的最佳时机和被告向原告已先行支付 18 万元属实。根据医疗事故等级、被告的责任程度、损害后果与原告的特殊体质、罕见病例之间的关系以及原告私自转院、贻误抢救所应负的责任，在法定的赔偿项目和标准内，对原告已实际发生的各项费用，按由被告承担七成作出赔偿较为适宜，合理合法，原告主张全额赔偿理由不足，于法无据。原告主张的继续治疗费即服用抗排斥药物费、定期复查费、再次换肾费，鉴于尚未实际发生，提前判决赔偿既无事实根据，也不符合最高人民法院《关于贯彻执行＜民法通则＞若干问题的意见》第一百四十四条的规定，待费用实际发生后可另行起诉，但为保障原告的继续治疗不受影响，可由被告部分先行给付。为了保护双方当事人的合法权益，维护正常的医患关系，保障社会的稳定，经审判委员会讨论，依照《中华人民共和国民法通则》第一百一十九条，最高人民法院《关于贯彻执行＜民法通则＞若干问题的意见》第一百四十四条，国务院《医疗事故处理条例》第五十条第一、三、四、五、九、十、十一项、第三十四条，最高人民法院《关于审理人身损害赔偿案件适用法律若干问题的解释》第一十七条、第二十一条、第二十二条、第二十三条、第二十五条、第三十五条和《中华人民共和国民事诉讼法》第九十七条第一项，判决如下：（1）被告赔偿原告已发生的医疗费363,149.36元、残疾生活补助费111,277.11元、住院伙食补助费1,183元、陪护费6,709.50元、交通费11,300.10元、住宿费15,280.30元、精神损害抚慰金11,127.71元、鉴定费2,310元，合计522,337.08元，其中扣除已先行给付的18万元，实际给付342,337.08元，由被告于判决生效后1个月内支付给原告；（2）对原告继续治疗费即服用抗排斥药物费、定期复查费、再次换肾费，由被告先行给付20万元，费用实际发生后另行起诉。缓交的案件受理费60,286元，其中由被告承担42,200元，于判决生效后交纳，其余18,086元由原告承担，予以免收。”

三、律师点评

1. 本案的鉴定结论存在的问题。

本案经过市、省两级医学会鉴定，结论大相径庭：市级鉴定结论认定不构成医疗事故，省级鉴定结论认定构成医疗事故，属于二级甲等医疗事故，医方承担主要责任。

根据我国现行的法律法规，医疗事故技术鉴定分为首次鉴定和再次鉴定。对于这两次鉴定的效力，相关法律法规规定得并不明确具体。2002年9月1日起施行的卫生部《医疗事故技术鉴定暂行办法》第四十一条规定，县级以上地方人民政府卫生行政部门对发生医疗事故的医疗机构和医务人员进行行政处理时，应当以最后的医疗事故技术鉴定结论作为处理依据。而同日施行的国务院《医疗事故处理条例》虽同样规定医疗事故技术鉴定分为首次鉴定和再次鉴定，但对于这两次鉴定的效力并未作明确规定。该条例第四十二条规定，卫生行政部门经审核，对符合本条例规定作出的医疗事故技术鉴定结论，应当作为对发生医疗事故的医疗机构和医务人员作出行政处理以及进行医疗事故赔偿调解的依据。这意味着符合该条例规定所作出的医疗事故技术鉴定结论，均可以作为行政处理以及赔偿调解的依据，条例并没有厚此薄彼。

上述规定所针对的都只是卫生行政部门进行行政处理这一情形，而对于人民法院处理医疗纠纷时究竟应该采信哪一个鉴定结论，法律法规并无定论。我们认为，在这种情况下，人民法院不应先入为主地认定以再次鉴定为准而排斥首次鉴定。应该说，法院判决无论采信哪次鉴定作为定案依据都不违背现行法律法规。但是，在判决中，最终肯定哪一次鉴定、否定哪一次鉴定，都应明确说明理由。就本案而言，一审法院采信了省医学会的鉴定，认为该鉴定合法有效，但对于为什么不采信与省医学会鉴定结论完全相反的市医学会鉴定结论，判决并未作出明确说明，这必然会令利益受损的一方感到有失公正，有损判决的公信力。

此外，无论是《医疗事故技术鉴定暂行办法》还是《医疗事故处理条例》都规定了回避制度，即专家鉴定组成员有下列情形之一的，应当回避：（1）是医疗事故争议当事人或者当事人的近亲属的；（2）与医疗事故争议有利害关系的；（3）与医疗事故争议当事人有其他关系，可能影响公正鉴定的。省医学会在进行鉴定时，患者包某在兰州某医院的主治大夫参与了鉴定，而这有可能影响公正鉴定。在此种情况下得出的鉴定结论，医院并不信服。法院在审理时未充分考虑这一点，同样是不妥的。

2. 关于本案是否属于共同侵权的问题。

被告向法院申请追加被告的理由在于“马某在包某的诊疗过程中起了一定的作用，本纠纷属于必要的共同诉讼，因此追加被告是必需的”，对此一审法院未予支持。

所谓必要的共同诉讼，是指当事人一方或者双方为两人以上，且诉讼标的是共同的诉讼。必要共同诉讼人具有共同的权利或义务，因而是不可分之诉，人民法院必须合并审理或判决。就本案案情来看，本案属于必要的共同诉讼的前提在于马某与某医院对包某构成了共同侵权。所谓共同侵权，根据《最高人民法院关于审理人身损害赔偿案件适用法律若干问题的解释》第三条的规定，是指“二人以上共同故意或者共同过失致人损害，或者虽无共同故意、共同过失，但其侵害行为直接结合发生同一损害后果的”侵权行为。

根据《民法通则》及相关条文，民事领域内广义的共同侵权行为包括以下几类：（1）共同故意的侵权行为；（2）共同过失的侵权行为；（3）故意与过失相混合的侵权行为；（4）无意思联络的数人的行为直接结合的侵权行为；（5）教唆、帮助的共同侵权行为；（6）共同危险行为。

结合本案的案情来看，马某与某医院之间并不存在任何意思联络。因此，马某与某医院之间的客观情形排除了共同故意的侵权行为、故意与过失相混合的侵权行为、教唆、帮助的共同侵权行为以及共同危险行为等四种侵权类型。笔者所要分析的是，共同过失的侵权行为与无意思联络的数人的行为直接结合的侵权行为是否适用于马某、某医院与包某之间的法律关系。

所谓共同过失，是指各个行为人对结果的发生都已经预见或者应当预见而没有预见，或者虽然预见了却轻信这种结果可以避免。共同过失包括了两种情况：第一种情况是各行为人对其行为所造成的损害后果应当预见，但因为疏忽大意而导致了损害结果的发生；第二种情况是数人共同实施某种行为造成他人损害，虽不能确定行为人对损害后果的发生具有共同故意，但可根据案件的情况，认定行为人具有共同的过失。

就本案的客观情况进行分析，马某与某医院之间显然不存在共同的过失，即共同过失的第二种情形不符合本案的客观情况。在分析本案的情形是否属于共同过失的第一种情况时，无法回避这样一个问题，即马某错误的诊断结论与包某的损害结果之间是否具有因果关系。

应予注意的是，我们在分析某项行为与损害结果之间是否存在因果关系时，应当注意侵权构成要件中所要讨论的因果关系不是哲学上的因果关系，而是法律上的因果关系。所谓法律上的因果关系，是指某种行为和损害后果之间的关联性，它是各种法律责任中确定责任归属的基础。所谓哲学上的因果关系，是指事物或者现象之间引起和被引起的关系。哲学上的因果关系与法律上的因果关系主要的区别在于：第一，对真实性的要求不同。探究哲学上事物之间因果关系的终极目的在于了解事物的客观真相，而探究法律上因果关系的目的在于确定法律责任的承担。第二，对因果关系链条的确定与选择不同。哲学上的因果关系旨在寻求事物内在的本质的规律，因此需要全方位地考察事物之间的关系；而法律上的因果关系限于确定法律责任承担的目的，不可能全方位地考察事物之间的关系，而只能截取一个或者几个链条。

本案中，马某根据 B 超结果对包某所作出的错误诊断结论，无疑会影响某医院对包某的诊断。但包某的损害结果是在某医院实施手术后出现的，马某的错误诊断结论与包某的损害结果之间的因果关系太过遥远。从哲学上的因果关系的角度进行分析，其当然属于造成包某损害结果的原因之一，但此种因果关系，不属于法律上的因果关系。因此，马某的诊疗行为与包某的损害结果之间并不存在法律上的因果关系。

在排除了马某与某医院对包某构成共同过失侵权的可能性之后，我们再来对无意思联络的数人的行为直接结合的侵权行为是否适用于马某、某医院与包某之间的法律关系进行分析。

所谓“直接结合”是指在没有意思联络的前提下，数个行为结合程度非常紧密，对加害后果而言，各自的原因力和加害部分无法区分。由直接结合的概念可以看出，无意思联络的数人的行为直接结合的侵权行为的构成要件包括以下 4 项：（1）各行为人都有积极的加害行为。共同侵权行为被称为共同加害行为，因此就要求各行为人都有积极的加害行为。（2）各加害行为所造成的损害结果是不可分的。即不同的加害行为均是损害后果的原因力。（3）各行为人的行为和损害结果都有直接因果关系。（4）行为人之间没有意思联络。即行为人之间既不存在共同的故意，也不存在共同的过失。只有同时具备以上四个要件，方可成立无意思联络的数人的行为直接结合的侵权行为。

如前所述，马某的错误诊断行为与包某的损害结果之间不存在直接因果关系，仅此一点即可证明马某与某医院对于包某不构成无意思联络的数人的行为直接结合的侵权行为。

3．关于本案是否属于“多因一果”的问题。

《最高法院关于审理人身损害赔偿案件适用法律若干问题的解释》第三条规定，“二人以上共同故意或者共同过失致人损害，或者虽无共同故意、共同过失，但其侵害行为直接结合发生同一损害后果的，构成共同侵权，应当依照《民法通则》第一百三十条规定承担连带责任。二人以上没有共同故意或者共同过失，但其分别实施的数个行为间接结合发生同一损害后果的，应当根据过失大小或者原因力比例各自承担相应的赔偿责任。”

由司法解释的此条规定及侵权行为法的理论来看，对于无意思联络的数人侵权，因数人侵权行为方式的不同而引起定性上的不同——若为直接结合，则成立共同侵权，形成连带责任；若为间接结合，则成立“多因一果”，形成按份责任。应予注意的是，在司法实践之中，数人的行为间接结合造成某种损害后果的情形并不按照共同侵权来对待，而是按照多因一果的情形来处理。

所谓间接结合，是指行为人分别实施的数个行为因为行为人所不能预见和认知的客观的、外来的情况，偶然地结合在一起造成了损害结果。如此解释间接结合显得过于抽象，其实对于间接结合的概念可以运用这样一句话进行阐述——“有之不必然，无之必不然”。

对于“有之不必然，无之必不然”进行诠释的经典案例为：某施工队在路旁挖了一个深坑，但是未设立警示标志和必要的保护措施。一日正午，某人骑自行车正向行驶，突然一辆卡车以略低于正常行驶速度逆行迎面开来，此人为躲避卡车掉入路旁的深坑之内。此人所行驶的道路为自行车道，路旁虽挖有深坑，但是可供路人骑车行使的路面仍足够宽广。

根据我国《民法通则》及相关司法解释的规定，在道旁施工必须设立警示标志。施工队不予设立警示标志及相关保护措施的行为无疑是违法行为。卡车在自行车道内行驶已构成违章，在自行车道内逆行更是违法行为。一方面，施工队虽未设立警示标志及相关保护措施，但是路面仍足够宽广，可供骑车的人通过，即虽有未设警示标志及相关保护措施的违法行为存在，但此种违法行为并不必然导致骑自行车的人在正午时分掉入坑内。另一方面，如若道旁没有深坑或虽有深坑但已被设立警示标志及相关保护措施，虽有卡车在自行车道内逆行这一违法行为存在，此种违法行为也不必然导致此人落入深坑之内。以上这些即为“有之不必然”。与此相对应的则是“无之必不然”，即如没有未设立警示标志的深坑存在，即便是存在卡车在自行车道内逆行这一违法行为，此人也绝不会落入深坑之内；如没有卡车在自行车道内逆行这一违法行为，即便是存在未设立警示标志的深坑这一事实，此人不必躲避逆行的卡车，同样也不会落入深坑之内。

以上是我们对“间接结合”所作出的通俗解释，接下来我们分析马某与某医院的行为是否构成“间接结合”。在前文我们分析和介绍法律上的因果关系时，已提到马某的误诊行为与包某的损害后果之间因因果关系的链条过于遥远而不具有法律上的因果关系，马某误诊的行为在法律上并不具有可非难性。鉴于患者自身体质千差万别、疾病复杂多样等诸多原因，要求医生对于患者的病情都能一次性诊断正确是不符合科学规律的。因此，马某与某医院的行为与包某的损害后果并不构成间接结合。

综上，马某与某医院之间既不构成共同侵权，也不构成“多因一果”的情形，因此本案不属于必要的共同诉讼。

四、医院应当注意的问题

1．手术是医院的一项重要工作，医院应重视手术流程的规范化。术前检查要仔细、全面，术前讨论及相关准备工作要充分。出于节约病人医疗费用的考虑，医院应该尽量避免重复检查，但必要的检查还是要做的，要正确理解费用支出问题。对于重大疑难病情，应请专家会诊。

2．医院应重视履行告知义务，对于病人病情的复杂情况应在事前详尽告知病人及其家属，并作相应记录，请患方签字，以避免不必要的纠纷。

五、患者应当注意的问题

1．如果患方知道自身属于特异体质，应主动告知医院，以免贻误治疗。

2．患方应信赖医院，积极配合治疗，尽量不要私自转院。

解剖变异停止手术索赔案

一、案情简介

2004年3月某天，患者刘某（62岁）因腹痛伴发热一天到某医院门诊就诊，经门诊初步检查后收住外科病房治疗。住院医生检查后发现患者：体温38.5度；右下腹麦氏点明显压痛；腰大肌试验和闭孔内肌试验阴性；化验白细胞和粒细胞均明显高于正常。初步诊断为“急性阑尾炎”，认为有手术指征且没有手术禁忌，建议患者手术治疗。在手术前临床医生明确告知患者术式为剖腹探查、阑尾切除术，同时告知阑尾有不能被切除的可能。患者签字同意手术。当天下午，院方为患者在连续硬膜外麻醉下手术治疗，但打开腹腔后找不到阑尾，于是院方立即请上级医院的普外科专家紧急会诊，专家亲自上手术台亦未找到阑尾。专家综合患者的病情认为：患者“腹膜后阑尾”的可能性最大，但考虑到继续手术须打开后腹膜，这样给患者造成的创伤较大，且此次手术时间已较长，患者为高龄，继续手术的风险太大，从患者的安全考虑中止手术属最佳选择，可在患者全身情况好转后考虑二次手术切除阑尾。经与患者家属交代病情后，家属同意，遂关腹后回病房治疗。经数天的抗炎治疗患者腹痛消失。

二、双方的诉讼理由及法院判决

原告诉称：医院在手术前诊断为阑尾炎，但手术中却未发现阑尾，未能切除阑尾，院方在为我治疗过程中存在过错，医院应当作出赔偿。

医院辨称：虽然手术中未能找到阑尾，但这是由于患者的解剖变异所致，院方在为患者治疗的过程中没有过错，不予赔偿。

在诉讼中，医院申请人民法院委托医学会进行了医疗事故技术鉴定。医学会组织的专家组就此案出具的鉴定书认为：医院在为刘某治疗的过程中根据患者的临床表现和辅助检查，临床诊断为“急性阑尾炎”是正确的。根据患者当时的临床表现有手术探查的指征，建议患者手术治疗没有过错。在手术中没有找到阑尾，属于患者的解剖变异，临床中偶有发生，院方根据当时的情况及时请专家进行了会诊，最后根据患者的全身情况中止手术是正确的。另外，院方在术前和术中已及时履行了告知的义务。在整个治疗过程中，院方无过错，不属于医疗事故。

法院在审判中采纳了专家组医疗事故技术鉴定书的结论，判决驳回原告刘某的全部诉讼请求。原告对于一审判决没有提起上诉。

三、律师点评

1. 关于医疗事故的问题。

《医疗事故处理条例》第二条规定：“本条例所称医疗事故，是指医疗机构及其医务人员在医疗活动中，违反医疗卫生管理法律、行政法规、部门规章和诊疗护理规范、常规，过失造成患者人身损害赔偿的事故。”

根据此定义，结合《医疗事故处理条例》其他规定，某一行为构成医疗事故必须满足以下要件：

（1）主体要件，即医疗事故的主体是医疗机构及其医务人员。

（2）医疗事故发生的场所和活动范围要件。《条例》规定医疗事故发生在医疗活动中，即依法取得执业许可或者执业资格的医疗机构和医务人员在其合法的医疗活动中发生的事故。

（3）行为的违法性要件。行为必须违反了医疗卫生管理法律、行政法规、部门规章和诊疗护理规范、常规。

（4）造成了患者的人身损害。《条例》第四条规定：“根据对患者人身造成的损害程度，医疗事故分为四级：一级医疗事故：造成患者死亡、重度残疾的；二级医疗事故：造成患者中度残疾、器官组织损伤导致严重功能障碍的；三级医疗事故：造成患者轻度残疾、器官组织损伤导致一般功能障碍的；四级医疗事故：造成患者明显人身损害的其他后果的。”可见，并非所有医疗行为造成的人身损害都是医疗事故，只有达到《条例》规定的医疗事故等级才构成医疗事故。

（5）医疗机构及其医务人员主观上具有过失。过失是指医务人员应当预见自己的行为可能会产生不良后果，却因为疏忽大意没有预见，或者已经预见到而轻信能够避免，或因玩忽职守、渎职造成严重不良后果。

（6）过失行为和后果之间存在因果关系。医疗机构及其医务人员的不法行为与患者遭受的损害结果之间具有因果关系。

要认定某医疗行为构成医疗事故，以上要件缺一不可。可见，法律对医疗事故的认定相当谨慎，这也是医疗纠纷中大部分医疗行为都被鉴定为不构成医疗事故的重要原因之一。法律之所以这样规定是出于对医疗行为特殊性的考虑：

医疗行为的致害性。无论是对患者进行抽血、摄片、造影、B 超、CT 检查，还是在治疗过程中对患者进行注射、服药、手术、针灸，大多数医疗行为都对患者的人身有一定的损害性，易导致对人体造成损害的结果。

医疗行为对象的特殊性。医疗行为是以被疾病侵袭的人为对象而进行的临床活动。由于患者各自的身体存在差异，即使是同一种疾病，其表现的症状也可能是各不相同，即使采取同样的治疗措施，也可能因患者的适应程度不同而出现与预想结果不同甚至相反的情况。因此，每种治疗手段都有一定程度的风险。

医疗行为的或然性。医疗行为能否实现治病的目的不仅取决于医务人员的技术水平和患者的具体情形，而且取决于医学的发展水平。尽管现代医学的发展水平已经非常高，但人类对疾病的认识仍然存在许多未知的领域，也不可能从根本上认识疾病，因此医疗行为相对于治疗结果具有或然性。

医疗行为具有一定的公共性。医疗服务同能源、交通一样，均属于“准公共产品”，因此医疗机构负有强制缔约义务，无法像普通合同关系的当事人那样可基于风险考虑自由选择患者。

医疗行为的致害性、医疗行为对象的特殊性以及医疗行为的或然性，使医疗行为具有风险性，而法律课以医方的强制缔约义务限制了医疗行为的意志自由，医疗行为具有不可选择的风险性。如果法律对医方的要求过于严厉，那么愿意去冒险从事医疗职业的人恐怕会越来越少，其结果必然是妨碍医学的进步和医疗水平的提高，从而影响到全社会的卫生保障，最终遭受不利的还是患者和大众的健康。调整医患关系的法律既要保护患者的权利，同时也要保护医疗机构的权利，需要兼顾两种权利的平衡。所以，我国法律确定了严格的医疗事故认定要件以及在医疗损害中的过错责任原则。这样规定既保护了患者的权利又保护了医疗机构的权利，兼顾了权利的平衡。只有这样现代医学才能更快地发展，广大的患者才能从医学的发展中更大地受益，整个社会才能更快地进步。

下面我们依据医疗事故的构成要件来分析此案能否构成医疗事故。

第一，医方的医疗行为并不违法。医院已按照诊疗规范、常规进行诊疗：医院根据患者的临床表现在手术前诊断为“阑尾炎”，有手术的指征并及时建议患者手术治疗；在找不到阑尾的情况下及时请专家进行了会诊，专家根据患者的全身情况，从患者安全的考虑决定中止手术。医院已经履行了告知义务：在手术前医院向患者全面告知了手术中可能发生的风险，尤其已经告知手术中不能切除阑尾的可能；在没能找到阑尾的情况下医院及时向患者家属告知了此情况并得到家属的理解。

第二，医院主观上存在过失。医院在手术前应做好充分准备，对患者进行详细的检查，制订预案，以应对术中可能出现的各种情况。本案中，医院在打开患者腹腔找不到阑尾后，才意识到患者存在解剖异变，明显存在疏忽大意的过失。

第三，患者因医方的行为遭受到了一定程度的人身损害，但还达不到《医疗事故处理条例》第四条所规定的四级标准，只能属于一般损害。

从上面的分析可以看出，医方主观上虽存在过失，但未给患者造成严重损害，因此医学会做出不构成医疗事故的鉴定是有理可循的。

2．关于非医疗事故纠纷损害赔偿的问题。

在医疗纠纷中，最终被鉴定构成医疗事故的很少，那么确因医疗过错行为而遭受财产、人身损害的患者能否以其他理由获得损害赔偿呢？答案是肯定的。受害人的损害必须给予救济，这是法律的一般原则。

患者因医疗机构的过错行为受到了损害，经过鉴定医疗机构的行为不构成医疗事故的，虽然不能作为医疗事故进行处理，但医疗机构仍应当对患者遭受的损害承担医疗过失致人损害的民事赔偿责任。

《民法通则》第一百零六条第二款规定："公民、法人由于过错侵害国家的、集体的财产，侵害他人财产、人身的，应当承担民事责任。"按照侵权行为法的基本原理，如果行为人的行为有过错，在客观上给他人造成了损害，并且该损害行为与损害后果有因果关系，行为人就应当承担赔偿责任。

《民法通则》第一百一十九条规定："侵害公民身体造成伤害的，应当赔偿医疗费、因误工减少的收入、残废者生活补助费等费用；造成死亡的，并应当支付丧葬费、死者生前抚养的人必要的生活费等费用。"此外，2004 年 5 月 1 日开始实行的《最高人民法院关于审理人身损害赔偿案件适用法律若干问题的解释》第十七条至第二十九条对人身损害赔偿的范围、计算标准做了详细的规定。

本案中，虽然医方的行为不构成医疗事故，但这并不影响原告基于过错侵权责任理论提起损害赔偿之诉。

四、医院应当注意的问题

医疗行为具有高度风险性，稍有不慎即有可能给患者造成难以挽回的伤害。法律对医方的保护是以“无过错”为前提的。因此，医方除了要在诊疗过程中遵守国家法律、诊疗规范、常规外，还要时刻保持谨慎的态度。尤其是在手术过程中，术前准备不充分，手术医师心中无数，采取打开看看的轻率态度是不可取的。已发生医疗过失的，应立即采取紧急处置措施，减轻对患者身体健康的损害或者防止损害后果进一步扩大。

五、患者应当注意的问题

患方应当知道自身的解剖变异属于医学上难以预料的情况，医生无法术前作出判断。这是由于体质特殊所致，不是医生违规，故不属于医疗事故。就此提起损害赔偿之诉的，得不到法院的支持。

患者不明原因死亡医疗损害赔偿案

一、案情简介

2000年1月29日，原告岳某某的女儿主因咽痛2天、发热1天到某医院耳鼻喉科就诊，医院给予雾化吸入；黄氏养生丸、强的松口服治疗。患者第二天无好转，再次到医院就诊，院方给予留院观察、静点抗生素等治疗。但在留观治疗过程中，患者症状迅速加重，出现呼吸困难，神志恍惚，当被送入抢救室时又出现呕血。医院根据患者的病情给予抗凝、抗休克、呼吸维持等治疗，但患者最终因抢救无效于2000年1月30日12时30分死亡。患者死亡后，家属提出尸检要求，但医院称本院没有尸检条件，要求患者家属联系尸检单位。患者家属由于没有联系到尸检单位，没有进行尸检。随后，患者家属将医院诉至人民法院要求赔偿。

二、双方的诉讼理由及法院判决

原告诉称，被告医院在为其女儿治疗的过程中，严重失职，没有尽到必要的注意义务，致使患者死亡；医院对患者的诊断前后不一致；患者死亡后，当原告提出尸检要求时，医院百般推脱，没有进行尸检，使得患者的病因及死亡原因至今不明。被告应当为此承担全部责任。

被告某医院答辩称：被告在为原告治疗的过程中，严格根据诊疗规范对患者进行治疗，病人的突然死亡属于其疾病本身的意外转归。医生在病人病情发生意外后及时进行了救治，被告已经全面履行了救治义务。医院在救治患者的过程中没有过错，不应承担任何责任。在病人死亡后，医院征求过患者家属意见，建议进行尸检。由于被告没有尸检条件，告知原告寻找尸检单位。原告虽然原则同意尸检，但一直没有给被告答复，这才导致没有尸检。没有尸检的责任在原告。

案件审理过程中，人民法院委托某鉴定机构对此案进行了鉴定。该鉴定机构出具的鉴定结论如下：“根据医、患双方提供的材料，患者于2000年1月29日主因声音嘶哑、咳嗽、发热、局部皮疹到医院就诊，对症治疗后病情无缓解。第二天再次到医院就诊，医生给予留观、输液处理。数小时后患者出现心率加快、血压下降、呼吸困难、高热、神志恍惚等表现，后出现呕血，气管插管中流出血液，四肢皮肤紫绀、淤斑，肺部出现罗音，查血小板显著减少，支气管镜见粘膜水肿，肺泡内涌出大量血液，虽经止血、呼吸支持、抗休克、抗DIC等治疗，仍于2000年1月30日死亡。根据病历记载及家属所述情况，患者初次就诊及再次就诊时生命体症平稳，一般情况尚可，对此类发热患者，医师采取抗炎抗感染对症治疗，在效果不显后采取留观、进行相关检验，病情笃重，抢救无效而死亡。因未进行尸体解剖，现在无法明确死者所患疾病。但从临床表现及病程进展来看，急性传染病的可能性较大。在完全排除使用药品错误的情况下，这种情况在临床上属于罕见，其进展速度及后果医务人员难以预见，因此不可能对普通留观患者进行密切监测。医院医师虽对患者的病情进展发现稍欠及时，但因病情的特殊性，并不属于过错行为。综上，从目前掌握的材料来看，缺乏表明医院存在明显过失的证据。”

一审法院采纳了鉴定机构的鉴定结论，认定医院在为患者治疗的过程中没有过错，驳回了原告的全部诉讼请求。

原告不服一审判决，提出上诉。二审法院维持了一审判决。

三、律师点评

1．关于鉴定的结论问题。

医疗纠纷案件专业性极强且较为复杂，普通人很难判断其是非，因而需要具有专业技术的人员来进行鉴定。医疗纠纷中存在两种鉴定形式：医疗事故鉴定和司法鉴定。医疗事故鉴定是由医学会组织专家鉴定组，依照医疗卫生管理法律、行政法规、部门规章和诊疗护理规范、常规，运用医学科学原理和专业知识，对医疗事故进行的技术审定。司法鉴定是受理医疗纠纷的人民法院依照法律法规的规定，组织和委托有关鉴定机关对医疗纠纷的有关问题进行技术上的审定。这两种鉴定方法侧重点不同。医疗事故鉴定是依据卫生系统的标准，按照医疗事故的构成要件对医疗行为进行分析判断，得出是否构成医疗事故的结论，而司法鉴定采取的是法医鉴定的办法，它认定的重点是有无损害后果、医方有无过错、过错与不良后果之间是否有因果关系以及存在何种程度的因果关系。

在医疗纠纷的行政处理中，卫生行政部门对医疗事故技术鉴定一般不予实质审查而直接作为处理的依据。但在医疗纠纷诉讼中，无论是医疗事故技术鉴定还是司法鉴定都是民事诉讼证据的一种，并不天然具备成为断案依据的特性，而是需要经过当事人双方质证并由法官认证。

《民事诉讼法》第六十三条规定：“证据有下列几种：（一）书证；（二）物证；（三）视听资料；（四）证人证言；（五）当事人的陈述；（六）鉴定结论；（七）勘验笔录。以上证据必须查证属实，才能作为认定事实的根据。”

最高人民法院《关于民事诉讼证据的若干规定》第四十七条第一款规定：“证据应当在法庭上出示，由当事人质证。未经质证的证据，不能作为认定案件事实的依据。”第五十九条规定：“鉴定人应当出庭接受当事人质询。鉴定人确因特殊原因无法出庭的，经人民法院准许，可以书面答复当事人的质询。”

那么，当事人应如何在质证环节辩驳鉴定结论证明力的有无或证明力的大小呢？根据法律的规定，作为定案的证据应当具备三种属性，即客观性、合法性、关联性。客观性要求证据必须是客观存在的，而不是主观想象的；合法性要求证据的形式、取得应当符合法律的规定；关联性要求证据必须与待证事实存在联系。在本案中，论证鉴定结论应否被采纳的关键是该鉴定结论的客观性问题。

在该鉴定结论中有这样的描述：“因未进行尸体解剖，现在无法明确死者所患疾病。但从临床表现及病程进展来看，急性传染病的可能性较大。在完全排除使用药品错误的情况下，这种情况在临床上属于罕见。”鉴定结论中用了“可能性较大”、“在完全排除……的情况下”的字眼，可见因为没有进行尸检，鉴定人员并不能得出准确的、客观的结论，而是进行了一般条件下的推测，这是无法反映案件真实情况的。但由于没有尸检结果，专家可以根据患者的临床表现进行推论，这就是专家鉴定有别于法医鉴定的地方。法医必须对尸检的客观表现作出结论，因为其没有临床经验，而医学临床专家有丰富的临床经验，可以进行分析和判断，故法院考虑专家意见作出判决是正确的。

2. 关于尸检的问题。

从该鉴定结论中可以看出，没有尸检结论，就不能就该案做出科学的、客观的鉴定结论。那么，下一个问题就应是到底是由于医、患哪一方的原因没有进行尸检？考虑该案的发生时间，应适用《医疗事故处理办法》和北京市《关于尸体解剖检验的规定》。

《医疗事故处理办法》第十条规定：“凡发生医疗事故或事件、临床诊断不能明确死亡原因的，在有条件的地方必须进行尸检。尸检应在死后48小时以内，由卫生行政部门指定医院病理解剖技术人员进行，有条件的应当请当地法医参加。医疗单位或者病员家属拒绝进行尸检，或者拖延尸检时间超过48小时、影响对死因的判定的，由拒绝或拖延的一方负责。”

北京市卫生局《关于尸体解剖检验的规定》进一步做了细化规定：凡是病员在医院死亡引起医疗纠纷或明确为医疗事故的，医疗单位应征得病员家属的同意，在病员死亡后48小时内进行尸检；对于需要进行尸检的病例，应由医务人员主动向病员家属提出；医疗单位未主动向病员提出尸检要求以及医疗单位病员或家属拒绝进行尸检和无正当理由拖延尸检时间而影响对死因判断的由，未提出尸检要求的医院或拒绝、拖延尸检的一方负责由此造成的后果；需要委托外院进行尸检的，由委托医院医务处（科）负责与被委托医院医务处（科）联系。

从以上规定可以看出，在发生病员死亡时，医疗机构有义务告知家属有权进行尸检；当本医疗机构没有能力进行尸检时，有义务委托其他单位进行尸检。本案有自身的特殊性，患者死亡时正逢春节，各解剖机构放假没有人，被告经卫生局协调也没有找到解剖人员。被告也曾建议患者家属自行找地方进行尸检，但均未成功。因此，也难以判断应由谁承担尸检不能的责任。

本案发生在2002年9月1日之前，当时适用的是《医疗事故处理办法》。当前的《医疗事故处理条例》第十八条规定："患者死亡，医患双方当事人不能确定死因或者对死因有异议的，应当在患者死亡后48小时内进行尸检；具备尸体冻存条件的，可以延长至7日。尸检应当经死者近亲属同意并签字。"可见，在以下两种情形下应当进行尸检：（1）医患双方当事人不能确定死因；（2）医患双方当事人对死因有异议。也就是说，只要具备以上两个条件中的任何一个就应当进行尸检。关于尸检的组织者，《医疗事故处理条例》没有作出明确规定，但考虑过去的法律规定、立法的本意和当事人双方的能力，应当由医疗机构进行组织。

四、医院应当注意的问题

尸检在明确诊断、死因、科研等方面有着不可替代的作用，尤其在解决医疗纠纷的过程中，没有尸检结果很可能无法做出鉴定结论或使鉴定结论不明确。在发生法定的情形时，医方有建议患者家属进行尸检的义务以及在征得患者家属同意的情况下依法组织尸检的义务。需提醒医方的是，当患方家属拒绝尸检时，医方应当请患方家属签字认可，以避免承担举证不能的后果。

五、患方应当注意的问题

患方应当理解的是，基于目前医学发展水平的局限，人类对很多疾病尚不能认识，更没有有效的治疗方案。出现这些问题并不是医生的过错所致，而是人类发展中未能解决的问题。

对患者死因有异议要求尸检是患方的重要权利。患方应及时行使这一权利，以免耽误尸检的最佳时间，影响对案件事实的判断。另外，因为迷信、不信任医方等原因拒绝尸检也是极不明智的。根据法律规定，患方拒绝或拖延尸检造成死因无法查明的，责任应由患方承担。

患者被炸伤后成植物人巨额索赔案

一、案情简介

2002年8月26日上午9时30分左右，王某某因故不幸被炸伤，同日10时被送往被告医院治疗，11时45分进入手术室，14时右手局麻开始清创，14时35分呼吸心脏骤停，经抢救于15时20分出现自主呼吸。王某某被诊断为“左手炮炸伤，炮震伤冲击综合征”。同年8月27日王某某被转往另一家医院治疗，诊断为“缺氧性脑病，肺挫伤、急性呼吸衰竭，双手炸伤、左手拇指缺如”。2002年9月17日，王某某又被转入第三家医院治疗，诊断为：缺血、缺氧性脑病，心肺复苏术后。住院461天。

二、双方的诉讼理由和法院判决

原告诉称：目前患者呈现“植物人”状态。之所以造成如此严重的后果，完全是由于被告违反医疗规范，疏忽大意，施行手术有过失所致。在原告出现心跳呼吸骤停前，被告未作认真细致的观察；骤停后，未能及时抢救，予以输氧。被告确有过错，依法应承担赔偿责任，请求法院判决各项费用共计800万元。

被告辩称：首先，答辩人的诊疗行为经过市医学会鉴定，被认为不属于医疗事故。依据《医疗事故处理条例》第四十九条第二款之规定，“不属于医疗事故的，医疗机构不承担赔偿责任”。其次，答辩人在对原告王某某不到24小时的救治过程中，诊疗方法正确得当，用药合理，态度积极，不存在违法、违规等过失行为。原告王某某目前的“植物人”状态是由于其伤病异常、体质特殊、家属不配合及第二家医院治疗不当等多种因素综合所致，对王某某的损害应由其本人、家属及第二家医院共同分担，故申请追加第二家医院作为本案的被告参加诉讼。原告诉请赔偿的“天价”无事实和法律依据，应驳回其诉讼请求。

在审理期间经患方申请，法院委托西安某法医学司法鉴定中心出具了如下司法鉴定结论：（1）王某某目前的植物人生存状态与被告医院的治疗行为有直接因果关系；（2）被鉴定人王某某的后继治疗费用建议参考目前当地诊疗医院的费用支出情况确定。

庭审质证后，被告不服该鉴定，法院又委托陕西省某法医室对此案进行重新鉴定，其结论为：王某某日前的植物人状态与被告医院抢救不力的医疗行为有直接因果关系。

经查，被告医院系某发展公司的下属单位，经济不独立，现在呈内部承包关系，故第一次庭审后根据原告的申请，追加某发展公司为被告参加了诉讼。

一审法院认为：本案虽不构成医疗事故，但由于被告医院对王某某抢救不力，致其处于植物人生存状态，造成严重后果，依法应承担民事责任。判决如下：

（1）两被告赔偿原告医疗费、交通费、护理费、误工费、伙食补助费、鉴定费、精神损失抚慰金等合计274万元；

（2）两被告赔偿原告今后医疗费、护理费、营养费、误工费等，每半年支付一次，总支付额不超过500万元。

两被告不服一审判决，向陕西省高院提起上诉。二审法院开庭审理后，认为一审判决事实不清，违反法定程序，适用法律错误，故裁定撤销原判，发回重审。

三、律师点评

本案涉及对两种鉴定的评价、责任比例、赔偿数额的确定依据、医疗侵权中的共同被告等问题。

1. 本案的鉴定冲突问题很典型。

在司法实践中，由于医疗行为具有特殊性、高度专业性，法官无法运用逻辑推理和日常生活经验对医疗行为作出正确的判断，因而需要具备专业素质的鉴定人来辅助法官认定事实。医疗侵权诉讼中存在医疗事故技术鉴定和临床法医学鉴定两种鉴定。

本案中，医疗事故技术鉴定认为本例不属于医疗事故，两次法医学鉴定却认为医方存在医疗过错，和患者的损害后果之间存在直接因果关系。两种鉴定结论出现迥然不同的结果，这种现象在司法实践中时有发生。

根据全国人大常委会2005年2月28日通过的《关于司法鉴定管理问题的决定》第一条的规定，司法鉴定是指在诉讼活动中鉴定人运用科学技术或者专门知识对诉讼涉及的专门性问题进行鉴别和判断并提供鉴定意见的活动。全国人大常委会给卫生部的复函明确了医疗事故技术鉴定的组织方式与一般的法医类鉴定有很大区别，医疗事故技术鉴定的内容也不都属于法医类鉴定，但医疗事故技术鉴定中涉及的有关问题，如尸检、伤残等级鉴定等，属于法医类鉴定范围。所以，根据全国人大常委会《关于司法鉴定管理问题的规定》和给卫生部的复函，法医鉴定中心无权对临床医学进行鉴定。法医鉴定中法医临床限定在对尸检、伤残等级和伤情状况进行鉴定，法医没有对临床医学的诊疗过程进行鉴定的资格。如果法医进行涉及临床医学的鉴定，就超越了其法定的鉴定范围，同时也违反了全国人大常委会《关于司法鉴定管理问题的决定》第四条关于鉴定人必须具有相关专业技能的规定。

因此，我们认为一审法院根据法医学鉴定否认医疗事故技术鉴定，认定被告的医疗行为有过错，被告的医疗行为和患者的损害后果之间存在因果关系是错误的。

2. 本案责任比例没有分清。

该例属于无意思联络的共同侵权。所谓无意思联络的共同侵权是指两个或两个以上的自然人或法人各自实施了加害行为，事前没有共同加害的故意，但他们之间的加害行为都指向同一对象，各加害行为之间结合起来，共同造成了损害结果，是造成损害结果发生的原因，具有密切的关联性。

本案中，患者由于炮炸伤入院，当时伤情极度严重，出现呼吸心跳暂停，经抢救恢复自主呼吸。患者后来发展为“植物人”状态，其本身的炮震伤是最主要的原因。患者在被告医院接受医疗服务，即便被告医疗行为不当，错过最佳的诊疗时机，加重或加速了患者损害后果的发生，也只是患者损害后果发生的一个因素，患者所受炮震伤才是最主要的因素。患者在多家医院治疗，其他医院是否有过错也应当一并进行分析。

在这种多因一果的侵权中，被告医院应承担与其过错相当的责任，而不是全部责任。一审法院没有查清事实，分清责任比例，让被告承担全部责任显然是错误的。法官应当委托有鉴定资质的临床专家作出合理的比例划分。

同时，根据诉讼法的规定，在原告没有明确表示放弃追究另一家医疗机构责任的情况下，一审法院应当追加共同侵权的另一家医院作为共同被告。

3．赔偿数额的确定问题。

本案一审法院仅仅根据和原告有利害关系的就诊医院的一纸证明就支持了其要求的巨额后期治疗费，不符合法律公平、公正的精神。而且，患方在主张了伤残赔偿金后，再主张巨额后期治疗费也是不恰当的。很明显，本案患者处于“植物人”状态，以后只是维持生命、预防并发症发生的问题，不存在继续好转或痊愈的可能。法院支持后期治疗费属于重叠给付。如果法官对此缺乏专业知识，应当由医疗事故技术鉴定专家集体确定或委托医学会组织专家确定。

本案中，一审法院还支持了患方为转运患者几次包机的交通费，是否合理，值得商榷。

八、医院、医护人员维权相关案例

医生被患者家属殴打请求损害赔偿案

一、案情简介

某患者家属因其父亲患肝硬化晚期，肝肾功能衰竭，经医院抢救无效死亡，故对医院医务人员不满，在医院急诊科殴打医生，并砸坏医院办公设施，致使某医生头、面部多处损伤，住院治疗。当地派出所认定，患者家属殴打医生致轻伤害，违反了《治安管理处罚条例》，给予200元的处罚。某医生向法院提起诉讼，要求某患者家属承担法律责任。

二、双方的诉讼理由及法院判决

原告诉称：某患者因肝硬化晚期、肝肾功能衰竭被送入医院急诊科。原告在19时20分接到病人病危通知，赶到急诊科留观区办公室，发现留观区办公室已被砸。在原告询问科室工作人员发生了什么事的时候，被告满脸怒气地朝原告冲过来。在明确身份后，被告朝原告大吼大叫："你就是这里的领导，你把人都给治死了，我要你赔。"被告上前一把揪住原告的衣领，死死地卡住原告的脖子。原告当时感到呼吸困难，差点晕过去，在医院保安的帮助下方脱身去看病人。

当晚8点左右，当原告和医院其他行政领导在急诊科办公室向患者家属交代病情时，被告又冲进办公室操起桌上的不锈钢杯朝原告头部狠狠砸去，随后又跑上来扭住原告，拳打脚踢，导致原告头部被砸伤出血，眼镜破碎，头晕头昏，住院近一个月。公安部门经过调查，认定被告殴打原告事实成立，构成轻微伤害，给予被告200元处罚。

被告辱骂殴打医务人员，既侵害了原告的身体健康权利，又干扰了医疗机构的正常工作秩序，对原告的身心健康造成极大损害。因此，请求法院判令被告书面公开赔礼道歉；判令被告支付医药费、误工费、营养费、验伤鉴定费共计17,067.90元；判令被告赔偿精神损害抚慰金人民币1万元；判令被告承担诉讼费。

被告辩称：原告丧失医德，玩忽职守，漠视生命，导致病人突然死亡，给病人家属造成巨大痛苦，这是引发本案的关键。被告已做出道歉，并得到公安机关处理及被答辩人认可。原告主张的事实不成立，其与所在医院合谋出具伪证，动机不良。原告有错在先，后果更严重，给被告及家属造成的伤害更大，原告无权要求精神赔偿。因此，请法院依法驳回原告的诉讼请求。被告同时提起反诉，请求法院判令反诉被告向反诉原告赔礼道歉；判令反诉被告赔付眼镜配置费1,890元；判令反诉被告向反诉原告支付精神损害抚慰金2,000元；判令反诉被告承担反诉费。

一审法院经过审理，作出如下判决：本院认为，公民的生命健康权受法律保护。被告因对原告的语言和工作态度不满，首先动手致伤原告，负有主要的过错责任，依法应承担民事责任。原告在病者家属非常焦虑并有埋怨指责的情况下，没有采取适当的语言给予解释，也没有控制好自己的情绪和行为，对纠纷的发生和发展也有一定的过错，可以减轻被告人的民事责任。原告要求被告赔偿医疗费6,971.30元，其中床位费5,100元超标准计付，核实认定医疗费为2,721.30元。原告只受轻微伤，要求被告赔偿陪护费3,384元，本院不予支持。原告提交的2000年11月份工资单并没有扣减其工资，原告也不能提供其他足以证明存在误工损失的有效证据，对其要求赔偿误工损失7,664.60元，本院不予支持。原告不能提供所损坏眼镜的购买发票，基于确有损坏的事实，且原告现要求赔偿430元，数额较为合理，本院予以认定。原告要求赔偿营养费2,000元，本院不予支持。被告在医院致伤履行职务的原告，原告要求被告赔礼道歉和适当给予精神抚慰金的请求，理由成立。鉴于被告方已两次向原告赔礼道歉，并且被告已受公安机关处罚，赔礼道歉不再重复进行。根据本案的侵权手段和实际后果等具体情节，本院酬情认定精神抚慰金1,000元。被告不能提供所损坏眼镜的购买发票，但基于确有损坏的事实，酬情认定被告眼镜损失430元。被告要求判令原告赔礼道歉和赔偿精神损失2,000元，因伤害案件的发生主要是由于被告的过错，对此反诉请求，本院不予支持。依照《中华人民共和国民事诉讼法》第六十四条第一款、第一百二十八条、《中华人民共和国民法通则》第九十八条、第一百零六条第二款、第一百一十七条、第一百一十九条、第一百三十一条、第一百三十四条第一款第七、十项的规定，判决如下：

（1）原告医疗费2,721.30元、眼镜配置费430元、精神损害抚慰金1,000元，合计人民币4,151.30元，由被告赔偿3,321.04元，其20%由原告自负。

（2）被告眼镜配置费430元，由原告赔偿86元，其余由被告自负。

（3）驳回原告其他诉讼请求。

（4）驳回被告其他反诉请求。

原告不服一审判决，提起上诉，请求二审法院：（1）依法撤销一审认定事实错误、处理失实的判决；（2）判令被上诉人出具正式书面道歉；（3）判令被上诉人赔付全部的医疗费、误工费、营养费、验伤费和眼镜损失费共计17,497.90元；（4）判令被上诉人赔偿精神损失费10,000元整；（4）依法驳回被上诉人的反诉请求；（5）判令由被上诉人承担本案的全部诉讼费。

上诉理由如下：

（1）被上诉人应负全责。法院应以福田分局的责任认定和治安处罚书作为判定责任的事实依据，上诉人不应承担责任。福田分局在对被上诉人进行治安处罚的过程中，已明确认定是被上诉人殴打他人，并未认定是互殴。公安局作出的决定是具有法律效力的，但一审法院并未采信这份具有法律效力的证据，却以被上诉人自诉和一份有利害关系的人的证明作为判案依据，有违我国法律的规定，损害了我国法律的尊严和权威。二审法院应当纠正一审法院的错误认定，以公安局的责任认定作为判案的事实依据。

（2）被上诉人应当正式地以书面形式向上诉人赔礼道歉。被上诉人殴打上诉人的事实是清楚的，公安机关已经予以认定。什么原因都不能成为殴打他人的理由，公民的合法权益是受法律保护的，对人身的伤害更是为法律所不允许，更何况本案中上诉人并不存在过错。在对被上诉人的父亲进行抢救的过程中，上诉人并没有违反医院的管理规定，也没有违反医学操作常规，被上诉人父亲的死亡是其自身疾病发生发展的转归，与上诉人的抢救工作无关。退一步说，即便是上诉人在诊疗过程中存有过错，被上诉人也应该运用法律手段解决问题，而不能以此作为打人的借口。被上诉人打人的行为破坏了医院正常的诊疗秩序，损害了上诉人的身体健康，法律应通过制裁手段，让其认识自身的错误，改正错误。赔礼道歉就是其认识错误的最基本的行为，因此上诉人要求被上诉人给予书面道歉是有法律依据的，是正当要求，法院应当予以支持，方显法律的公平和权威性，也是对被上诉人的教育。

（3）上诉人应当得到赔偿。上诉人因遭受被上诉人的殴打，住院 18 天，由此产生的医疗费，误工费、营养费、陪护费的损失应当由被上诉人承担。同时，上诉人也应得到精神损害抚慰金。一审法院判决被上诉人赔偿 1,000 元，明显偏低，不能体现法律的公平和公正。

二审法院经过审理，判决如下：公民的生命健康权受法律保护。被上诉人对上诉人的语言和工作态度不满，可通过合法途径解决，而不应该采取不文明的手段动手伤人。被上诉人殴打上诉人，有公安部门的处理决定为证，被上诉人应负全部责任，一审判决认定双方均有过错，存在不当之处。被上诉人依法应赔偿上诉人由此造成的全部损失，被上诉人因眼镜损坏造成的损失应由其自行承担。上诉人请求赔偿医疗费 6,971.30 元（含验伤费）、陪护费 3,384 元，该两笔费用系上诉人因治疗而实际支出的费用，被上诉人理应赔偿，对该两项请求本院予以支持。被上诉人称上诉人住院治疗 18 天是虚假的，证据不足，本院不予采信。上诉人提交的 2000 年 11 月份工资单并没有扣减其工资，且上诉人系在履行职务期间受伤，不应有误工工资损失，对上诉人二审期间提供的收据，本院不予认定，对上诉人要求赔偿误工损失 7,664.60 元，本院不予支持。上诉人要求赔偿营养费 2,000 元，缺乏法律依据，本院不予支持。二审期间上诉人变更该项请求为要求赔偿住院伙食补助费，不符合民事诉讼程序的规定，本案不予支持。被上诉人在医院致伤履行职务的上诉人，上诉人要求被上诉人赔礼道歉和适当给予精神抚慰金的请求，理由成立。赔礼道歉这一承担民事责任的方式，应根据受害人的请求，并结合案件的具体情况，由人民法院决定。本案中，被上诉人在上诉人单位殴打上诉人，给上诉人造成的影响是严重的，虽然被上诉人在公安机关调解时曾向上诉人赔礼道歉，但该道歉是口头的，而在一审诉讼中，被上诉人委托其代理人道歉，上诉人并未接受，现上诉人要求书面赔礼道歉是合乎情理的，本院予以支持。原审判决根据被上诉人的侵权手段和实际后果等具体情况，酌定精神抚慰金 1,000 元并无不当，上诉人要求精神抚慰金 10,000 元，本院不予支持。依照《中华人民共和国民事诉讼法》第一百五十三条第一款第一、三项，《中华人民共和国民法通则》第一百零六条第二款、第一百一十七条、第一百一十九条、第一百三十四条第一款、第二款的规定，判决如下：

（1）变更一审法院民事判决第一项为：被上诉人在本判决生效之日起 10 日内向上诉人书面赔礼道歉（内容须经本院审核），并赔偿上诉人医疗费（含验伤费）6,971.3 元、陪护费

3,384 元、精神抚慰金 1,000 元；

（2）撤销一审法院民事判决第二、三、四项；

（3）驳回上诉人其他诉讼请求和被上诉人的反诉请求。

一、二审案件受理费人民币 2,186 元由上诉人负担 960 元，由被上诉人负担 1,226 元。反诉费 331.2 元由被上诉人负担（被上诉人应补交部分支付上诉人）。

三、律师点评

（一）关于本案的性质。

本案虽然发生在医院这个特定场所，发生在医患之间，但却是一起人身伤害案件。医生作为一名公民，其人身权益同样受到法律保护。无论患者与医生存在什么样的纠纷，患者及其家属均不能采用武力救济，对医生的人身权利进行侵害是违反法律规定的。

（二）一审中原告存在的问题。

1. 一审中原告存在举证不足的情况。

①没有开具护理证明。在一审中，原告未能提供医院医生开具的需要陪护的诊断书，医生个人的证词缺乏法律效力，故法院未支持其主张。

②对误工损失的主张提供了对自己不利的证据。本案中，原告提供的是工资单，但工资单显示没有扣除工资，法院以工资单为准，视作原告没有工资损失。事实上，原告提供了对自己不利的证据。原告应当要求本单位财务处开具扣除工资多少的证明。

③对营养费的主张，没有提供医院开具的需要营养的证明和购买营养品的单据，致使该主张未被法院支持。

④原告在当庭陈述时未能重点强调是被告打人，而非互殴。在被告打人过程中，原告可以正当防卫，拦阻被告打人。被告眼镜被摔坏系自己打人动作过激所致，即便是原告碰掉的，也是原告的正当防卫，不存在原告殴打被告的事实，原告不应对此承担责任。

2. 一审中原告没有提出全部的诉讼请求。

原告在一审中没有主张住院伙食补助费，而此项请求是最高院在司法解释中规定的赔偿项目。根据有关法律规定，在一审中未提出的主张，二审不予以审理。二审只接受在一审结束后发生的新证据，一审中未能提交的证据，二审不予认定，故二审未能支持原告关于伙食补助费的请求。

（三）一审法院存在的问题。

一审法院认定原、被告互殴缺乏事实依据。一审中，被告提出同一单位的两人作为证人，证明原告殴打被告。而原告有同一单位的五人作为证人，证明是被告殴打原告、原告没有打被告。同时，原告还有派出所认定被告打人的处罚单。一审法院对被告提出的证人证言予以确认，对原告提出的证人证言却没有给予确认。

根据我国的法律规定，在判断证据的证明力时，没有利害关系的证人证言的效力高于有利害关系的证人证言的效力。本案原告、被告的证人均是其各自单位的同事，均有利害关系之嫌，两者处于同一水平，其证明效力都很低。一审法院采信被告提出的证人证言，而不采信原告提出的证人证言，没有法律依据，有失公平。派出所是国家行政机关，其开具的处罚单是具有法律效力的，因此派出所责任认定的处罚单的证明效力高于原、被告双方提出的证人证言。一审法院应当以派出所的处罚单作为判决被告承担责任的依据，而不应认定双方互殴。一审判决违反了我国的审判原则，故判决有误。二审法院判决正确，纠正了一审的错误，径行改判，维护了法律的权威和公正。

四、医院应当注意的问题

1. 发生医疗纠纷后，往往有人以医疗事故为由在医疗机构纠缠不休，甚至打砸医疗机构，抢夺病历资料，扰乱医疗机构的正常医疗秩序，加剧了医疗机构与患者之间的不信任关系，不利于正确处理医疗事故，不利于保护患者和医疗机构及其医务人员的合法权益，不利于维护医疗秩序、保障医疗安全、促进医学科学的发展。根据《医疗事故处理条例》第五十九条的规定，以医疗事故为由，寻衅滋事、抢夺病历资料，扰乱医疗机构正常医疗秩序和医疗事故技术鉴定工作，依照刑法关于扰乱社会秩序罪的规定，依法追究刑事责任；尚不够刑事处罚的，依法给予治安管理处罚。医院要有正当防卫的概念，依法维护自身权益。

2．发生类似事件时，受伤医务人员不应在本院住院治疗，而应到其他医院或派出所指定的医院进行治疗；注意留取证据，除本院在场人员外，最好有第三人（外院、派出所的工作人员以及患者等）的证词；住院病历诊断书、护理证明齐全，营养品的发票要保留；开庭时注意语言陈述，不要跟着他人思路陈述；重点突出，强调打人事实。

3．医疗纠纷不是本案需要处理的问题。被告的反诉与本案不是一个标的，应另案起诉，不能因为有医疗纠纷就可以殴打医务人员。

五、患者和家属应当注意的问题

1．在法制社会中，每一位公民都应当自觉遵守国家的法律、法规，自觉约束和控制自己的行为，不能触犯法律和侵犯他人权益。

2．当发生医疗纠纷时，应冷静地按照法律规定的程序进行解决。医院发生医疗事故，侵犯了患者的权益，患者可以通过协商、诉讼等程序获得赔偿，依法保护患者的权益。患者或家属绝不能因为医院侵犯了患者权益，就殴打医务人员，毁坏医院财物，破坏诊疗秩序，侵犯医院的权益。这是两个不同的法律关系，自己的权利被侵犯不等于就可以去侵犯他人的权利。这种行为是法律所禁止的，要受到法律的制裁。

新闻媒体侵犯医院名誉权案

一、案情简介

某报纸在第4版头条以某医院《做手术做成哑巴》为大标题刊登一篇新闻报道："20年前一次不大的食管憩室切除手术使正值壮年的某患者失音成了哑人。这本是一个小手术，但就是这次小手术，伤及了他的喉神经而导致失音，从此有口不能言。"某医院认为，该报道是不实报道，侵犯了其合法权益，遂将某报社告上法庭。

二、双方的诉讼理由及法院判决

原告诉称：第一，新闻报道严重失实。

（1）报道标题"做手术做成哑巴"不是事实。在医学上，"哑巴"和"声音嘶哑"是两个完全不同的概念。哑巴就是指有口不能言，不能说话；声音嘶哑是指能说话，但声音沙哑。通常哑巴有两种：一种是聋哑症，指出生或婴幼儿期由于遗传性或非遗传性耳聋造成不会模仿说话；另一种是听哑症，系由于言语中枢存在功能障碍所致。人发音是靠声带和口腔软腭、肌肉协同作用的结果。引起声带麻痹有许多种原因，喉返神经功能障碍只是其中一种，有双侧和单侧之分。单侧内收麻痹不影响发音，单侧外展麻痹会引起声音嘶哑，但随着时间推移会逐渐代偿好转，双侧声音麻痹不影响发音，但可以造成呼吸困难（有《现代耳鼻咽喉科诊疗手册》及耳鼻喉科专家调查笔录为证）。在《做手术做成哑巴》的报道标题及内容中，明确有"哑巴"、"失音成了哑巴"、"有口而不能言"、"直至1997年……重新开口说话"等词句，是很明确的"哑巴"概念。而事实上，报道中所提及的患者在1980年11月因"颈段食管憩室"行"颈段食管憩室切除修补术"，手术中因局部粘连较严重，触及右侧喉返神经出现合并症右侧喉返神经麻痹，随后出现术后声音嘶哑，并不是不能说话。在上海某医院出具的诊断诊明中，写明是“右侧喉返神经麻痹，左侧代偿功能良好”。后经杓状软骨内收术治疗，声音嘶哑有所好转，该患者术后至今是右侧喉返神经麻痹致声音嘶哑，而不是哑巴。报社为了制造轰动效应，歪曲事实、混淆概念，做出了不真实的报道。

（2）报道内容中“本是一个小手术，但就是这次小手术，伤及了他的喉返神经而导致失音，从此有口不能言”不是事实。现代医学上“颈段食管憩室切除修补术”不能算是小手术，只是相对于胸外科其他手术（如开胸手术）而言小一些。门诊类手术，比如囊肿的切除手术，不要求履行手术签字手续，风险性小，这才是真正的小手术。在解剖上，喉返神经位于食管气管沟内，与食管紧邻，而且喉返神经细而娇嫩，稍有牵拉或钳夹都有可能使其损伤，尤其在局部周围粘连较重、不易分离辨认喉返神经时，更易误伤。这就体现了这类手术的复杂和难度以及风险，因此喉返神经损伤是这类手术的一个主要并发症，据医学报道发生率为 2.8%（有《气管外科学》及胸外科专家调查笔录为证）。医学教科书以及专家证言均表明此类手术具有复杂性和风险性。基于此类手术的风险因素，在对患者进行手术前，大夫已向家属谈到这种可能，向患者家属交待了手术可能发生的并发症，家属表示理解并签字同意手术。这就意味着家属表示如果出现手术并发症，将接受这一事实，并由患者自己承担该手术的风险后果。在市、省两级医疗事故鉴定结论中，专家认定术中误伤喉返神经造成声音嘶哑属并发症，不属医疗事故，患者术中被误伤喉返神经导致声音嘶哑，而不是“哑巴”。本报道的记者无视医学专家的意见，无视医学的科学性，仅凭自己浮浅的医学知识（也许毫无医学知识）就妄下结论，不负责任地撰写了一份不实的报道。

第二，新闻报道已严重侵害原告的名誉权。

（1）原告有名誉权被损害的事实。原告是一所三级甲等医院，连续8年被评为省文明单位。由于医院改革和发展卓有成效，被卫生部及医院管理学会作为典型模式向全国推广。2000年7月，又被省委、省政府授予“全省思想政治工作先进单位”。在该报纸报道之前，是全省职业道德建设“十佳”先进集体侯选单位。2000年9月5日该失实报道刊出后，原告名誉权受到严重损害，原告的社会评价下降，经济效益和声誉受到严重影响，具体表现如下：①2000年9月14日，原告全省行风建设“十佳”标兵单位的评选被取消；②报道后，各界人士反应强烈，群众议论纷纷，对原告的医疗技术、医风医德产生了极大的怀疑，原告门诊就诊率下降，经济收入减少。

（2）该报记者有诽谤行为。诽谤是指故意或过失捏造并散布虚假事实，损害他人名誉的行为。诽谤行为的特点是捏造虚假事实并予以传播。该报记者捏造患者是哑巴的事实，将能说话的人写成“有口不能言”的哑巴，指名医院“做手术做成哑巴”，并通过报纸向社会广为散布传播，误导社会广大公众信以为真，在社会上广为流传此虚假事实，致使原本不存在的事实成为众所周知的话题，降低了原告在公众心目中的良好形象，增加了公众对原告的不信任感，严重影响了原告的名誉。因此，被告记者的上述行为已经构成对原告的诽谤行为。

（3）报道记者主观上存有恶意。作为一名新闻工作者，应履行三种义务：一是履行法律上的义务。不得侵犯公民的人格尊严，不得用任何方式对公民进行侮辱、诽谤和陷害，不得非法剥夺公民、法人的荣誉称号。二是履行行政规章义务。根据国家新闻管理部门的有关规定，应坚持新闻的真实性，杜绝有偿新闻，严格宣传纪律。三是履行新闻行业技术性规定的义务。对于批评性稿件，应在刊登播出前知会被批评者，并至少向作者以外的2个以上个人或单位进行核实，发现各方陈述有矛盾时更应进一步详细调查，对听到的消息未经调查不得刊登等。在报道前，原告向该报记者详细陈述了患者所述的不实之处，并向该记者提供了省医疗事故技术鉴定委员会的鉴定结论、市卫生局的行政处理意见以及法院的判决书，但该报记者偏信患者的一面之词，在明知自己的采写报道行为可能造成失实报道，会给被报道人的合法权益造成损害的情况下，执意发表该篇报道，在主观上放任和希望这种诽谤行为及侵害结果的发生。在此报道后，该报记者还连续报道了两篇与原告有关的仍然不实的报道，目的就是要败坏原告的名誉和社会形象，主观恶意比较明显。该报记者不但违反其职业道德，并且违反国家法律，其行为已经侵犯了原告的合法权益，构成违法行为，构成对原告的侵权。

第三，被告应当承担侵害原告名誉权的民事责任。本案被告已严重侵害原告名誉权，被告必须：①就侵权事件立即停止对原告的连续侵害；②书面向原告赔礼道歉；③在该报同一版面刊登道歉函，以恢复原告名誉，消除影响；④赔偿因侵害原告名誉权造成的损失5万元。

被告某报社辩称：新闻报道为追求时效性，不可能不出一点差错，“严重失音”与“哑巴”、“大手术”与“小手术”之间的差异是轻微的，不构成严重失实，不构成对某医院名誉权的侵犯。

一审法院在审理过程中，确定本案争议的焦点如下：①该报道是否是失实报道，该患者究竟是失音还是哑巴，该手术是大手术还是小手术。②该报道是否构成侵权。③原告医院是否存在经济损失。

在庭审中，原、被告双方就失音与哑巴的区别、手术为大手术还是小手术展开争论，原告医院提供了以下几份证据：

（1）该报2000年9月5日第4版刊登的文章《做手术做成哑巴》。

（2）患者申诉书一份。该申诉书写道：右声带丧失功能造成失音，发出一点微弱嘶哑的声音，多年来一直处于半哑的状态。

（3）某医院1986年6月4日诊断证明一份，证明患者右侧声带麻痹。

（4）原告律师于2000年10月15日调查某大学医院耳鼻喉科主任笔录一份，证明声带麻痹不会造成哑巴，只是声音嘶哑，哑巴与声音嘶哑是完全不同的两个概念，哑巴是不能说话，有口不能言，声音嘶哑是能说话，但声音沙哑。

（5）某市医疗事故技术鉴定委员会关于患者医疗事故鉴定意见书一份，证明术中因误伤喉返神经造成声音嘶哑，这种误伤属手术并发症，不构成医疗事故。

（6）原告律师于2000年10月17日调查某医院胸外科教授笔录及某省医疗机构2000年9月收费项目、收费标准各一份，证明食管憩室切除手术属于大手术。

（7）原告律师于2000年11月24日调查某市工会领导笔录一份，证明因该篇报道取消了原告参加省十佳单位评选的资格。

（8）全国人大代表、省人大代表、市民给原告的信函各一封，原告调查两名读者笔录各一份，证明社会各界在看到该报道后对原告提出了批评意见，产生了一些不良影响的证据，其中有。

（9）原告门诊部提供的与同期相比门诊量大大下降的证据、财务部门提供的经济收入下降的证据各一份。

被告报社对原告医院以上证据中的第1、2、3、5、7份证据及第8份证据中的第3封信函无异议，对其他证据均有异议，同时提交了以下证据：

（1）该医院给患者出具的诊断证明书2份，证明患者右侧喉返神经麻痹，因食管憩室切除手术造成喉返神经误伤的功能障碍。

（2）上海某医院于1999年9月6日为患者出具的病情诊断证明一份，证明患者失音明显，声时3秒。

（3）被告于2000年9月20日调查患者及其妻子笔录各一份，证明患者手术后不能说话，喉咙只能发出微弱的哑哑的声音。

原告对被告以上证据中的第1、2份证据本身没有异议，但对被告证明的严重失音就是哑巴的主张不予认可。

在经过举证、质证、辩论过程后，一审法院咨询了某大学和某医院的有关专家。专家咨询意见为："严重失音与哑巴不是一回事，哑巴是不会说话，失音是说话不清楚。食管憩室切除手术因位置重要，手术难度大，应为大手术。在喉部右侧做手术容易损伤喉返神经，误伤是手术并发症。"

一审法院经审理认为，新闻报道的内容应当真实、准确、公正，被告及其所属报刊应严格遵守这一原则。本案原告于1980年给患者做了食管憩室切除修补手术，手术后患者因手术并发症而导致严重失音，这是事实，但严重失音与哑巴是两个根本不同的概念，二者之间有严格的区别。2000年9月5日，被告子报第4版在头条以大标题将该事实报道为"做手术做成哑巴"，且在内容中也使用了"哑人"、"有口不能言"等词语，同时该报道还将被省医疗机构规定为大手术范围内的"食管憩室切除术"报道为"小手术"、"不大的手术"。综上，该报道容易让读者理解为某医院做了一个小手术将病人做成了哑巴，因此该道严重失实。该文章刊登后，社会各界反映强烈，部分全国人大代表、省人大代表及市民向原告提出了批评，导致原告被取消了十佳单位的评选资格。被告的行为侵犯了原告的名誉权，应当承担民事责任。原告要求被告在同级别的报刊上公开赔礼道歉、消除影响的诉讼请求应予以支持；要求被告赔偿损失5万元的请求，因原告不能提供确实、充分的证据，本院不予支持。被告辩称理由、证据不足，本院不予采纳。被告子报编辑部不具有法人资格，产生的民事责任应由其主办单位被告承担。为此，依照《中华人民共和国民事诉讼法》第一百三十条、《中华人民共和国民法通则》第一百零一条、第一百二十条、第一百三十四条第一款第九项、第十项、《最高人民法院关于审理名誉权案件若干问题的解答》第七条、第十条、国务院《出版管理条例》第十五条之规定，缺席判决如下：

(1) 被告报社于本判决生效后5日内在同级别的报刊上公开向原告医院赔礼道歉、消除影响。道歉内容须事先经本院审查。

(2) 驳回原告的其他诉讼请求。

(3) 该报社子报编辑部不承担民事责任。

案件受理费100元由被告报社承担。

宣判后，被告报社不服提出上诉，上诉理由为：①一审法院认定事实不清。仅凭“严重失音”与“哑巴”、“大手术”与“小手术”的轻微差异，就认定新闻报道严重失实，缺乏法律依据，认定事实错误。②一审法院程序违法。一审法院与本案审理结果有利害关系，难以对案件作出公正判决，请求中级法院依法改判。

二审法院查明的事实与一审一致。二审法院认为上诉人的报道严重失实，其行为侵犯了被上诉人的名誉权。上诉人辩称报道没有失实的理由证据不足，依法不予支持。上诉人主张一审程序违法，但未能提供有效证据证实其主张且与事实不符，其主张依法不予支持。原审法院认定事实清楚，适用法律正确。依照《中华人民共和国民事诉讼法》第一百五十二条、第一百五十三条第一款第一项、第一百五十八条的规定，判决如下：

驳回上诉，维持原判。

二审案件受理费100元由上诉人某报社负担。

三、律师点评

1. 新闻侵犯名誉权的构成要件。

本案是一起新闻侵犯法人名誉权案。新闻是一种有效的社会监督手段，新闻自由应当受到法律的保护，但新闻自由如果超越了法律的界限，就会造成侵犯他人权利的后果。新闻通常侵害的是与人们的名誉、荣誉、姓名、肖像、隐私等有关的权利。本案侵犯的就是医院的名誉权。

名誉权是指公民和法人对其应有的社会评价所享有的不受他人侵害的权利。名誉权是人格权的一种，任何人都不得损害公民和法人的名誉。凡败坏他人名誉、损害他人形象的行为，都是对名誉权的侵犯，行为人应负法律责任。《中华人民共和国民法通则》第一百零一条规定："公民、法人享有名誉权，公民的人格尊严受法律保护，禁止用侮辱、诽谤等方式损害公民、法人的名誉。"

《最高人民法院关于审理名誉案件若干问题的解答》规定，是否构成侵害名誉权的责任，应当根据受害人确有名誉权被损害的事实、行为人行为违法、违法行为与损害后果之间有因果关系、行为人主观上有过错来认定。同时规定，撰写、发表批评文章，文章的基本内容失实，使他人名誉受到损害的，应认定为侵害他人名誉权。此外，《最高人民法院关于审理名誉权案件若干问题的解释》也规定：新闻单位对生产者、经营者、销售者的产品质量或者服务质量进行批评、评论，内容基本属实，没有侮辱内容的，不应当认定为侵害其名誉权；主要内容失实，损害其名誉的，应当认定为侵害名誉权。以上规定明确了构成侵害名誉权的要件以及正确行使新闻监督权和新闻侵权之间的界限。

构成侵害名誉权的要件有：（1）行为人实施了侮辱、诽谤等违法行为。侮辱是指故意以暴力、语言、文字等方式贬低他人人格、毁损他人名誉。诽谤是指行为人因故意或过失而散布某种虚假的事实，损害他人名誉。（2）行为人的行为指向特定人，指名道姓。（3）名誉受到毁损、遭受精神上和财产上损害的事实。（4）行为人有过错。新闻内容是否基本属实，是否存在侮辱或者损害他人名誉的内容，是认定是否构成侵害名誉权的关键。

本案中，报社记者没有进行必要的调查，工作不认真仔细，造成报道失真，存在主观过错。该报道严重失实，点名指向某医院，使广大读者对医院产生不好的印象，使医院社会评价下降。因此，报社的行为构成侵害医院名誉权的侵权行为，应当依法承担法律责任。依据我国《民法通则》的规定，公民的姓名权、肖像权、名誉权、荣誉权受到侵害的，有权要求停止侵害，恢复名誉，消除影响，赔礼道歉，并可以要求赔偿损失。法人的名称权、名誉权、荣誉权受到侵害的，适用前款规定。

2. 新闻侵犯名誉权的责任主体。

记者撰写文章失实，侵犯公民或者法人名誉权的，应当由谁承担法律责任？我国国务院《出版管理条例》第十六条规定，报社、期刊社、图书出版社、音像出版社和电子出版物出版社等应当具备法人条件，经核准登记后，取得法人资格，以其全部法人财产独立承担民事责任。依照该条例规定，视为出版单位的报纸编辑部、期刊编辑部不具有法人资格，其民事责任由其主办单位承担。《最高人民法院关于审理名誉权案件若干问题的解答》第六条规定，因新闻报道或其他作品发生的名誉权纠纷，应根据原告的起诉确定被告。只诉作者的，列作者为被告；只诉新闻出版单位的，列新闻出版单位为被告；对作者和新闻出版单位都提起诉讼的，将作者和新闻出版单位均列为被告，但作者与新闻出版单位为隶属关系，作品系作者履行职务所形成的，只列单位为被告。可见，如果作者与具有法人资格的新闻出版单位没有隶属关系，在出现新闻侵权的时候，承担责任的主体依据原告的选择来确定被告；如果作者与具有法人资格的新闻出版单位具有隶属关系，承担侵权责任的为新闻出版单位。因此，本案报道虽系某报社记者所撰写，但依据法律规定，承但侵权民事责任的为具有法人资格的该报社。

四、新闻媒体应注意的问题

1．报道应当真实。据有关资料，在由新闻报道引起的侵权诉讼中，针对“新闻失实”提出的侵权案达80%以上，其中媒体进行舆论监督、批评报道而被诉“新闻失实”、名誉侵权的占了绝大多数。新闻报道应当维护新闻的真实性，不能捕风捉影、弄虚作假、想象虚构，更不应为追求轰动效应而歪曲事实，否则要承担法律责任。

2．报道应当有利于医患双方的沟通和化解矛盾。医患之间往往存在一些误解。患者对医学的期望值较高，现代医学发展水平有限，还有患者自身的疾病和体质特殊问题，都有可能导致患者对医疗效果不太满意。因医生的过错而引发的医疗事故毕竟是少数，大多数患者都得到了医务人员的精心治疗。失实和有倾向性的报道只能增加医患之间的敌对情绪，不利于化解和解决矛盾。正确的报道可以引导医患双方按照正常的法律程序处理医疗纠纷。

3．在对医疗技术等专业性较强的案件进行报道时，应当采取谨慎态度。本案双方当事人争执的焦点是医院对患者实施的是何种手术、手术后的效果应如何评价。能否作出恰当的评价，主要取决于是否具有相应的医学知识。报社的记者系新闻工作者，并非医务工作者，具备专门医学知识的可能性较小，所以在进行类似报道之前，要获取相关的专业知识，保证报道的客观真实性，否则将可能出现报道失实，构成侵权行为。

五、医院应当注意的问题

1．平时注意与新闻媒体保持沟通，介绍医院抢救患者实施人道主义的感人事迹，让媒体记者对医务人员的工作有全方位的了解。

2．如果医疗纠纷已经进入司法程序阶段，被公开处理，就无须回避媒体记者，应当将医院答辩的观点和意见向记者陈述，请他们如实报道。如果不与记者沟通，任由他们听取患方一面之词，就有可能使报道产生偏差。

3．当名誉侵权行为发生时，应当积极通过法律程序维护自己的权利。这不仅可以及时挽回自己的名誉损失，也可以督促新闻媒体在进行相关报道时能够采取更为谨慎的态度。

九、涉及刑事责任相关案例

中国第一例“安乐死”案

一、案情简介

1986年6月23日，某省某传染病医院肝炎科收治了晚期肝硬化、腹水患者夏某某。6月27日，夏某某病情严重恶化，痛苦不堪，呼嚎不止，强烈要求医生和其儿子采取措施让其迅速地死去，不要再让其忍受毫无意义的痛苦。医院根据其病情向病人和她的儿子王某某送达了病危通知书。其子王某某不忍看到母亲在生不如死的极度痛苦中挣扎，跪地恳求科主任、主治医师蒲某某让其母亲尽早辞世。在王某某保证承担一切责任后，蒲医生指示护士对患者注射了87.5毫克的冬眠灵。夏某某于6月29日凌晨死亡。案发后，该案主治医师蒲某某、患者儿子王某某以故意杀人罪被拘留、逮捕。

二、法院判决

1991年4月，某市人民法院经公开审理后做出一审判决，一方面认定被告人的行为属于故意剥夺公民生命权利的行为，另一方面又指出夏某某的直接死因是肝性脑病、严重肝肾功能衰竭，也不排除褥疮感染等原因。注射冬眠灵虽然促进了病人的死亡，但用药量尚属正常范围，不是造成夏某某死亡的直接和根本性的原因。综合全案具体情况，二被告人的行为属于“情节显著轻微、危害不大”，因而宣判蒲某某、王某某无罪。

一审宣判后，控方与辩方同时对判决提出抗诉与上诉。一年后，即1992年3月25日，某地区中级人民法院二审裁定驳回抗诉、上诉，维持原判。至此，我国首例安乐死诉讼案从1986年7月3日立案到1992年3月25日，经历6年的漫长诉讼，终于尘埃落定，以被告人被宣告无罪而告终。

三、律师点评

“安乐死”一词源于希腊文 euthanasia，原意为“快乐的死亡”。韦伯斯特辞典将其界定为“安静而容易的死亡或引致安静而容易的死亡的举动”。安乐死可以按照不同的标准进行分类。首先，根据患者对“安乐死”的意愿，可以将安乐死分为自愿安乐死与非自愿安乐死。其次，根据安乐死的实施方式，可以将安乐死分为积极安乐死与消极安乐死。再次，根据行为目的是否直接导致病患死亡，可以将安乐死分为直接安乐死和间接安乐死。

1. 国外的相关立法例。

自 20 世纪 30 年代以来，安乐死问题在世界范围内引起了广泛的关注和讨论。目前，不同的国家，不论是理论界还是国家立法，都对安乐死表明了不同的态度。

迄今为止，将安乐死在法律上予以非犯罪化的急先锋首推荷兰。1990 年，荷兰政府成立了安乐死委员会，负责对有关安乐死的医疗实践进行调查。该委员会对荷兰安乐死的实施状况进行了一系列的调查统计，在调查的基础上提出了安乐死的立法建议。基本上根据该委员会的报告，荷兰政府于 1991 年 11 月提出立法草案试图就安乐死非犯罪化达成妥协方案。经过数个月的辩论后，荷兰政府于 1992 年 4 月正式向国会提出立法草案，国会两院分别于 1993 年 2 月和 1993 年 11 月通过了该法案，并于 1994 年 1 月 1 日正式生效。该法案确定了医生执行安乐死不会被起诉的指导原则。只要医师根据该指导原则实施安乐死，其行为虽然在法律上仍构成“受托杀人罪”，但是鉴于医生可能因为保护患者生命的义务与最大限度地减轻患者痛苦的义务的冲突而被迫做出选择，其行为因义务冲突而阻却违法性，因而可以不被检察官起诉。1999 年 8 月，荷兰国会通过的法律修正案进一步放宽了安乐死不被追诉的条件，规定凡 16 岁以上而身患绝症末期者，有权选择是否接受安乐死；12 至 15 岁的少年若要安乐死，必须经其家长同意。如果说 1993 年通过的安乐死非犯罪化法案只是对安乐死予以法律上的非犯罪化处理的一个临时安排的话，那么 2000 年 11 月 28 日、2001 年 4 月 1 日荷兰国会众议院、参议院分别以压倒多数票表决通过的新的“安乐死法案”则使荷兰最终成为全球首个正式在法律上将安乐死非犯罪化的国家。该法案进一步修改、完善了 1993 年通过的安乐死法案规定的安乐死非犯罪化的条件与程序。

荷兰安乐死非犯罪化法案使世界范围内的安乐死运动所推动的安乐死法律上的非犯罪化真正得以确立。在荷兰的影响下，比利时亦紧随其后于 2002 年 5 月通过了安乐死法案，成为继荷兰之后世界上第二个正式将安乐死非犯罪化的国家。比利时的安乐死法案基本沿袭了荷兰规定的安乐死条件，但又有进一步的发展。该法案首先对安乐死的主体与对象进行了严格的限制，规定只有没有犯罪记录的医师才可以实施安乐死，医师必须确信请求安乐死的患者是成年的、具有完全的行为能力的、意识清醒的，请求必须是自愿的、深思熟虑的和反复的，患者必须由于疾病或事故而处于难以忍受的和持续的身体与心理的痛苦与煎熬之中，并且确实无法治愈。

在主要西方国家中，美国可能是个例外。据盖洛普民意调查表明，大部分美国人（51%）反对安乐死，而赞成“当一个人处于无望改善极大痛楚之时，别人有权利结束他的生命”的只占 41%。美国医学界对安乐死则持更为谨慎的态度。1996 年 11 月 12 日，美国医学会以及包括护士协会和精神病协会在内的 30 多个医疗卫生组织正式向美国最高法院递交请愿书，敦促最高法院继续维持各州的安乐死禁令。

2. 我国的立法状况。

安乐死在我国不是一个陌生的话题。早在 20 世纪 80 年代初，我国舆论界就曾对安乐死问题进行过热烈讨论，赞成与反对安乐死的意见不相上下。

我国有部分伦理学者与医学者积极从事安乐死的研究、宣传与推广。我国医学界也有权威人士积极主张安乐死，如有“中国临终关怀之父”之称的天津医科大学崔以泰教授和北京儿童医院胡亚美教授均积极主张安乐死，并利用全国人大代表的身份多次提案倡议将安乐死合法化。1997 年，来自医学、法学、伦理以及实际工作部门的学者在上海举行了首次全国性的安乐死学术讨论会，力图从不同学科的视角对安乐死进行科际整合的多学科的客观探讨，激荡与整合出符合人性尊严及时代需要的伦理原则与法律对策。多数代表拥护安乐死，个别代表甚至认为安乐死立法迫在眉睫。据调查，我国目前赞成安乐死的人主要是老年人和高知识阶层人士。据《健康报》报道，有关部门对北京地区近千人进行的问卷调查表明，91%以上的人赞成安乐死，85%的人认为应该立法实施安乐死。

反对安乐死合法化的人士则认为，安乐死是违反生老病死自然规律的反自然行为，削弱了人类战胜灾难的力量和勇气。同时，确定患者是否真正愿意安乐死很困难，安乐死有被滥用的危险。

我国一些学者在承认安乐死的人道性、正义性的同时，提出我国的社会文明，特别是精神文明、道德素质、人道意识水平尚不足以为实施安乐死提供社会伦理保障；医疗卫生与福利保障体系不足以为实施安乐死提供可靠的社会保障；医界从业人员的道德状况不足以为实施安乐死提供医疗救治上的技术保障；我国的整体社会法制状况不足以为安乐死的正确与适当适用提供有效的法律保障。因而，安乐死合法化应该缓行。

但一个最重要的事实就是中国目前对安乐死尚没有立法，也就是说，在法律上中国不允许安乐死。实施安乐死在我国刑法上被认定为故意杀人，应当受到刑事处罚。本案中，人民法院最终认定蒲某某、王某某不构成犯罪，也并不是从审判的角度对安乐死行为的默认。法院之所以做出如此的判决完全是根据该案的具体情形的特殊性，认定该案情节显著轻微，不构成犯罪。近年来，河南、上海等地法院则先后对妻子用农药毒死罹患晚期肝癌、痛苦不堪的丈夫、67 岁的儿子电击致死因患脑溢血瘫痪在床多年、只能靠输液维持生命的 92 岁老母等安乐死案件做出了判决，认定被告人有罪并判处有期徒刑。

当年参与王某某案的研究和审判工作的法学家王鸿鳞认为："从表面上看，安乐死虽然也是致人死亡，但与刑法的故意杀人罪有着本质的不同。"笔者认为，从刑法的犯罪构成要件来看，在犯罪的主观方面，实施安乐死不符合刑法对犯罪目的和犯罪动机的规定。所谓犯罪目的，是指犯罪嫌疑人希望通过实施犯罪行为达到某种危害社会结果的心理态度，也就是危害结果在犯罪嫌疑人主观上的表现。犯罪动机是指刺激犯罪嫌疑人实施犯罪行为以达到犯罪目的的内心冲动或内心起因。对垂危病人实施安乐死，其所追求和希望的不是死亡结果，因为这个结局已定，追求的是通过人工调节的措施改变濒死前的痛苦状况，也就是对死亡方法和途径的一种选择。因此，安乐死行为不具有社会危害性。

上述判例反映出审判机关对安乐死的态度。同时，这些案例也反映出在中国对安乐死的需要是事实存在的。据中国实施第一例安乐死的医生蒲某某透露，很多医生事实上已在私下应患者及其家属的请求给濒临死亡并且处于不堪忍受的极端痛苦之中的患者实施安乐死。然而，在没有合法化的前提下，悄悄进行的事情往往容易出问题，也很难解决，比如说双方之间的责任怎么分配；再有，如果真有受害的一方的话，将如何寻求保护。法律如果继续对这一问题采取回避的态度，将会使当事人的合法权益无法得到法律的保护。这些问题都是摆在立法者面前亟待解决的问题。

在我国，1988 年就有全国人大代表提出了安乐死立法的议案，安乐死合法化也有广泛的民意基础，但安乐死立法却难以启动。除了安乐死合法化反对者提出的种种理由的影响外，恐怕还有这样几方面的原因：

首先，传统伦理道德观念的束缚。在人们的传统伦理道德观念中，医生的天职是救死扶伤，由医生帮助患者实施安乐死可能会令很多人难以接受。同时，仁、爱、孝、义等传统伦理和道德观念也要求人们尊重生命、热爱生命。以促成患者尽快结束生命为表征的安乐死，在表象上是与传统伦理道德观念相冲突的，因而人们接受安乐死注定会存在困难，特别是让自己的亲人去安乐死，更快地离开自己，就更令很多人难以接受。

其次，担心安乐死合法化后会被滥用。安乐死的合法化可能导致谋杀。如何避免安乐死合法化带来的社会问题，确实值得注意。

最后一个方面的原因是政府面临的责任和压力。根据人权理论和有关国际人权公约，国家有责任为国民提供其本人和家属所需的健康和福利保障；有责任创造保证人人在患病时能得到医疗照顾的条件。但毋庸讳言的是，作为发展中国家，我国由于财力有限，政府对国民健康和福利的保障尚有很多不尽人意的地方，特别是占全国人口绝对多数的农民阶层目前还未纳入国家的社会保障体系。在此种情形之下进行安乐死立法，国家难免会担心面临推卸责任的诘难。

总之，根据我国目前的法律规定，安乐死是被严格禁止的，不管公民的生命正处于何种状态，其生命的尊严均应受到尊重，不能被肆意地剥夺。尤其对于广大的医务人员而言，他们直接面对患者的生与死，在许多情形下需要在情与法的冲突中做出抉择。这就要求医务人员在医疗行为中不但要对病人倾注无私的爱心，更要严格地遵守法律，在情与法相互发生冲突的时候必须非常理智地处理问题，“守法”战胜“同情”。只有这样，才能做到善待、尊重生命，也才能更好地保护自己。

四、医院应当注意的问题

医院及医生应具备法律意识，不能贸然实施法律禁止的行为。对于确无治愈希望的病人，可按病人放弃治疗对待，不可主动为其实施安乐死。

五、患者应当注意的问题

患者同样应具备法律意识，如确无治愈希望，可放弃治疗，但不可强求医生为其实施安乐死。

医生涉嫌医疗事故罪案

一、案情简介

2001 年 7 月 9 日，某省某市患者 Y 因发热、怕冷，要求某诊所医生李某到其家中为其进行诊治。李医生到达后，经查体，诊断 Y 为上呼吸道感染，给予 0.9% 生理盐水 250 毫升、林可霉素 1.8 克、维生素 C 3 克、病毒唑 400 毫克、10% 葡萄糖 250 毫克、清开灵注射液 20 毫克在家静脉滴注处理，当天输液后患者无任何不适感觉。

次日下午 14 时左右，Y 再次要求李某到其家中为其进行输液治疗，李某使用了和前一日治疗相同的药物。16 时左右，患者突然出现恶心、呕吐、烦躁不安等症状，李某为其肌注苯海拉明和异丙嗪后，患者症状没有缓解。随即，Y 被送至某市某职工医院进行抢救，被诊断为热衰竭、过敏性休克。经对症治疗，患者状况不见好转，继而被转至某医科大学第一附属医院继续治疗，同样被诊断为过敏性休克。2001 年 7 月 11 日凌晨，Y 因抢救无效在该院死亡。8 月 15 日，某区人民检察院出具了 Y 的尸体解剖报告，结论为：Y 系脑干出血死亡。

二、鉴定结论

2001 年 7 月，Y 家属单方向某市某区卫生局送封了盐酸氯丙嗪和苯海拉明的空安瓿各一支，声称是事发当时的抢救用药（医方称用的是异丙嗪）。

2001 年 10 月，Y 家属就 Y 的死因及治疗用药问题提出疑问，向某区医疗事故技术鉴定委员会提请医疗事故鉴定。11 月，某区医疗事故技术鉴定委员会作出了鉴定结论，认为："Y 系脑干出血死亡；……患者死亡与李某所采取的治疗措施无直接因果关系；……根据《医疗事故处理办法》第三条第二款之规定，不构成医疗事故。”

区鉴定结论作出后，Y家属不服，申请上一级进行鉴定。2002年3月，某市医疗事故技术鉴定委员会对本例作出结论，认为：“……Y系脑干出血死亡；……患者疲劳、感染、动脉硬化等均可导致脑血管意外发生，输液反应也是致病的诱因之一，但与患者死亡无因果关系；……本纠纷不构成医疗事故。”此鉴定结论作出后，患者家属和医方均未申请省级鉴定。

2004年1月，某市卫生局接受某市公安局的委托，再次委托市医学会对本例进行市级医疗事故鉴定，鉴定结论为：“(1) 诊所大夫离开医疗机构到患者家中输液，违反了《执业医师法》的有关规定；(2) 医师在接诊、特别是在抢救过程中，未对患者进行重要生命体征的检测记录，违反了医疗操作常规；(3) 患者在治疗过程中出现输液反应，在抢救过程中误用氯丙嗪，违反了抗过敏的治疗原则，使过敏性休克不能得到及时纠正，以致病情加重；(4) 输液反应、过敏性休克导致包括脑干出血的多脏器出血，是死亡的直接原因（特别是脑干出血）。医疗过失行为与患者的死亡后果之间有一定的因果关系。结论：本病例属于一级甲等医疗事故，医方承担主要责任。

三、诉讼及法院判决

1. 民事部分

2003年7月及2003年11月，某市某区人民法院和某市中级人民法院针对本纠纷分别做出了一审和二审民事判决，最终判定李某赔偿Y家属各项费用合计人民币5万余元。在民事判决书的法院审理查明部分，对于用药问题是这样描述的：“2001年7月9日，Y因病请李某到家中输液；7月10日14时进行第二次输液，16时左右，换输第二部液体清开灵，输入约20毫升左右时，患者出现发冷、发抖，其家属迅速通知李某，李某来后立即拔掉液体，随后注射苯海拉明和另一种药物抢救（注：李某当庭声称使用的是异丙嗪，患者家属则说输液现场发现的是氯丙嗪空瓶，使用的是氯丙嗪。区卫生局7月13日签收氯丙嗪空瓶……)。”

2. 刑事部分

2004年3月，某市某区人民检察院以涉嫌医疗事故罪将李某诉至某区人民法院。起诉书认定：“……被告人李某违反医疗操作规程，误用药物致人死亡，其行为已触犯《中华人民共和国刑法》第三百三十五条之规定，犯罪事实清楚，证据确实充分，应当以医疗事故罪追究其刑事责任……”检察院以当事人报案材料、证人证言、某市中级人民法院民事判决书、某市医学会医疗事故鉴定书、被告人供述作为提起公诉的证据材料。

2004年7月，某市某区人民法院对本案作出一审判决，认定被告人李某犯医疗事故罪，判处有期徒刑2年。李某不服，向某市中级人民法院提起上诉，二审法院裁定将本案发回重审。

四、辩护人辩护意见

在本案一审审理中，辩护人针对公诉人的指控，发表了自己的辩护意见：

（一）公诉机关提供的证据材料缺乏客观性，不能作为认定事实的依据。

1. 公诉机关根据某市医学会对本例作出的医疗事故鉴定结论，认定被告人构成刑事犯罪。而鉴定机构之所以认定本例构成医疗事故，是因为鉴定机构认为医方错误地使用了氯丙嗪药物，引发过敏性休克造成死亡，所以用药问题在本案中是确定被告人罪与非罪的关键。患方在事发3日后单方向卫生局送封了氯丙嗪安瓿，声称是医方当时用药，而医方从事发当时到最后一直坚持自己使用的是异丙嗪，双方对于用药问题的描述截然不同，存在重大差异。但公诉机关一直没有对用药问题进行任何形式的调查核实，鉴定也是在用药问题不明确的情况下进行的，没有在鉴定前对用药问题进行核实。患方的送封行为既非在事发当时进行的，也不是在医患双方共同在场的情况下进行的，送封安瓿没有经过医方的核实确认。民事判决中采用了“患方声称……”和“医方声称……”的表达形式，说明民事案件审理同样也没有对用药问题进行明确。何况，患方送封氯丙嗪安瓿的行为发生在事隔数日后，不能证明患方单方送封的安瓿就是事发当时使用的，不排除送检物系患方事后在其他地方取得的可能性。鉴于刑事诉讼对于证据合法性的特殊要求，患方事后单方送检的安瓿仅从程序而言就明显不合法，该证据不能作为确定刑事责任的依据。

关于用药问题，有两个情节值得注意：

（1）患者死亡后，医方当时在向患者家属介绍诊疗用药情况时，明确说明使用的是异丙嗪，患方当时并没有对用药问题提出质疑；在患者出现不良反应后所就诊的两家医院的病历中，都记录着患者就诊前使用的是异丙嗪而非氯丙嗪；尸检报告中没有任何关于患者在使用氯丙嗪后发生过敏性休克的描述，同样不能证明医方使用了氯丙嗪。

（2）某区人民法院和市中级人民法院在对本纠纷进行民事审理的过程中，没有认定医方使用了氯丙嗪。具有法定事实认定职能的审判机关对用药情况都没有作出认定，那么作为专业技术鉴定机构的医疗事故技术鉴定委员会又是依据什么进行事实认定的呢？上述在事发当时第一时间形成的证据资料，从形成的时间、证据的提供者以及科学性等任何一个角度而言，形成了一个完整的证据链条体系，相互印证，可以证明当时的事实情况。在没有任何明确、确实的能证明事发当时医方使用了氯丙嗪的证据存在的情况下，就草率地进行刑事责任认定是错误的，应当予以纠正。

2. 本例先后历经三次医疗事故鉴定。（1）2001 年 11 月 6 日，某市某区对本例进行第一次鉴定，即区医疗事故鉴定，鉴定结论为：①患者系脑干出血死亡；②此事件不构成医疗事故。（2）2002 年 3 月 29 日，某市医疗事故技术鉴定委员会做出了鉴定结论，同样也认为本例不构成医疗事故。该鉴定书在同日送达当事人双方。在鉴定书的备注部分明确说明："如对鉴定结论不服，从此鉴定书发出之日起15日内可向上一级医疗事故技术鉴定委员会重新申请鉴定，或向当地人民法院起诉。"当时施行的《医疗事故处理办法》规定，鉴定有省、市、区三级。如果患方对市级鉴定有异议，应当在法定期限内申请上一级重新鉴定或向人民法院提起诉讼。事实上，患方既没有在法定时间内申请上一级重新鉴定，也没有向人民法院起诉，故自鉴定文书送达之日起15日后，某市第一次医疗纠纷鉴定结论已经生效。2002年9月1日起施行的《医疗事故处理条例》第六十三条规定："本条例施行前已经处理结案的医疗事故争议，不再重新处理。"因此，第一次的市级鉴定结论是本例合法有效的责任认定结论。（3）市医学会医疗事故技术鉴定委员会无视《医疗事故处理条例》第六十三条的规定，在没有任何证据否定已经存在并生效的同级鉴定结论的情况下，在2004年1月15日又对本例进行了再次医疗事故鉴定。这种做法违反了法律法规的规定。退一步说，即使需要对本例进行再次鉴定，也应当进行省级医疗事故鉴定而不是重复进行同级鉴定。据称，某市医学会2004年1月15日进行的鉴定是市卫生局受市公安局某区分局的委托而移交医学会进行的。根据2002年9月1日起实施的《医疗事故处理条例》第二十条和《医疗事故技术鉴定暂行办法》第九条、第十条的规定，卫生局只能在自己处理当事人双方的医疗事故争议时，对其中应当进行鉴定的问题交由医学会进行鉴定，没有规定卫生局可以接受医患双方以外的第三人的委托进行医疗事故鉴定。本案中，如果公安机关确有足够的证据表明需要通过重新鉴定否定已经生效的鉴定结论，也应当由其直接委托省医学会进行再次鉴定，而不应当委托市卫生局进行再次鉴定。因此，2004年1月15日进行的再次鉴定无论从提请的依据还是从提起的方式来看，都存在严重的程序违法问题。程序合法有效是保证实体结论客观真实的前提和基础，程序的违法必然使这份鉴定结论缺乏法定的证据效力，不应作为司法机关认定事实的依据。

3．某市医学会进行的第二次医疗事故鉴定结论从内容上看自相矛盾，缺乏客观性。检察院的尸解报告仅仅认定患者系脑干出血死亡，并未认定死者有过敏性休克的表现。因此，引起脑干出血发生的确切原因是鉴定专家所说的输液反应还是患者自身疾病所致，尚不能确定。退一步说，即使市医学会的鉴定结论正确无误，即患者是由于过敏性休克引发脑干出血而死，那也是由于其自身体质特殊所致，过错责任不应当由医方承担；即便认定医方使用了氯丙嗪，也不能得出用药是造成患者死亡的主要原因的结论。从药理作用角度而言，使用氯丙嗪可能会导致患者血压下降，即出现所谓的冬眠状态，而从该患者在后续就诊医院的病历来看，其血压不降反升，从 80/60mmHg 上升到 115/60mmHg，而且患者是在发生输液反应后很短的时间内就被及时转往后续医院就诊，医院立即为其使用了纠正过敏性休克的肾上腺素，不存在没有使患者得到及时抢救的治疗问题。即使不排除使用氯丙嗪可能产生鉴定专家所说的一定的因果关系，医方应承担的也只是次要责任，而不是第二次市级医疗事故鉴定所认定的主要责任。因此，第二次市级医疗事故鉴定结论自相矛盾，缺乏客观事实依据支持，这份鉴定结论不应当成为判定刑事责任承担的主要依据。

（二）构成一级医疗事故不等于必然构成医疗事故罪，被告人的行为不符合《刑法》第三百三十五条规定的医疗事故罪的构成要件，不构成犯罪。

1．所谓医疗事故罪，是指由于医务人员严重不负责任，造成就诊人死亡或者严重损害就诊人身体健康的行为。就其犯罪构成要件而言，除了主体特殊、客体是侵犯国家正常的医疗诊疗秩序及就诊人的生命健康权、犯罪的主观方面要求有严重违反医疗诊疗规范的故意以外，判断罪与非罪的关键之处就是造成医疗事故的真正原因，即发生就诊人死亡或者健康受到严重损害后果的原因到底是由于医务人员严重不负责任，还是由于医务人员技术水平不高、缺乏经验。虽然现行的《医疗事故处理条例》没有区分责任事故和技术事故，但从犯罪构成的主、客观要件分析，构成医疗事故犯罪的必定是传统意义上的责任事故，而非技术事故。

1985 年某省人民政府颁布的《某省医疗事故鉴定处理试行办法》第三条对于医疗责任事故规定了 11 种情况，其中与本例情况相符的有："一、对危重患者和急诊产妇，借故推诿、拒收，不采取任何紧急措施而转院（科），贻误抢救时机，造成不良后果者；二、诊疗、护理过程中，不遵守规章制度，擅离职守，造成不良后果者；五、对规定应做过敏试验的药物，不做过敏试验，造成死亡者。"本例中完全不存在上述情况。被告人应患者要求积极出诊，根据病人的症状、体征表现对症采取相应的治疗措施，采取的基本措施符合疾病的治疗原则；异丙嗪和氯丙嗪都不是使用前需要做过敏试验的药物；在患者病情发生变化时，被告人积极予以救治、及时将患者转往其他医疗机构，并全程陪同。可以肯定的是，被告人对患者的生命健康是非常重视的，并不存在推诿、漠视、不负责任等行为。鉴于其是一个个体诊所医生，医学水平存在一定的局限，在紧急情况下对疾病的判断难免存在不足。即使这样，也属于诊疗技术水平的问题，并非对就诊人漠不关心，更不是严重不负责任。

中国现有的医疗水平因地区差异、医疗机构分布不同而有所不同，这是我国的实际国情，要求所有医务人员的诊疗水平都达到国家级、省级大型医疗机构从业人员的水平，不符合客观实际。确实由于医疗技术水平而造成就诊人损害的，应当通过民事赔偿和相应的行政处罚实现权利的救济。我国法律对于犯罪构成有着严格的规定，严格区分罪与非罪的界限，构成医疗事故罪必须有法定切实确凿的证据，必须符合法定的犯罪构成要件，而本案被告人的医疗行为显然是不符合医疗事故罪的法定犯罪构成要件的，不应当被认定为犯罪。

2. 某区医疗事故技术鉴定委员会的鉴定结论和某市医疗事故技术鉴定委员会的第一次鉴定结论都认定本例不属于医疗事故，也就是说，当时专家并不认为医方存在诊疗过错行为，不构成医疗事故，更谈不上医疗事故罪了。退一步说，即使使用的是氯丙嗪，这也不是直接导致患者死亡的原因，被告方的诊疗行为与患者损害后果之间不存在构成医疗事故犯罪所要求的因果关系条件，被告人也缺乏犯罪构成客观要件的支持。所以，不能简单地因为构成一级医疗事故主要责任就想当然地认为必定构成医疗事故犯罪，用那种认为交通事故负主要责任者就一定构成交通肇事罪的认识来处理医疗案件是错误的。案件类型不同，性质不同，对罪与非罪的要求也必然不同。

五、专家论证意见

本案曾向中国政法大学某权威刑事法律专家和北京大学法学院某著名司法鉴定专家求教，他们分别发表了自己的意见。

1. 中国政法大学某教授意见

问：本案医患双方在用药问题上存在很大争议，医方坚持说自己使用的是异丙嗪，而患方在事发 3 天后提交了一个氯丙嗪安瓿，称是事发当时的用药，并提供了几份证人证言，证明当时医生使用的就是氯丙嗪。您认为根据现有材料，能否认定本案中使用的药物到底是氯丙嗪还是异丙嗪？

答：应该说，这两种可能性都存在，无法排除某一种可能性的存在而得出唯一性的结论。但从现有资料看，医生一直坚持自己使用的是异丙嗪。后来患者就诊的两家医院的记录也证实，医生介绍情况时陈述所使用的药物是异丙嗪。当时患者并没有死亡，医生当时也没有预料患者会发生死亡，此时的记录真实的可能为大，而且患者死亡后医生仍然声称用的是异丙嗪。医生陈述使用异丙嗪的事实发生在先，而患方送交氯丙嗪安瓿是在事发后 3 天，是患方单方行为，没有经医方确认，不排除患方事后调包的可能。

证人证言只有经过当庭质证，才能作为认定事实的依据，而本案证人未出庭，其身份本身无法确定，更无法确认其证词的真实性了。另外，取证时间在一年之后，而且是患方律师单方调取。从证词本身的内容看，证人不是医生，如何能知道是什么药呢？我现在看材料也只知道是两种不同的药，还记不清是什么名字，因此不排除有人暗中引导。这并不能说明 3 天后送去封存的就是当时现场的氯丙嗪安瓿，不能排除其间被调包的可能。要知道，即使是在送往封存的路上调包行为都有可能发生。所以，该证人证言同样也不能证明实际用药的情况。

刑事责任的认定与民事案件不同，民事责任认定在难以准确判断时，可以按照可能性大的情况进行认定；而刑事责任的认定是非常严格的，标准是最高的，要求认定的依据是排除了一切合理怀疑、排除了其他可能的，是准确无疑的。本案中，医患双方各自所述事实都有可能存在，无法得出唯一性的结论，在这个定案关键事实存在很大争议、无法确定的情况下，是不能达到刑事证据排他性、确定性标准的。

问：您是怎么看待本案中存在的诸多鉴定结论的？在案件审理过程中，被告人又提出再进行省级鉴定的主张，您觉得如何？由于被害人家属拒绝参加鉴定，造成省级鉴定最终没有进行，在刑事诉讼中，这种行为是否应当承担责任？

答：首先，鉴定应当不分等级，一次就行了，但按照《医疗事故处理条例》及有关行政法规的规定，省级鉴定一般而言是发生最终法律效力的结论，再委托进行省级鉴定也是可以的。应当明确的是，鉴定机关无权认定用药的事实，只有审判机构才有权认定。从已经存在的几份鉴定结论看，审判机关无法根据现有证据确认用药的事实情况，本案构成刑事犯罪的事实证据明显依据不足。而且，即使进行再次鉴定，鉴定机关也只能根据医患双方各自陈述的事实和尸检结论，分别做出鉴定结论，即分别就使用氯丙嗪和异丙嗪可能造成患者发生什么后果进行鉴定，并得出两个鉴定结论，不能通过鉴定查明案件事实，认定使用了哪种药物。本案的前两个鉴定结论是根据医方使用异丙嗪而得出的，第三个鉴定结论是在医方使用氯丙嗪的情况下做出的，事实上已经就两种不同用药情况相应发生的后果进行了回答。不管进不进行省级鉴定，也不管省级鉴定的两个结论是什么，本案构成刑事犯罪的证据不足，法官完全可以通过案件审理确认的事实，确认罪与非罪。

至于患方是否参加省级鉴定事实上并不重要。过去几次鉴定患方都进行了陈述，此次不去陈述也可以。法院应当通知患者家属参加鉴定会，同时也应告知不去参加应当自行承担可能对其不利的后果。仅因为患者家属不去参加就不进行鉴定存在缺陷。

问：医疗事故罪罪与非罪的标准是什么？您觉得本案应当如何处理？

答：判断罪与非罪最基本、最重要的标准是看医生是否有严重不负责任的情况，如无权开处方而擅自开药处理、不积极抢救患者等。但根据现有的证据资料，不好判断本案医生有此种情况。虽然医生上门输液的行为违规，但这与严重不负责任不是一回事。该人有医生资格证，是具有专业资质的。在患者发生不良反应后，医生及时处理、送医院，每个过程都陪同左右，并没有严重不负责的情况。根据尸检结论，患者因脑干出血死亡。当时其有发热情况，采取输液措施并无过错，输液行为本身有可能对患者产生刺激，用药正确也未必不会引发脑干出血。所以说，诊疗处理是否恰当属于技术水平的问题，医生虽有违规行为，但并不构成刑法意义上的严重不负责任，更构不成犯罪。

我个人认为，本案医生不构成刑事犯罪，通过民事赔偿解决比较妥当，按照刑事途径处理不妥。

2．北京大学法学院某教授意见

问：您认为根据现有材料，能否认定本案中医方使用的到底是氯丙嗪还是异丙嗪？

答：本案中，医患双方对事发当时用药情况的说法并不一致，医方说自己使用的药物是异丙嗪，患方则声称使用的是氯丙嗪。查明用药事实是侦查机关的职责，医疗（事故）鉴定应当是对已明确的事实进行分析评价，并对已知事实是否与死亡有关进行判断，鉴定机关并无权力对案件事实进行认定。本案患者在死亡后虽进行了尸检，但同样无法通过尸检分析判断用药的情况。侦查机关在没有获得能够明确案件事实的有效证据的情况下草率地进行诉讼，已经不是简单的证据不足的问题，而属于典型的案件事实不清。

问：从刑事证据效力的角度来看，您如何评价被害人方提供的证人证言材料？

答：证人证言的形成时间是在案发一年以后。证人本身不是医疗专业人员，却对一年前使用的专业药品名称记得如此清楚，因此有理由怀疑此证言是在专业人员的指导下完成的，证据本身的真实性值得商榷。

问：如何把握理解我国刑法规定的医疗事故罪？

答：医疗事故罪除了犯罪主体特殊外，判断罪与非罪最主要的是要看犯罪嫌疑人在客观方面是不是存在违反诊疗规范、严重不负责任、推诿、不积极采取措施、漠视就诊者的生命健康等行为。如果客观上没有这些表现，就不构成医疗事故罪。

问：对一级医疗事故负主要责任是否必然构成医疗事故罪？

答：我国法律对于刑事责任的认定有着严格的标准和界限，是否构成犯罪应就案件的不同情况进行具体分析。本案涉案事实认定不清，定案证据明显不足，法院认定被告人构成医疗事故罪是错误的。这是一个典型的错案判例，应当纠正并引以为戒。

六、律师点评

本案是《医疗事故处理条例》颁布后一起典型的案例，公诉机关依据一级医疗事故、医方负主要责任的鉴定结论直接认定被告人构成医疗事故罪。

所谓医疗事故罪，根据《刑法》第三百三十五条的规定，是指由于医务人员严重不负责任，造成就诊人死亡或者严重损害就诊人身体健康的行为。判断罪与非罪的最重要界限，就在于区分就诊人发生死亡或者健康受到严重损害的原因，到底是由于医务人员漠视或者不关心病人的生命健康、推诿、不予理睬、不积极采取措施等严重不负责任的行为，还是由于医务人员技术水平不高、缺乏经验。现行的《医疗事故处理条例》取消了过去《医疗事故处理办法》对于责任事故和技术事故的划分，但这并不意味着司法机关无须认定事实，直接简单地套用鉴定结论。就犯罪构成要件的规定而言，构成医疗事故犯罪的必定是传统意义上的责任事故，而非技术事故。所以，认定是否构成犯罪，应着重审查确定犯罪嫌疑人在主、客观上是否具备犯罪的构成要件。

刑事责任的认定由于涉及犯罪嫌疑人的人身自由，所以其责任认定原则与民事责任认定原则存在根本区别。民事责任认定在难以准确判断事实时，可以依照可能性大的原则进行事实推定，而刑事责任的认定因为涉及犯罪嫌疑人的人身自由，所以责任认定标准非常严格，认定责任依据的必须是排除一切合理怀疑及其他可能的唯一性结论，应是准确无误的。像本案这种情况，对于定案至关重要的用药问题，医患双方各执一词，所述的情况在理论上都是有可能存在的，无法得出唯一性的结论。在这个定案关键事实存在很大争议、无法确定的情况下，是不能达到刑事证据排他性、确定性原则的。而且本案无论在事实认定上还是在程序处理上，都存在诸多不妥之处，专家咨询意见以及辩护人的辩护意见中已经详加阐述，在此不做赘述。笔者同意专家意见，认为审判机关如此判决是不符合刑事案件审理原则的，本案通过民事赔偿解决比较妥当，按照刑事途径处理不妥。

七、应当注意的问题

1. 医疗机构应当注意的问题。

（1）在诊疗过程中，应注意对患者生命体征情况进行详细观察和记录；在出现疑似药物不良反应时，应当按照《医疗事故处理条例》的有关规定，在医患双方共同在场的情况下对所使用的药物进行封存，以便今后处理；

（2）要严格遵守相关规定，保证药品来源合法，进出入药品应当进行登记，并保存好相应的发票，以便保留证据资料，尤其是一些个体诊所更应注意规范管理。

（3）应当按照规定在登记注册的执业地点为患者提供医疗诊疗服务，尽量避免到患者家中实施治疗，以免在发生意外时没有足够的救治设备和药物。

2．患方应当注意的问题。

（1）同样，患方也应当注意在事发第一时间对现场实物进行封存，以便维护自身的合法权益。

（2）重视自己的生命健康，有病时应选择到医院就诊治疗，避免在家中治疗缺乏抢救设施和条件。

3．公安、检察、司法机关应当注意的问题。

立案应当遵循法定标准，不能因有人闹事就一定要抓人，一定要判刑。刑罚是最严厉的处罚手段，应当慎重，以免扩大打击面，否则不利于保持医务人员队伍的稳定，最后受损害的还是患者的利益。建议最高人民法院有针对性地对医疗事故的罪与非罪进行界定，出台相应的司法解释，以指导下级法院的审判工作，维护法律的公正和当事人的合法权益。

涉嫌非法行医罪案

一、事实经过

2002年3月22日，辽宁某地一美容院业主顾某从沈阳请来医生纪某、曹某，为40岁的消费者崔某做吸脂手术。当晚7时许，纪某为崔某注射麻药后，曹某开始做手术。在手术过程中，因发现崔某呼吸异常而将其送往医院抢救，后崔某因抢救无效死亡。医学鉴定表明，崔某因异丙酚用药过量引起呼吸抑制、呼吸功能障碍，导致肺、心等多处脏器功能衰竭而死亡。

二、法院判决

某法院经审理认为：被告人顾某在未取得医生执业资格及医疗执业许可证的情况下，擅自进行医疗美容手术，构成非法行医罪；被告人纪某、曹某虽取得医生执业资格，但明知顾某所开办的美容院并非医疗机构，为谋取非法利益而在该院进行医疗美容手术并致人死亡，构成非法行医罪。法院因此分别判处曹某、纪某和顾某有期徒刑10年、12年和10年，同时判处3名被告人承担民事赔偿责任。

三、律师点评

1. 什么叫非法行医罪?

非法行医罪是我国《刑法》在1997年修改后设立的新罪名，是指未取得医生执业资格的人擅自从事医疗活动，情节严重的行为。《中华人民共和国刑法》第三百三十六条规定："未取得医生执业资格的人非法行医，情节严重的，处3年以下有期徒刑、拘役或者管制，并处或者单处罚金；严重损害就诊人身体健康的，处3年以上10年以下有期徒刑，并处罚金；造成就诊人死亡的，处10年以上有期徒刑，并处罚金。

该罪的犯罪构成要件分别是：（1）客体要件。本罪的客体是复杂客体，其主要客体是国家对医疗卫生工作的管理秩序，次要客体是就诊人的生命安全和健康权利。（2）客观要件。本罪在客观方面表现为无医生执业资格的人非法从事诊断、治疗、医务护理工作，情节严重的行为。（3）主体要件。构成本罪的都是未取得医生执业资格的自然人。（4）主观要件。本罪在主观方面表现为直接故意，行为人明知自己未取得医生执业资格，但为牟利而非法行医，其对于非法行医产生的危害后果一般是出于过失。

2. 什么是非法行医行为?

非法行医行为是卫生行政管理上的概念，其涵盖的范围散见于相关卫生行政管理法律、法规、规章以及其他文件之中。

《中华人民共和国执业医师法》、《医疗机构管理条例》等规范虽然对非法行医进行了相应规范，但是较为原则，非法行医行为的客观表现更多地体现在卫生部的一些文件中。

2004年7月6日发布的《卫生部关于对非法采供血液和单采血浆、非法行医专项整治工作中有关法律适用问题的批复》(卫政法发［2004］224号）规定以下情形均属非法行医行为：

（1）使用通过买卖、转让、租借等非法手段获取的《医疗机构执业许可证》开展诊疗活动的；

（2）使用伪造、变造的《医疗机构执业许可证》开展诊疗活动的；

（3）在未取得《医疗机构执业许可证》的药品经营机构开展诊疗活动的；

（4）医疗机构未经批准在登记的执业地点以外开展诊疗活动的；

（5）非本医疗机构人员或者其他机构承包、承租医疗机构科室或房屋并以该医疗机构名义开展诊疗活动的。

2004年5月10日卫生部下发的《卫生部关于开展严厉打击

非法行医专项整治工作的通知》对非法行医的规定更为全面，以下 7 种情形均属专项整治工作的打击对象：

（1）未取得合法《医疗机构执业许可证》擅自执业。

①未取得《医疗机构执业许可证》，擅自开展执业活动的；

②通过买卖、转让、租借《医疗机构执业许可证》开展执业活动的；

③使用过期、失效的《医疗机构执业许可证》开展执业活动的；

④使用伪造、涂改的《医疗机构执业许可证》开展执业活动的；

⑤存在“坐堂行医”行为的。

（2）超出登记范围开展执业活动的，包括诊疗活动超出登记的诊疗科目范围的，变更执业地点、变更主要负责人、变更名称未做变更登记的。

（3）医疗机构将本单位的科室、门诊部、业务用房租借或承包给社会非卫生技术人员从事医疗活动的。

（4）非营利性医疗机构“出租科室”、“外包科室”从事医疗活动的。

（5）外地医务人员来本行政区域内从事医疗活动，未对其执业证书变更登记的。

（6）医疗卫生机构使用非卫生技术人员从事医疗卫生技术工作的。

（7）未经批准或备案擅自开展“义诊”的。

3．非法行医行为和非法行医罪的区别。

从非法行医和非法行医罪的概念我们可以看出，卫生行政管理层面的非法行医行为较之非法行医罪，其规范的面更为广泛，更侧重于以执业许可证为依据进行规范，而非法行医罪规范的面较为狭窄，以医师资格证作为划分罪与非罪的第一道线。非法行医罪无一例外均属非法行医行为。在此，我们仅就未转化为非法行医罪的非法行医行为与非法行医罪进行比较。

（1）行为性质不一样。非法行医行为是违反卫生行政管理法律法规的行政违法行为，受卫生行政法律法规调整，非法行医罪是违反刑法的刑事犯罪行为，受刑法调整。

（2）法律后果不一样。非法行医行为的法律后果包括行政责任和民事责任两方面。行政处罚主要有：责令停止执业活动、没收非法所得和药品、器械，罚款，吊销《医疗机构执业许可证》等。民事责任主要是因非法行医行为给患方造成损害而应承担的经济赔偿责任。非法行医罪的量刑幅度是3年以下有期徒刑、拘役或者管制，并处或者单处罚金；严重损害就诊人身体健康的，处3年以上10年以下有期徒刑，并处罚金；造成就诊人死亡的，处10年以上有期徒刑，并处罚金。

（3）社会危害性不一样。虽然非法行医行为中有一部分人没有医师资格执业证，但大多数是有医师资格或执业证的，只是超越法律规定的执业地点或执业范围，其危害性相对小一些。而非法行医罪均是没有医师资格和执业证的人，故非法行医罪的社会危害性是大于一般非法行医行为的。

（4）行为主体不一样。非法行医行为的主体很宽泛，套用刑法概念来讲，就是一般主体，不论是否具有医生执业资格证或医师执业证，不论是医疗机构还是自然人，都有可能构成非法行医行为的主体。而非法行医罪的主体就只能是不具有医生执业资格证的自然人，如果一个人具有医生执业资格证，那么就不应当成为非法行医罪的主体，并且本罪不是单位犯罪，即单位不构成非法行医罪的主体。

4. 对本案判决的分析。

本案被告顾某在未取得医生执业资格及医疗执业许可证的情况下，擅自开展医疗美容手术，构成非法行医罪是没有任何异议的。但是，法院认为被告人纪某、曹某构成非法行医罪，这是值得商榷的。这两位被告人均具有医生执业资格，如前所述，凡具有医生执业资格的人都不应成为非法行医罪的主体，因此这二人就不可能以非法行医罪获罪。从这一点来讲，笔者认为，法院的这个认定偏离了刑法的规定。

之所以会出现这样的判决，其主要原因在于目前有不少人对于非法行医罪的主体有不同的认识，存在较大的争议。非法行医罪的主体问题之争纷繁复杂，但归结起来主要是对刑法条文“未取得医生执业资格的人”中“执业资格”的含义之争。一般主体说认为，作为犯罪主体的“未取得医生执业资格的人”，既可以是未取得医生执业资格的一般公民，也可以是虽取得医生执业资格但未取得医师执业许可证的人，或者超出执业注册地点、范围执业的人。特殊主体说认为，非法行医的主体是特殊主体，即未取得医生执业资格的人。

笔者认为，一般主体说扩大了非法行医罪的主体，不符合刑法原则和立法原意，模糊了罪与非罪、此罪与彼罪的界限，造成法律实施的困难。

(1) 一般主体说扩大了非法行医罪得的主体范围，违反了刑法原则。

我国刑法明文规定了三个原则，首要原则就是罪刑法定原则。罪刑法定原则的经典表述是“法无明文规定不为罪”、“法无明文规定不处罚”。罪刑法定原则具有法定性、合理性、明确性，其中明确性即对犯罪构成的规定必须明确。从非法行医罪的条文表述来看，“未取得医生执业资格的人”规定得很明确，指的就是医生执业资格，而不是执业注册。

《执业医师法》第八条规定：国家实行医师资格考试制度。医师资格考试分为执业医师资格考试和执业助理医师资格考试。《医师执业注册暂行办法》第四条规定：凡取得执业医师资格或执业助理医师资格的，均可申请医师执业注册。第八条规定：注册主管部门审核合格的，予以注册，并发给卫生部统一印制的《医师执业证书》。从这些规定我们可以看出，能够和《刑法》

条文中“医生执业资格”相对应的应当是执业医师资格和执业助理医师资格，医师执业证书并不是医师执业资格的体现。

刑罚是最严厉的处罚措施，我国刑法从最初的有罪推定到现在的无罪推定，对刑罚的适用是越来越严格。认为“医师执业资格”不仅是执业医师资格和执业助理医师资格，还包括医师执业证书，显然是对刑法条文进行了扩大解释。这种扩大解释既无法律依据，显然也不符合刑法的基本原则。

（2）一般主体说不符合立法原意。

设立非法行医罪的目的在于打击、遏制危害中国多年的无证行医之祸害。一般主体说扩大了打击面，必然会把本不应被追究刑事责任的、具有医生执业资格的主体列入被追究刑事责任的主体范畴。国家之所以对从事医疗工作的人员设立准入门槛，就在于医疗活动关乎就诊人的生命权和身体健康，非经多年的专业学习和严格的训练，不能掌握医疗技术工作所必需的专业技能。能够参加国家组织的医师执业资格考试的人，都是经过相应卫生行政部门审核的，一般都是具备相应医学专业学历并在医疗机构中试用 1 年的专业人员，考试内容包括实践技能考试和医学综合笔试，通过这些考试的人员才能获得《医师资格证书》。获得医生资格的这些人员，对医学综合知识都有一定程度的掌握，这些人员与非法行医罪所打击的对象具有本质的区别。

（3）此说容易混淆非法行医罪和其他犯罪的界限。

非法行医罪比医疗事故罪、过失致人死亡罪处刑重得多，宽严程度不同，证明两者的立法价值取向是不同的，把同一行为归于不存在法规竞合的两罪可能引起司法混乱。本案中的医生曹某、纪某俩人均其有医师执业资格证，不符合非法行医罪的主体要件，因此不应当构成非法行医罪。

综上所述，笔者认为《中华人民共和国刑法》第三百三十六条规定的非法行医罪的主体应当是特殊主体，不应当包括具有《医师资格证书》的人。本案中法院对纪某和曹某的判决是值得商榷的。

四、医院应当注意的问题

医院应当注意建立健全对本院医生的管理制度，加强医疗卫生法律知识培训，让大家都明了非经合法手续不得在注册地点以外的医疗机构执业，在任何情况下都不得在非医疗机构进行诊疗行为（见义勇为除外）。否则，有可能给自己带来麻烦。

医院在请外院专家来院会诊或本院专家应邀会诊时，一定要按照卫生部的要求完善会诊手续。医生未经医院同意，不得私自到外院进行会诊，不得私自收取会诊费用或会诊费用以外的其他费用。

五、患者应当注意的问题

求美心切的美容患者一定要注意，凡是对身体有侵入性的美容手段均系医疗美容的范畴。要进行这样的医疗美容服务，必须到有医学美容执业资格的医疗机构进行美容，切不可贪图方便、便宜，随意到没有资质的美容机构进行医学美容。否则，有可能付出生命的代价。本例就是一记警钟。

十、其他案例

患者假名就医案

一、案情简介

2002年4月3日，袁某一纸诉状将某医院告上法庭，声称自己因轻度腋臭，在2001年4月以“朱某”的名义在被告处接受敷贴治疗，因被告治疗不当致使遗留瘢痕至今。要求法院判决被告赔偿其皮肤健康损失及精神损失费共计人民币5万元。

二、双方的诉讼理由及法院判决

原告诉称：原告于2001年4月以“朱某”的名义在被告处共接受过5次敷贴治疗。经治医生违反规定，让患者亲自操作敷贴器，致使受过放射性物质照射的皮肤溃烂，结痂留瘢至今，造成身体上和精神上的损害。为了证明其所述属实，原告还提供了一份2002年3月19日，也就是起诉前，其到被告医院以“朱某”的名义要求经治医生书写的病历佐证。

被告辩称：原告没有提供其本人或其所称的曾用名“朱某”2001年4月在被告医院治疗腋臭的原始病历、诊疗记录以及进行贴敷治疗的交费单据等，不能证明其在被告处接受过敷贴治疗。另外，在被告医院2001年全年的接诊登记册、治疗记录、财务收费记录等能确认患者身份的记录中，并没有关于原告本人及其声称的治疗使用名“朱某”的任何记录，且原告也不能证明朱某就是原告本人。原告提供的2002年3月19日的病历，是其采用欺骗手段，利用医生的好意，在医生没有核实来访者身份的情况下骗取的。该病历只是对2002年3月19日当天诊治“朱某”情况的记录，并非是对一年前诊疗情况的事实回顾和原始记录。原告不能证明与被告之间存在医患合同关系，不具有要求被告赔偿的诉讼主体资格。

一审法院经审理认为：原告向本院提交的病历上记载患者姓名为“朱某”，但原告未能举证证实“朱某”是原告本人，被告也否认原告曾在其医院接受过治疗，故对于原告主张其与被告之间存在医疗服务合同关系，因证据不足，本院不予承认。因原告无足够证据证明其与本案有直接利害关系，其以原告的身份提起诉讼，不符合法律的规定，对其起诉，应予驳回。依照《中华人民共和国民事诉讼法》第一百零八条第一项、最高人民法院《关于民事诉讼证据的若干规定》第一条的规定，裁定如下：驳回原告的起诉；案件受理费由原告承担。

一审裁定下达后，原告向中级人民法院提起上诉称：在治疗中使用化名的情况比较普遍，接诊医生完全有能力辨认是否治疗过患者，回忆治疗过程、结果等事实，其于2002年出具的对朱某的诊疗意见可以作为认定事实的根据。另外，一审法院规定的15天举证期限违反了最高人民法院《关于民事诉讼证据的若干规定》中30天举证期限的规定，致使原告的一盘录音带无法成为证据，损害了上诉人的合法举证权利。要求二审法院裁定发回重审。

被上诉人认为：上诉人仍不能证明其与被上诉人之间存在医患合同关系，仍不具有诉讼主体资格。其录音带是在2002年骗取医生书写朱某病历时的录音，不是2001年当时的原始录音，且其取得录音带是在一审举证日期之前，不属于民事诉讼法规定的“新的证据”的范畴。一审认定事实清楚，适用法律正确，应予维持。

二审法院认为：上诉人与被上诉人是否形成医疗服务合同关系，应当由上诉人举证证明其在被上诉人处就医并发生损害后果，且其损害后果是由被上诉人的过错所造成的。上诉人声称“朱某”就是其本人，并提供与接诊医生的谈话录音以证明“朱某”就是其本人。但被上诉人不承认上诉人就是“朱某”，也不认可谈话录音，在没有相关证据佐证的情况下，不能仅凭录音证据证明“朱某”即上诉人。被上诉人提供的就诊登记簿中没有“朱某”的名字，上诉人称上面记录的接诊患者“朱O”即是其本人，是自己记错了所用的假名。在上诉人不能提供病历本及医疗单据，亦不能证明“朱某”、“朱O”即其本人的情况下，不能认定上诉人曾在被上诉人处就医。

原审虽限定上诉人在15天内提交证据，但该录音资料是上诉人在诉前即已取得的，15天的时间足够其提供该证据。上诉人以原审违反证据规则规定的举证时限，不采纳其提供的录音证据致使其败诉为由提起的上诉理由不成立。原审法院裁定正确，应予维持。依照《中华人民共和国民事诉讼法》第一百五十四条的规定，裁定如下：驳回上诉，维持原裁定。上诉案件受理费由上诉人承担。本裁定为终审裁定。

三、律师点评

本案涉及在现在的医疗制度下普遍存在的患者在就医时使用假姓名的问题。

姓名是自然人借以相互识别的文字符号系统的总称。我国法律主要从权利的角度规定了公民姓名权的内容，但同时也对某些情况下公民姓名权的行使进行了限制，规定在从事某些重要法律行为时，公民有使用在户籍簿上登记的正式姓名的义务（如进行储蓄、诉讼活动等）。这不仅是维护正常的社会秩序的需要，也是保护公民自身合法权利不受侵害的需要。

正如本案原告在上诉理由中所说的，在就诊时使用假名的患者屡见不鲜，特别是在美容、性病等专科诊疗中。我国法律目前并没有强制规定患者在就医时必须使用在户籍簿上登记的正式姓名。从理论上讲，患者可以自由选择治疗时所使用的名字，但患者一旦做出了使用替代名的决定，事实上就已经造成了其日后使用真名主张权利的限制，应承担由此带来的风险。

在我国，确认公民身份的唯一合法机构是公安机关及其派出机构，其他任何机构都无权认定。但是，要求公安机关认定正式姓名与其所使用的假名之间的关系，事实上是很困难的。一旦公安机关无法确认公民的身份，就有可能造成诉讼中的被动。

公民在进行民事活动时，应当意识到使用假姓名会使自己的权利受到限制。作为医院，应当在就诊时劝告患者使用正式姓名，同时遵守有关保护患者隐私的规定，使患者安心就诊。

四、医院应当注意的问题

1．医院在应诉时，首先要注意与原告是否存在医患合同关系，应要求患者提供病历、处方、收费单据等凭据。如患者使用的是假名，不要急于答辩医院诊疗无错，应强调诉讼主体是否适格的程序问题可获得更大的胜诉机会。

2．医院应严格遵守《医疗机构病历管理规定》，严格病历管理，严禁任何人涂改、伪造、隐匿、销毁、抢夺、窃取病历。医生不能应患者要求随意修改患者姓名、增补病历。

3．医疗机构应注意保护患者的隐私。《医疗机构病历管理规定》第六条规定：除涉及对患者实施医疗活动的医务人员及医疗服务质量监控人员外，其他任何机构和个人不得擅自查阅该患者的病历。因科研、教学需要查阅病历的，需经患者就诊的医疗机构有关部门同意后查阅。阅后应当立即归还。不得泄露患者隐私。医疗机构应当严格执行上述规定，给患者创造实名就医的环境。

五、患者应当注意的问题

1．我国未实行实名制看病，是否使用真名到医疗机构就诊是患者个人的权利，法律并不干涉。但是，当个人的权益受到侵犯时，使用假名的当事人一般很难证明他和医院之间存在医患合同关系，往往会面临败诉的风险。实名看病才是对自身利益的最大保护。

2．最高人民法院《关于民事诉讼证据的若干规定》要求当事人在法律规定的时间内举证。作为原告一方，患者要重视对证据的准备，在法律规定的期间内提交证据。如因特殊原因不能在法律规定的期间内提交证据，可以向法院提出延期举证的申请。本案中，原告在起诉前就已获得录音带，但未在一审法官指定的举证期间内提交。原告正是由于自己的过失丧失了提交证据的机会，置自身于不利地位。

第二部分

告知文书

一、常规告知文书

常规医疗同意书

（适用于门诊、急诊和住院患者）

1. 本人自愿在____________医院寻求门诊、急诊、住院、保健和医疗，同意授权该医疗机构为我实施各种诊断、检查、治疗操作、保健、常规口腔保健及诊治护理等医疗服务。本人理解这些医疗服务将由医师、护士以及其他医务人员提供。本人没有得到任何关于这些医疗服务效果的保证。

2. 本人明白，除非本人声明不再接受这些医疗服务，或者医疗机构对本人的治疗已经完成，上述服务的同意书将一直有效。

3. 本人同意接受全部诊治过程中的所有常规诊疗护理措施，包括体格检查、各种化验检查、影像学检查、药物治疗、常规诊疗护理操作以及其他日常诊疗行为。

4. 本人保证如实向医师陈述病情和既往诊疗经过，保证配合医务人员完成各项检查与治疗和遵守医疗机构的相关规章制度。

5. 本人知道就诊时应当使用真实姓名，如果不使用真实姓名，就是放弃真实姓名的权益，应自行承担由此引发的不良后果。

患者/法定监护人/委托代理人签名

（需附有效证件材料、授权文件） 日期： 年 月 日 时 分

见证人：

本人见证了该患者或其他适当的人员自愿签署本《常规医疗同意书》。

____

（见证人签名、联系方法和有效证件号码）

年　月　日　时　分

病人守则

本守则的目的，是为了让您了解和知道您在医院就医期间享有的权利和承担的义务，以加强医务人员与您的相互沟通，有利于您所患疾病的治疗，使您早日康复。

1. 您的权利

（1）医疗权

您选择到我院就医，有权得到与我院等级相适应的医疗水平的服务。

（2）知情权

①您有权知道您所患疾病的现况、医师的初步诊断、为您制订的检查治疗计划以及您所患疾病经治疗的预后。

②您有权知道治疗您所患疾病的处方药物名称、治疗作用、用法用量及有可能产生的副作用。

③您有权在药理作用类似的多种药物中，选择自己经济能力能够负担和既往使用过的有效药物，但您作出的选择应取得医师的同意。

④您有权获知有关自己病情及治疗方面的部分病历资料。

⑤您有权知道规定的医疗、护理服务项目及收费标准。

⑥您可以复印、复制以下病历资料：门诊病历、住院志、体温单、医嘱单、化验单（检验报告）、医学影像检查资料、特殊检查同意书、手术同意书、手术及麻醉记录单、病理资料、护理记录等。

（3）决定权

①您有权接受或拒绝任何检查、检验、药物或治疗方法，并承担所做决定引起的不良后果。

您的意愿会受到尊重，但您在相应文件上签字后方可行使此项权利。

②您在我院接受的治疗是由一组医务人员实施的。如果您觉得需要征求其他医师的意见，您有权向您的医师提出请求其他医师会诊的申请。

③您有权决定是否参加医院进行的临床医学科研验证工作，如试用新药、应用新开展的诊疗技术等。如同意，您需要签署同意书。

（4）隐私权

①在不违反法律、法规、公序良俗，不损害其他病人、医院及其医务人员合法权利的情况下，您的隐私权、人格尊严、宗教信仰及文化信念会得到尊重。

在您感到上述权利受侵犯时，您可以向医务人员提出意见。

②未经您的同意，除涉及保护国家和公共卫生利益需要外，医院将对您的病情资料予以保密。

（5）申诉权

我院医务科（处）或其他指定机构是处理您口头或书面作出的正式投诉的部门。我院会在合理的时段内，就您的投诉作出明确答复，并说明已采取或将采取的处理措施。您还有权向卫生行政部门和法院提起诉请。

2. 您的义务

（1）您应向医务人员如实提供您的健康情况，如既往曾患的疾病及诊治经过、过敏史、近期是否到过传染病疫区等。

（2）您应遵从医师提出的并经您同意的治疗方案及有关注意事项。

（3）为保障正常的诊疗秩序和医院管理秩序，保护其他患者及医院职员的权利，您应遵守医院所制定的有关管理规定，自觉维护正常的诊疗秩序。

（4）您应按照医师的医嘱准时应诊和按时复诊。

（5）您不应要求医务人员提供虚假诊断、虚假病假证明书或虚假发票。

（6）您不应浪费医疗卫生资源。

（7）您在发生医疗纠纷后应保持理智、冷静，按照法律规定的程序进行处理，包括与医院协商解决、申请卫生行政部门调解处理或向人民法院提起诉讼，但绝不能扰乱正常医疗工作秩序，更不能殴打、谩骂、侮辱、诽谤医务人员以及损坏医院的公共设施和财物。

我院医务科（处）电话：　　　　　　急诊科值班电话：

门诊部值班电话：

您对我院如有任何意见或建议，请致电或致函我院

E－mail：

急救中心（站）院前病情告知书

病案号：________

患者姓名：________性别：____年龄：____

住址或单位：____________________

经检查，初步印象为：________________________________

____，

特告知如下内容：

1. 该患者需要立即转送医院抢救治疗，位于现场附近的医院有：

□（1）____________医院，级别：____________□同意转送；

□（2）____________医院，级别：____________□同意转送；

□（3）患方/现场警察要求转往__________________医院；

□（4）患方不同意转往医院治疗。

我急诊中心（站）对于医院的治疗不能作出任何承诺。

□ 2. 患方不同意在现场进行诊断、检查。

□ 3. 患方不同意在现场开展救治。

□ 4. 该患者在抢救人员到达现场时心跳、呼吸已停止，临床诊断：死亡。

□ 5. 其他：______________________________________。

医师签名　　　　　　　　　　日期：　　年　月　日　时　分

患者/法定监护人/委托代理人签名 日期： 年 月 日 时 分
(需附有效证件号码、身份关系证明材料、授权文件)

见证人： 本人见证了该患者或其他适当的人员自愿签署本病情告知书。 （见证人签名、联系方法和有效证件号码） 年 月 日 时 分

注：

本单一式两份，第一联由急救中心（站）存档。第二联交由患者（亲属）保管。

急救中心（站）院前院内交接记录单

患者姓名：______性别：____年龄：____送达医院：__________

住址或单位：________________联系电话：____________

送达时间：　　　年　　月　　日　　时　　分

主诉：____

现病史：____

药物过敏史：____

初步印象：____

院前检查、治疗情况摘要：________________________________

____

____

交接时病情：T ____℃，P _____次/分，R _____次/分，

BP _____/mmHg

精神状况：____

其他：____

交接时需注意的事项：______________________________

出诊（交班）医生：______　　　接诊（接班）医生：______

注：

本单一式两份，第一联由急救中心（站）存档。第二联交由接诊医院保管。

急诊须知

______________先生/女士：

在您接受我院急诊科（室）诊疗之前，请您仔细阅读本《急诊须知》。

1．您到达我院急诊科（室）的时间是20　年　月　日　时　分。您的病情状况：□危重、□紧急、□半紧急、□平诊。

2．在您等待就诊时，如有其他先来的或者病情比您更危重的患者，须优先诊治，您需要增长等候时间。在您等待的过程中，如果有下列情况发生，您可能需要等待更长时间，但我们会尽力于短时间内恢复正常服务：

（1）救治严重突发公共卫生事件或灾害事故伤残人员；

（2）急诊病人或意外伤者的病情恶化，急需抢救处置。

我们将依照医疗原则和患者分流诊治需要，优先处理病危及危急患者，其他候诊病人将依次按登记时间轮候，请予以理解和支持。

3．在候诊过程中，如果您的病情发生变化或您有任何不适，请立即与护士或医师联系，以免耽误您的治疗。

4．在候诊时，请您不要擅自离开。若医师或护士连续三次呼叫您的名字仍无人应答，只好请您重新轮候，多谢合作！

如果因本院医疗卫生资源限制而导致您等候多时，我们在此表示歉意，并希望能得到您的理解和支持。

5．您如果不愿等候且病情许可，也可自行决定前往附近其他医疗机构就医。以下是距离我院较近的几所医院的联系方式：

（1）____________医院，______级____等医院，地址：____________，距离我院约____公里，急诊电话：__________；

（2）____________医院，______级____等医院，地址：____________，距离我院约____公里，急诊电话：__________。

我院对于其他医院的治疗不能作出任何承诺。

6. 其他注意事项（本条包括以下共____项内容）：

（1）____；

（2）____；

（3）____；

（4）____。

我已了解上述内容，现要求到其他医院就医。

患者/法定监护人/委托代理人/候诊者/关系人（近亲属、朋友、同事、邻居、上级领导）签名

日期：　年　月　日　时　分

说明：

1. 此文书建议在急诊量较大、急诊病人常常需要候诊较长时间的医院使用；

2. 在急诊病人要求转院和退挂号费时，需要求其签字并交回本文书。

患者授权委托书

委托人（本人）姓名：__________性别：_____年龄：_____
身份证号码（____证）：____________邮政编码：__________
详细住址：________________联系电话：________________
受委托人姓名：__________性别：_____年龄：_____
有效证件号码：________________
详细地址：____
联系电话：________________与委托人关系：____________

本人于____年__月__日因“________”（主诉）住入____医院____科____床，病案号：____。为配合医院实施保护性医疗措施，现委托____作为本人的全权代理人，在我本次住院期间签署有关检查治疗方面的同意书，包括但不限于下列内容：

□1. 需对本人检查治疗方案做出选择时；
□2. 病情出现变化需要抢救时；
□3. 使用自费药物或使用贵重药物时；
□4. 使用高值消耗医用材料和贵重医疗仪器时；
□5. 需要采用对身体有伤害的特殊检查、操作时；
□6. 需要输注血液及血液制品时；
□7. 需要手术治疗，制定、决定手术方案时；
□8. 抢救或手术过程中发生意外情况需要改变预定术式和手术方案、紧急输血、摘除器官或较大组织、结扎重要血管时；
□9. 需要接受同体或同种异体器官移植时；
□10. 需要植入人工器官、其他医用生物材料时；
□11. 拒绝和放弃治疗时；

□12. 手术治疗和诊治中遇到的其它情况：________________。

委托人签署同意书所产生的后果，由本人承担，并豁免医务人员和医疗机构对此的任何责任。

委托人签名：　　　　（手印）（附有身份证、有效证件复印件）

日期：　年　月　日　时　分

受委托人签名：　　　　（手印）（附有身份证、有效证件复印件）

日期：　年　月　日　时　分

未成年人就医授权书

由于＿＿＿＿＿＿＿＿＿＿＿＿＿，本人不能陪同该未成年患者前往医院进行治疗，特此授权＿＿＿＿＿＿＿＿＿＿＿医疗机构医务人员为该未成年患者提供治疗服务。

此同意书自本人在下面签字之日起立即生效，有效期至＿＿年＿＿月＿＿日（如不特别注明则有效期为壹年）。

本人明白，如果本人不能前往，应当由其他成年人陪同该未成年患者前往接受医疗与保健治疗服务。但本人特此授权要求即使没有成年人陪同，＿＿＿＿＿医疗机构也要为该未成年患者提供上述明确的治疗项目，并自行承担因此产生的一切后果。

未成年患者姓名：＿＿＿＿（附户口簿中本人附页的复印件）

法定监护人签字：＿＿＿＿＿＿＿＿＿＿＿＿＿＿

身份证号码：＿＿＿＿＿＿＿＿＿＿＿＿

家庭住址：＿＿＿＿＿＿＿＿＿＿＿邮政编码：＿＿＿＿＿＿＿＿

工作单位地址：＿＿＿＿＿＿＿＿＿＿＿电话号码：＿＿＿＿＿＿＿＿

住宅电话号码：＿＿＿＿＿＿＿＿手机：＿＿＿＿＿＿＿＿

紧急情况下请联系：＿＿＿＿＿＿＿＿＿＿＿＿＿＿＿＿＿＿＿＿＿

日期：　年　月　日

说明：

建议此文使用范围限于常规诊疗项目，如口腔治疗。

拒绝医疗告知书（成年人）

兹证明本人已经年满 18 周岁或经委托代理人授权，拒绝接受____________医院____科的________________（指明操作/治疗名称）。本人理解此拒绝与医务人员的意见相悖。本人已经被告知拒绝此操作/治疗对本人健康甚至生命的危害包括但不限于：

□1. 对本人的生命构成严重威胁，有可能迅速导致本人的死亡；

□2. 将使对本人原有疾病的治疗中断，可能丧失疾病最佳诊疗时机，病情有可能会出现反复甚至有可能加重或进行性加重，将会使以后的治疗变得更加困难甚至无法治愈；

□3. 有可能会导致本人出现各种感染、伤口延迟愈合、疼痛加重；

□4. 有可能会导致本人某个或多个器官功能下降、部分或全部丧失（如大脑、视觉、听觉、嗅觉、味觉、牙齿、脊柱、四肢的全部或部分、皮肤、腺体、生殖系统、内脏的各种功能等）；

□5. 有可能会导致本人外貌发生变化，且这种变化是无法预料的；

□6. 将会使原来的各项治疗花费不起作用，并可能增加更多的医疗费用；

□7. 其他：________________________________。

本人已经获得充足的时间就自己的状况以及拒绝此操作/治疗的决定提出问题，医务人员已经向本人解释了此操作/治疗在医学上的依据和必要性。

本人自愿承担拒绝此操作/治疗的风险和后果。在此，免除此医疗机构及其医务人员因本人拒绝此操作/治疗而产生不良后果的一切责任。

患者/法定监护人/委托代理人签名
（需附身份证复印件、授权文件）

日期： 年 月 日 时 分

主治医生或获得授权的医务人员签名

日期： 年 月 日 时 分

见证人：

本人见证了：（1）该患者自愿签署本同意书。

（2）医院已向患者送达此拒绝治疗通知书，但患者拒不签字。

（见证人签名、联系方法和有效证件号码）

年 月 日 时 分

住院须知

尊敬的患者及亲属：

您好！感谢您选择到我院就医，我们会尽力为您提供优质的医疗服务，并请您对我们的服务随时提出宝贵意见和建议。

您将享有获得与我院医疗技术水平相当的医疗保健服务的权利，享有知道自己病情和治疗方案的知情权和相应的决定权，您的人格尊严、隐私权、宗教信仰、文化背景会获得尊重，医院会为您的病情保密。

医院是具有公益性质的机构，担负着为广大患者提供医疗服务的责任，为使您和其他患者以及医务人员的合法权益得到保障，保障医院的正常诊疗工作秩序，在您住院后，请您自觉遵守下列规定：

1．您应向医务人员如实详尽地提供您的健康情况，如既往患过的疾病及诊治经过、药物过敏史及近期是否到传染病疫区等。

就诊时应当使用真实姓名，如果不使用真实姓名，您就放弃了真实姓名的权益，将由您自行承担由此引发的不良后果。

2．根据法律规定，在医疗活动中遇有特殊检查、特殊治疗、手术、实验性医疗等情况时，应当由您或您的授权代理人签署同意书。为切实保护您的知情同意权和实施保护性医疗措施，请您慎重考虑、认真签署知情同意书等规范文书。这些文书一经双方自愿签署，就具有了相应的法律效力，对您正确行使自己的权利具有重要意义。

3．您应遵从医师的医嘱，配合治疗。

4．您应按时足额缴纳医药费用并按医嘱出院。

5．当您身体出现不适情况（胸闷、憋气、心慌、呼吸困难、烦躁、头晕等病情变化）及生活需要护士帮助时，请随时使用床头呼叫器呼叫医务人员，我们将及时为您提供医疗、护理服务。

6．请您不要在查房、治疗时间离开病房。不得在病室内大声喧哗及从事娱乐活动。

7．住院期间未经医师同意请不要擅自离院及外宿，以免发生意外。

8．住院期间未经主管医师及医院同意不得到院外就医、购药及私自采取其它治疗手段。

9．为确保安全，严禁在病区、病室内吸烟和使用电炉、酒精炉、煤油炉。未经科室许可，请勿将家用电器带入病房使用。请您爱护并按常规使用病房设备。

10．患者个人的机密文件、现金、证件等贵重物品不宜留存在病房，请自行妥善保管或请家属带回保管，防止丢失。

11．患者及亲属应遵守医院制定的探视制度，未经主管医师同意患者不得自行让前来探视的人员留宿或陪床。

12．您不应要求医务人员提供虚假诊断、虚假病假证明书或虚假发票。

13．您不应随便浪费医疗卫生资源，例如丢弃、虚开药品或医用卫生材料等。

14．您在发生医疗纠纷后应保持理智、冷静，按照法律规定的程序进行处理，包括与医院协商解决、申请卫生行政部门调解处理或向人民法院提起诉讼，但绝不能扰乱正常医疗工作秩序，更不能殴打医务人员以及损坏医院的公共设施和财物。

15．为保护其他患者及医护人员的权利，您还应遵守医院所制定的有关管理规定，自觉维护正常的医疗工作秩序。

违反上述规定引发的一切后果，需由您自行承担责任。

医务处（科）电话：

服务监督：

您如对我院工作人员服务态度、医疗和护理质量、医院管理等方面有意见，或遇有医务人员向您索要钱、物等情况，请向医院纪检部门反映，我院将认真对待并按规定处理。

举报电话：

住院作息时间：

早饭：__________午饭：__________

午休：__________晚饭：__________

熄灯时间：__________

探视时间：__________

查房、治疗时间：____________________

感谢您及家人对我们工作的支持与配合，祝您早日康复！

__________医院

住院病人外出告知书

姓名：________病区：____床号：____病案号：____

本人因________________一事，特申请外出。

外出时间：____年____月____日____时____分，外出去向：____________，联系电话：____________，预计回院时间____年____月____日____时____分。

本人明白住院期间宜安心治疗，不得任意离院外出。本人理解外出行为与医务人员的意见相悖。本人已经被告知本人病情，以及此次外出对本人健康甚至生命的危害包括但不限于：

1．病情加重或恶化；

2．原有治疗取得结果的丧失；

3．失去最佳诊治疾病的时机；

4．病情变化时不能得到及时诊治；

5．医疗以外的其它意外；

6．其他：____________________________________。

本人明白外出的危险包括上述医疗风险及其他不可预知的风险，但本人仍然坚持外出，本人自愿承担外出的一切风险和后果。如外出期间发生不良后果，本人在此免除所有医务人员和医疗机构的一切责任。

本人也被告知外出期间如有意外应立即与医院急诊科联系，以及可以当场采取的各项紧急措施。联系电话：____________。

申请人签名　　　　　　　　　　日期：　年　月　日　时　分

值班医生签名　值班护士签名　日期：　年　月　日　时　分

科主任签名　　　　　　　　　日期：　年　月　日　时　分

见证人：

本人见证了该患者自愿签署本文书。

（见证人签名、联系方法和有效证件号码）

年　月　日　时　分

注：此申请必须所有签名齐全才为有效，否则申请人不能外出！

实际回院时间：　　　　年　月　日　时　分

值班护士签名：

精神病人外出告知书

申请人姓名：________工作单位：____________住址：____________
联系电话：__________身份证号码：______________
与患者的关系：______________________________________

（如申请人为单位，则需提供单位名称、住所地、联系电话、法定代表人姓名、职务、与患者关系等情况）

本人（或本单位）是__________（精神病患者）的法定监护人/指定监护人。（精神病患者）因____________________一事，需要离院外出。

外出时间：_____年_____月_____日_____时_____分，外出去向：_______________，回院时间_____年___月___日___时___分。

本人（或本单位）明白__________（精神病患者）的病情尚未痊愈，应当继续住院治疗；本人（或本单位）明白精神病患者不同于一般患者，其可能在没有任何预先征兆表现的情况下突然发病，且发病时患者本人对自己的行为缺乏认知，一旦监护不当，患者可能会因自身疾病或自身行为，损害患者本人或他人的生命健康及财产，甚至会危及患者本人及他人的生命。

本人（或本单位）理解此申请与医务人员的意见相悖，本人（或本单位）已经被详细告知患者病情，以及离院后由于脱离有效的医疗保障及监护，患者可能发生的危险包括但不限于______________________。

本人（或本单位）明白上述所列举的风险没有穷尽患者此次外出可能发生的一切风险，本人（或本单位）愿意按照我国法律对监护人职责的规定，自愿承担患者外出的全部风险和后果责任。如患者在外出期间发生不良后果，本人（或本单位）在此免除所有医务人员和医疗机构的一切责任。

本人（或本单位）的监护职责自办理完离院手续开始，至护送患者返回医院，与医务人员办理完交接手续为止。

本人（或本单位）也被告知外出期间如有意外时应立即与医院联系，以及可以当场采取的各项紧急措施。联系电话：____________。

申请人签名（单位盖章）

日期：　年　月　日　时　分

值班医生签名　　　　值班护士签名

日期：　年　月　日　时　分

科主任签名

日期：　年　月　日　时　分

注：此申请必须所有签名齐全才为有效，否则申请人不能外出！

实际回院时间：　　　日期：　年　月　日　时　分

值班护士签名：

入住重症监护室（ICU）告知书

尊敬的患者家属：

患者＿＿＿＿＿＿因病情需要入住 ICU 治疗，由于 ICU 的工作性质不同于普通病房，现将有关事项告知如下，请予理解及配合。

1. ICU 是高投入的诊疗区，使用 24 小时心电监护仪等贵重监护仪器，有护士专人看护，所需费用较高，可能有部分甚至全部费用需您自行承担。医师将根据患者病情确定最佳治疗方案，合理选择用药及检查项目。为保证抢救、治疗工作及时顺利进行，请勿拖延交费。

2. 根据病情发展，可能需要进行包括但不限于下列有创操作与治疗，有可能发生相应并发症：

（1）动脉穿刺：可引起血肿、栓塞、感染、肢体坏死；

（2）中心静脉穿刺：可引起气胸、血胸、动静脉损伤、感染、心律紊乱、心跳骤停、死亡等；

（3）紧急气管插管或气管切开：可导致气道损伤、感染、心律紊乱、心跳骤停、死亡等。

遇有紧急情况，为救治患者生命，医护人员可以先进行以上操作与治疗，以后再向家属告知处置情况。

3. 根据我国法律规定，在患者突发病情变化时，医师可以先行采取紧急抢救措施，然后履行告知义务，包括使用呼吸机、吸痰器等设备。

4. 您必须遵守 ICU 的探视及无菌管理规定。

5. 其他：＿＿＿＿＿＿＿＿＿＿＿＿＿＿＿＿＿＿。

主治医师或获得授权的　　日期：　年　月　日　时　分
医务人员签名

上级医师签名　　　　　　日期：　年　月　日　时　分

我已详细阅读以上内容，而且医师、护士向我做了详细的解释。经慎重考虑，我同意将患者转入 ICU 治疗，保证与医务人员合作，并授权医务人员在紧急情况下对患者实施抢救措施。我将按要求缴纳相关费用。

患者/法定监护人/委托代理人/同意该患者入住 ICU 的其他直系亲属签名
（需附身份证复印件、授权文件）日期：　年　月　日　时　分

注：

只有在患者无法正确表达自己真实意思，且无法定监护人或委托代理人在场的情况下，才由同意将该患者转入 ICU 进行诊治的其他直系亲属签名。

见证人：

本人见证了该患者或其授权委托的人员自愿签署本入住重症监护室（ICU）告知书。

（见证人签名、联系方法和有效证件号码）

年　月　日　时　分

院外专家会诊申请书

________________医院：

患者姓名：______性别：____年龄：____

科室：______床号：____病案号：______

入院诊断：________________________________

我自愿申请院外专家来院对□我/□______患者进行会诊。

1．申请院外专家会诊原因：

□（1）进一步明确诊断；

□（2）来院治疗、手术。

2．申请专家：

____________医院，__________医师，职称________。

3．我愿意承担外请专家来院会诊差旅费、市内交通费、劳务费及其他相关费用。

申请人签名：　　　　　　　　　日期：　年　月　日　时　分

（患者家属请附身份证明材料）

科室意见：

主治医师：

科 主 任：

日期：　年　月　日　时　分

医务科意见：

科 主 任：

日期： 年 月 日 时 分

备注：

病危通知书

____________亲属：

患者______同志（先生、女士）现在我院____________科住院治疗，诊断为____________，虽经积极救治但目前病情________趋于恶化，随时可能危及生命，特下达病危通知。尽管如此，我们仍会采取有效措施积极救治。同时向您告知：如患者病情突变，为抢救患者，医生可以先行采取抢救措施，然后履行告知义务，并使用应急救治所必需的仪器设备和治疗手段，请予以理解、配合和支持。如您还有其他要求，请在接到本通知书后立即告诉医生。

________________医院____________科

医师签名：　　　　　　　　日期：　年　月　日　时　分

亲属/监护人签名：　　　　日期：　年　月　日　时　分

亲属与患者病人的关系：

身份证号码：

（本通知书一式两份，医院、患者亲属各执一份）

欠费通知书（一）

____________患者/家属：

患者______于____年__月__日入我院________科（床号：____病案号：____）住院治疗，已交押金人民币________元，现余________元，将不足以支付3日的医疗费用。请您于____年__月__日之前，到__________补交押金人民币________元，以使您的治疗能够继续顺利进行。

医院

年　　月　　日

患者/亲属：

年　　月　　日

欠费通知书（二）

______患者/家属（科室：________床号：____病案号：____）：

您于____年__月__日因____________（住院诊断）来我院住院治疗。住院时交押金或医药费人民币________元，现已用完，请于3日内到我院________补交押金或医药费________元，以使您的治疗能够继续进行。

3日内医院仍将继续现有治疗。如果3日内您未及时交纳押金或医药费，医院有权要求您出院，同时医院将被迫采取包括但不限于下列措施，直至您交费为止：

（1）只维持延续生命必须的、基本的治疗；

（2）所有药物将由您或您的家属凭门诊处方交费后在门诊药房或住院部药房取药；

（3）所有检查、检验项目都将改为门诊项目，交费后在门诊进行。

采取以上措施有可能产生包括但不限于下列后果，其后果将由您自负：

（1）延长住院医治时间，增加患者痛苦；

（2）对患者的生命构成严重威胁，有可能迅速导致患者的死亡；

（3）原有疾病继续加重，致使发生难以治愈甚至伤残、死亡等严重不良后果；

（4）有可能会导致患者出现各种感染、伤口延迟愈合、疼痛加重；

（5）有可能会导致患者某个或多个器官功能下降、部分或全部丧失（如大脑、视觉、听觉、嗅觉、味觉、牙齿、脊柱、四肢的全部或部分、皮肤、腺体、生殖系统、内脏的各种功能等）；

（6）由于某些治疗措施的停止，以前的花费可能不起作用；

（7）由于需要到门诊取药、检查、检验，给您所带来的许多不便；

（8）其他：________________________________。

医院

年　月　日

患者/亲属：

年　月　日

（本通知书一式两份，医院和患方各执一份）

自动出院或转院告知书（成年人）

患者：________性别：____年龄：____民族：________

科别：________身份证号码：____________病案号：____

出院诊断：________________________________

我拒绝____________医院为我继续提供诊疗服务，并在违背医务人员意见的情况下离开该院。本人已被告知自动出院可能对本人健康甚至生命安全造成危险及不良后果，包括但不限于：

（1）对本人的生命构成严重威胁，有可能迅速导致本人的死亡；

（2）将使对本人原有疾病的治疗中断，可能丧失疾病最佳诊疗时机，病情有可能会出现反复甚至有可能加重或进行性加重，将会使以后的治疗变得更加困难甚至无法治愈；

（3）有可能会导致本人出现各种感染、伤口延迟愈合、疼痛加重；

（4）有可能会导致本人某个或多个器官功能减退、部分或全部丧失（如大脑、视觉、听觉、嗅觉、味觉、牙齿、脊柱、四肢的全部或部分、皮肤、腺体、生殖系统、内脏的各种功能等），导致出现功能障碍、诱发其他疾病、出血、休克等；

（5）有可能会导致本人外貌发生变化，且这种变化是无法预料的；

（6）将会使原来的各项治疗花费不起作用，并可能增加更多的医疗费用；

（7）其他：________________________________。

医务人员已经向我详细介绍自动出院或转院后可能出现的问题。本人自愿承担自动出院或转院所带来的风险和后果。本人在此免除该医院及其医务人员对本人自动出院或转院产生的不良后果的一切责任。

患者签名　　　　　　　　　　　日期：　年　月　日　时　分

法定监护人/委托代理人签名　　日期：　年　月　日　时　分
（请在病历中附一份授权文件和身份证复印件）

见证人： 本人见证了□（1）该患者或委托人________自愿签署本同意书的过程； □（2）医院送达同意书，患方拒绝签字的过程。 ______________________________ （见证人签名、联系方法和有效证件号码） 年　月　日　时　分

出院通知书

__________患者/亲属:

患者:______,性别:__,年龄:____,民族:________,病案号:____。

患者于____年____月____日因______________入院,诊断为:______________________________。

根据患者目前的病情及专家会诊的意见,患者病情经过治疗已痊愈或基本稳定,不需住院治疗,出院后可在院外继续康复或进行辅助治疗和护理。

为维护医院正常的诊疗工作秩序,请您在接到本通知之日起7日内到我院办理出院手续,并付清全部医药费用。逾期不来办理出院相关手续的,我院将按日收取3‰的滞纳金,并对患者进行一般维持性治疗,另行聘请专人对其进行护理(标准为____元/日),所发生费用由您承担。

您接到本通知后,如在规定期限内不予答复,将被视为您已同意医院的上述处理。您在了解本通知书内容后,如拒不接收,将被视为本通知书已送达,您仍需履行您的义务。如果您不履行义务,我院将按照相关法律规定进行处理,由此产生的责任和后果由您承担。

送达时间:____年__月__日

____________医院

患者/亲属签收:____________

____年__月__日

见证人：

□（1）我见证了医院向患者/亲属送达本通知书，该患者/亲属自愿签收了本通知书。

□（2）我见证了医务人员向该患者/亲属送达本通知书，而该患者/亲属拒绝接收，医务人员遂向其宣读了本通知书。

____

（见证人签名、联系方法和有效证件号码）

年　月　日　时　分

死亡通知书

______患者亲属：

患者______在我院______科住院期间，因病情危重，经抢救无效于______年____月____日____时____分去世，死亡诊断为：________________，特函告你们，敬请节哀。

为促进医学发展，根据国家有关规定，医院建议你们能同意对死者在死亡后48小时内进行尸检。

根据《医疗事故处理条例》的相关规定，如你们对患者死因有异议，为明确死因，医院建议你们能同意对死者在死亡后48小时内进行尸检。因我院□具备、□不具备尸体冻存条件，故尸检时间□可以、□不可以延长至7日（尸体冻存费用需另行交纳）。

尸检可以在下列具备资格的机构进行：

（1）____；

（2）____。

你们可以委托法医病理学人员参加尸检，也可以委派代表观察尸检过程。如果你们拒绝或拖延尸检，超过规定时间，影响对死因判定的，将由你们承担相应责任。

按照法律规定，患者尸体可以冷冻存放不超过两周时间。如果你们逾期不处理，我院将按相关规定进行处理，相关费用由你们承担，并且不保存骨灰。

____

医生签名　　　　日期：　　年　　月　　日　　时　　分

____

受送达人签名　　　　日期：　　年　　月　　日　　时　　分

尸检意见书

经慎重考虑，我同意对________________进行尸检，并选择________________机构进行尸检。

尸检范围：________________________________。

我□同意□不同意由尸检机构保存解剖器官、组织。

我□委托____________□不委托他人观察尸检过程。

____

直系亲属签名　　　　　　身份证号码

日期：　　年　　月　　日　　时　　分

我对上述内容包括拒绝尸检的任何后果已经完全了解，经慎重考虑，我不同意对____________进行尸检，并愿意承担因此而造成的一切后果。

____

直系亲属签名　　　　　　身份证号码

日期：　　年　　月　　日　　时　　分

特　别　告　知
如果您不明确表示意见或拒不签署此意见书，并且在患者死亡后 48 小时内未将此意见书交回医院，将被视为拒绝尸检，您须承担对您不利的一切后果。

医院公示内容

1．医院应将《医疗机构执业许可证》、医院等级标志、科室设置、诊疗时间和有关诊疗项目、药品收费标准悬挂在医院的明显之处。

2．各科室的布局、位置应有醒目的引导标牌标识。有条件的医院应在门诊部大厅醒目处悬挂医院分布图，方便患者就医。

3．救护车通道应保持通畅，通道处应有醒目的“禁止停车”的标牌标识。

4．后勤设施应时时处于完好状态，如楼梯栏杆应当坚固结实，有足够的密度（防止幼儿摔伤）；路灯和夜间照明设施应完善；移动扶梯应有醒目的“注意安全”的标识；电梯应有专人值守。

5．通道和诊疗场所装有透明玻璃门的，应在玻璃上贴有醒目、颜色鲜艳、最好有反光效果的标识，提示过往行人“小心玻璃”，以免撞伤损伤。

6．在存有放射性物品、器材的地方，应有醒目的警示标识。

7．在有电击危险的设施如变电站、变压器、高压线等周围应有足够的防范措施，禁止无关人员进入。医院自己搭设的供电线路应符合国家规定。

8．在高压容器如高压消毒设施周围也应有相应的提示及防范措施，禁止患者接近。

9．在高温物体周围应有“高温危险”的醒目标识。开水锅炉的旁边应有防止人员烫伤的措施，最好有人值守。如果使用电开水器，还应有“小心触电”、“禁止触摸箱体”的警示标识。

10．医院进行高空施工的，在做好防止高空坠物的防护措施的同时，路面应有“小心高空坠物”的警示；进行路面、地下施工的，应设有路障及“禁止通行”的警示。

11. 医疗垃圾的处理应符合国家有关规定，垃圾存放处应有醒目警示，禁止无关人员入内。

12. 医院地面水迹要及时清扫，注意防滑，在人流密集的通道要设置警示标识。遇有雨、雪天气，门诊部、急诊科、住院部等楼宇大门入口处应采取防滑措施，严防致人摔倒、摔伤。

13. 卫生间、厕所、浴室要铺设防滑垫，必要时设置警示标志。

14. 传染科、产科、儿科、重症监护科（室）应严格执行消毒、隔离制度，预防和控制院内交叉感染，对病区实行相对封闭管理，并设有警示标牌标识。

二、医疗行为告知同意文书

手术知情同意书

患者姓名：______性别：__年龄：____民族：________

身份证号码：________________住院日期：____年__月__日

科室：________床号：____病案号：____

病情摘要：____

过敏史：____

术前诊断：________________

拟定手术医师：__________　　拟定手术方式：________

拟行麻醉方式：____________拟定手术日期：____年__月__日

临时更改为：____年__月__日

根据您的病情，您需要进行上述手术治疗（以下称手术）。该手术是一种有效的治疗手段，一般来说，手术和麻醉过程是安全的，但由于该手术具有创伤性和风险性，因此医师不能向您保证手术的效果。

因个体差异及某些不可预料的因素，术中和术后可能会发生意外和并发症，严重者甚至会导致死亡，现告知如下，包括但不限于：

□1. 麻醉并发症（另附麻醉知情同意书）；

□2. 术中、术后大出血，严重者可致休克，危及生命安全；

□3. 术中因解剖位置及关系变异变更术式；

□4. 术中可能会损伤神经、血管及邻近器官____________；

□5. 伤口并发症：出血、血肿、浆液肿、感染、裂开、不愈合、瘘管及窦道形成；

□6. 脂肪、羊水栓塞，严重者可导致昏迷及呼吸衰竭，危及生命安全；

□7. 呼吸系统并发症：肺不张、肺感染、胸腔积液、气胸等；

□8. 循环系统并发症：心律失常、心肌梗塞、心力衰竭、心跳骤停；

□9. 尿路感染及肾衰；

□10. 脑并发症：脑梗塞、脑血管意外、癫痫；

□11. 精神并发症：手术后精神病及其他精神问题；

□12. 血栓性静脉炎以及肺栓塞、脑栓塞；

□13. 多脏器功能衰竭，弥漫性血管内凝血（DIC）；

□14. 水电解质平衡紊乱；

□15. 诱发原有疾病恶化；

□16. 术后病理报告与术中快速病理检查结果不符；

□17. 再次手术。

本手术提请患者及亲属注意的其他事项：

____。

____

主治医师或获得授权的医务人员签名

日期：　　年　　月　　日　　时　　分

____

科主任（上级医师）签名

日期：　　年　　月　　日　　时　　分

我已详细阅读以上内容，对医师护士的告知表示完全理解。经慎重考虑，我决定□做□不做此手术，□做□不做术中快速冰冻切片。

我明白在本次手术中，遇有不可预见的情况时，可能需要变更手术方案或附加其他操作。我授权医师在遇有紧急情况时，为保障我的生命安全实施必要的救治措施，并保证承担所需全部费用。

我知道在本次手术开始之前，我可以随时签署《拒绝医疗同意书》，以取消本手术同意书的决定。

患者/法定监护人/委托代理人签名
（需附有效证件复印件、授权文件）

日期：　年　月　日　时　分

见证人：

本人见证了该患者或其他适当的人员自愿签署本《手术知情同意书》。

____

（见证人签名、联系方法和有效证件号码）

年　月　日　时　分

麻醉与/或镇静麻醉知情同意书

患者姓名：______性别：__年龄：____民族：________
身份证号码：____________住院日期：__________病案号：_____
术前诊断与合并疾病：______________________________________
手术名称：____

根据您的手术需要，您需进行□镇静麻醉、□全麻气管插管、□椎管内麻醉、□神经阻滞麻醉、□局麻+基础、□低温麻醉、□控制性降压。

麻醉一般是安全的，但由于个体差异也有可能发生麻醉意外和并发症，现告知如下，包括但不限于：

□1. 根据麻醉操作常规、按照《中华人民共和国药典》操作，使用各种、各类麻醉药后，病人可能出现中毒、过敏、高敏、神经毒性等反应，导致休克、呼吸心跳停止；

□2. 全麻时，特别是对急症饱腹病人，麻醉前已经采取力所能及的预防措施，但仍不能完全避免发生呕吐、反流、误吸甚至窒息死亡；

□3. 在基础麻醉或椎管阻滞麻醉时，使用规定剂量麻药，仍导致呼吸抑制、血压下降或麻醉平面过高，虽经积极抢救，仍发生不良后果；

□4. 全身麻醉引起喉或支气管痉挛；

□5. 肌肉松弛药敏感引起呼吸延迟恢复或不恢复，积极抢救后仍发生不良后果；

□6. 某些麻醉药可引起恶性高热、精神异常；

□7. 不同麻醉可能引起的并发症：

（1）按操作规程进行脊椎穿刺、插管、注射麻醉药物后，发生腰背痛、头疼、硬脊膜外血肿、神经损伤甚至截瘫致残等不良后果；

（2）臂丛神经阻滞中麻醉药中毒性抽搐；

（3）硬膜外麻醉及术后镇痛发生全脊髓麻醉；硬膜外血肿致截瘫；一过性或永久性下肢神经损伤；腰麻后引起头晕、头痛；

（4）全麻气管插管过程中，虽按常规操作，仍发生牙齿损伤或脱落、鼻出血、唇出血、呕吐、误吸、喉痉挛、喉水肿、声带损伤、支气管痉挛、恶性心律失常，全麻后苏醒延迟或呼吸不恢复；

（5）椎管阻滞穿刺或局麻时，已严格按常规消毒操作，仍发生穿刺或注射部位感染；

（6）因麻醉和手术需要行有创动脉、静脉监测时，发生血气胸或血管损伤；

（7）神经阻滞麻醉导致血肿、血气胸等；

（8）麻醉诱发、加重已有的合并症，导致组织器官功能衰竭；

（9）麻醉过程中，发生各种心律失常、神经反射性血流动力学改变等；

□8. 麻醉手术中输血输液可能发生致热源反应、过敏反应、血源性传染病等；

□9. 患者本身合并其他疾病或有重要脏器损害者，相关并发症和麻醉危险性显著增加；

□10. 急诊手术麻醉的危险性明显高于择期手术患者；

□11. 其他：______________________________。

麻醉师签名　　　　　日期：　　　　年　　月　　日　　时　　分

我已详细阅读以上内容，对麻醉师的告知表示完全理解。经慎重考虑，我决定□进行□不进行此项麻醉。

我明白在手术中，遇有不可预见的情况时，可能需要变更麻醉方案或附加其他操作。我授权麻醉师在遇有紧急情况时，为保障我的生命安全实施必要的救治措施，并保证承担所需全部费用。

我知道在手术开始之前，我可以随时签署《拒绝医疗同意书》，以取消本同意书的决定。

患者/法定监护人/委托代理人签名
(需附身份证复印件、授权文件)

日期：　　年　月　日　时　分

见证人：

本人见证了患方自愿签署本文书。

____

(见证人签名、联系方法和有效证件号码)

年　月　日　时　分

产科知情同意书

产妇姓名：________年龄：________
民族：________身份证号码：________________
病区：____床号：____病案号：____住院日期：______________
入院诊断：________________________________
目前产妇及胎儿状况评估：________________________
□ 正常________□产科合并症____________________
□其他科疾患________________________________
□实验室及特殊检查异常所见______________________

住院分娩期间包括分娩前、分娩时、分娩后，如无意外情况分娩过程顺利，母子平安，但基于目前医学水平的局限性，产科的风险性较高，孕产妇及胎儿、新生儿偶尔会瞬间出现变化，可能发生意外情况，现告知如下，包括但不限于：

1．突然胎动消失、胎心变化继而胎心消失；

2．各种因素引起宫缩过强，可发生胎儿宫内缺氧，导致新生儿窒息、新生儿吸入性肺炎、新生儿颅内出血甚至新生儿死亡；

3．产后有可能发生产后大出血、产后感染等严重合并症；

4．分娩是一个复杂的、相对时间较长的变化过程，在此过程中有可能出现意外导致难产；

5．对于各种产科合并症，产科医师均会依据病情作出及时、对症的处理，包括各种药物治疗、引产、催产及各种手术产——产钳助产、胎头吸引助产、侧切、剖宫产、臀牵引等。这些措施也会有并发症，如会阴裂伤、产后出血、伤口愈合不良、感染、发烧、麻醉意外、脏器损伤、羊水栓塞、子宫外翻、新生儿窒息、头颅血肿、颅内出血、骨折、新生儿臂丛神经损伤、新生儿面神经损伤、胸锁乳突肌血肿、新生儿缺氧缺血性脑病及其他：______________；

6. 其他：____。

产科医师（助产士）会全面负责、密切观察您在产前、产时及产后各期产程的变化及突发病情。一旦发生危及母婴生命安全的情况，我们将尽责、尽力救治。尽管如此，胎婴儿还是有一定的死亡率，甚至还可能发生孕、产妇的死亡，不能保证百分之百的抢救成功。

产妇住院期间如出现病情变化，我们将及时与家属联系，但当母婴病情发生突然变化时，医师有权先进行紧急抢救措施，然后履行告知义务，请产妇和家属给予理解、配合与支持。

主治医师或获得授权的医务人员签名

日期：　年　月　日　时　分

科主任（上级医师）签名

日期：　年　月　日　时　分

我已详细阅读以上内容，对医师护士的告知表示完全理解。

我明白遇有不可预见的情况时，可能需要采取紧急处理措施。我授权医师在遇有紧急情况时，为保障我的生命安全实施必要的救治措施。

产妇/法定监护人签名　　日期：　年　月　日　时　分

（需附身份证复印件、授权文件）

见证人：

本人见证了该产妇或其他人员自愿签署本文书。

____

（见证人签名、联系方法和有效证件号码）

年　月　日　时　分

产科手术知情同意书

产妇姓名：__________年龄：________

民族：________身份证号码：____________

病区：____床号：____病案号：____住院日期：______________

术前诊断：____

拟定手术方式：____________拟行麻醉方式：________________

您因以下原因造成分娩困难，可能危及您和/或胎儿的生命安全，需进行手术治疗，包括但不限于：

□1. 胎儿窘迫；

□2. 漏斗骨盆（轻、重）；

□3. 剖宫产史；

□4. 高龄初产；

□5. 前置胎盘；

□6. 胎盘早剥；

□7. 臀位（初产、经产）；

□8. 活跃期停滞；

□9. 头盆不称（绝对性、相对性）；

□10. 妊高征（轻、中、重）；

□11. 先兆子宫破裂；

□12. 巨大胎儿；

□13. 其他：______________________________________。

手术治疗本身是一种有效的治疗手段，一般来说，手术和麻醉过程是安全的，但由于该手术具有创伤性和风险性，术中和术后可能会发生意外和并发症，现告知如下，包括但不限于：

□1. 麻醉意外；

□2. 术中出血，必要时须切除子宫；

□3. 损伤周围脏器；

□4. 感染；

□5. 羊水栓塞；

□6. 新生儿畸形不除外；

□7. 新生儿窒息、产伤；

□8. 伤口愈合不良，延长住院时间；

□9. 晚期可产后出血，必要时须切除子宫；

□10. 静脉血栓；

□11. 产后尿潴留，肠麻痹；

□12. 胎盘植入，可能须切除子宫；

□13. 子宫外翻；

□14. 子宫胎盘卒中，可能须切除子宫；

□15. 可能造成侧切伤口延裂出血、新生儿产伤、头颅血肿、颅内出血、胸锁乳突肌血肿、面部皮肤擦伤、面神经损伤、小儿臂丛神经损伤等；

□16. 其他：____________________________________。

主治医师或获得授权的医务人员签名

日期：　　年　月　日　时　分

科主任（上级医师）签名

日期：　　年　月　日　时　分

我已详细阅读以上内容，对医师护士的告知表示完全理解。经慎重考虑，我决定□做□不做此手术。

我明白在本次手术中，在不可预见的情况下，可能需要其他附加操作或变更手术方案，我授权医师在遇有紧急情况时，为保障我的生命安全实施必要的救治措施，并保证承担全部所需费用。

我知道在手术开始之前，我可以随时签署《拒绝医疗同意书》，以取消本手术同意书的决定。

患者/法定监护人/委托代理人签名
（需附身份证复印件、授权文件）

日期： 年 月 日 时 分

见证人：

本人见证了患方自愿签署本文书。

（见证人签名、联系方法和有效证件号码）

年 月 日 时 分

眼科植入手术治疗知情同意书

患者姓名：______性别：____年龄：__病案号：____民族：____
身份证号码：____________住院日期：____年____月____日
临床诊断：□白内障 □青光眼 □视网膜脱离
□角（巩）膜病变
□眼球摘除术后 □眼外伤 □其他________________
治疗目的：□挽救视力 □改善外观 □其他________________
治疗方法：____
麻醉方法：____________手术医师：____________

根据您的病情，您需要进行上述手术治疗（以下称手术）。该手术是一种有效的治疗手段，一般来说，手术和麻醉过程是安全的，但由于该手术具有创伤性和风险性，因此医师不能向您保证手术效果。

因个体差异及某些不可预料的因素，术中和术后可能会发生意外和并发症，严重者甚至会导致死亡，现告知如下，包括但不限于：

（一）全身系统的并发症、意外

□1. 麻醉意外；

□2. 心、脑、肾等重要脏器发生意外。

（二）局部专科方面

□1. 排斥反应：机体对植（注）入物出现排异现象；

□2. 植（注）入失败：因为术中意外或患者个体异常导致无法按计划植（注）入；

□3. 植入物移位：因为植入位置欠佳或患者个体因素导致植入物移位；

□4. 术后出血、感染；

□5. 其他：____。

____

主治医师或获得授权的医务人员签名

日期：　　年　　月　　日　　时　　分

____

科主任（上级医师）签名

日期：　　年　　月　　日　　时　　分

我已详细阅读以上内容，对医师护士的告知表示完全理解。经慎重考虑，我决定□做□不做此手术。

我明白在该手术中，遇有不可预见的情况时，可能需要变更手术方案或附加其他操作。我授权医师在遇有紧急情况时，为保障我的生命安全实施必要的救治措施，并保证承担所需全部费用。

我知道在此手术开始之前，我可以随时签署《拒绝医疗同意书》，以取消本同意书的决定。

____

患者/法定监护人/委托代理人签名

（需附身份证复印件、授权文件）

日期：　年　月　日　时　分

见证人： 本人见证了患方自愿签署本文书。 ________________________________ （见证人签名、联系方法和有效证件号码） 年　月　日　时　分

介入检查（手术）知情同意书

患者姓名：__________性别：____
年龄：______身份证号码：________________
科室：________床号：____住院日期：________病案号：____
临床诊断：______________________________
拟行介入检查（手术）名称：____________________
本病例严重情况或特殊问题：____________________
麻醉方式：____________检查（手术）医师：____________

根据您的病情，您需要进行上述介入检查（手术）治疗（以下称操作）。该操作是一种有效的检查或治疗手段，一般来说，该操作和麻醉过程是安全的，但由于此项操作具有创伤性和风险性，因此医师不能向您保证该操作的效果。

因个体差异及某些不可预料的因素，术中和术后可能会发生意外和并发症，现告知如下，包括但不限于：

□1. 出血：穿刺伤口局部血肿、大出血、血管破裂，消化道、泌尿道及脑出血等；

□2. 过敏性反应：术中所用药物可能造成皮肤过敏、呼吸困难、过敏性休克、溶血反应等；

□3. 休克：低血容量性休克、心源性休克等；

□4. 栓塞：全身各脏器（心、脑、肺、肾及四肢）血管的栓塞及导管断入体内等并发症；

□5. 相关脏器介入治疗引起的并发症，如肝脏介入治疗引起消化道出血、黄疸、腹水、肝破裂、肺栓塞、肝肾功能衰竭；肺部疾病介入治疗引起脊髓损害、咯血、气胸、胸水等；

□6. 化疗药物或造影剂引起的毒副作用：骨髓抑制、胃肠道反应、过敏反应、脏器功能损害等；

□7. 因介入使用的材料引起不良后果，如断裂、脱落等等；

□8. 一次介入达不到预期效果，尚需再次行介入检查治疗或转入直式手术方式；

□9. 以上原因引起操作不能进行，甚至导致死亡；

□10. 其他：________________________________。

主治医师或获得授权的医务人员签名

日期：　　年　　月　　日　　时　　分

科主任（上级医师）签名

日期：　　年　　月　　日　　时　　分

我已详细阅读以上内容，对医师护士的告知表示完全理解。经慎重考虑，我决定接受此介入检查（手术）。

我明白在术中，遇有不可预见的情况时，可能需要变更诊疗方案或附加其他操作。我授权医师在遇有紧急情况时，为保障我的生命安全实施必要的救治措施，并保证承担所需全部费用。

我明白在检查（手术）开始之前，我可以随时签署《拒绝医疗同意书》，以取消本同意书的决定。

患者/法定监护人/委托代理人签名

（需附身份证复印件、授权文件）

日期：　年　月　日　时　分

见证人：

本人见证了患方自愿签署本文书。

____

（见证人签名、联系方法和有效证件号码）

年　月　日　时　分

美容整形外科手术知情同意书

患者姓名：______性别：__年龄：____民族：________

身份证号码：____________住院日期：________病案号：____

床位：____婚姻状况：____________

术前形态（附照片）：______________________________

临床诊断：____________治疗目的：____________

手术方案：____________麻醉方案：____________

本人要求 ____________ 主治医师或获得授权的医务人员 ____________和由其选择的助手为我实施上述美容整形外科手术（以下简称手术）。有关手术的情况已经向本人作了如下解释：

1. 虽然医师尽了最大努力，但由于个人审美观点不同和现行医疗水平所限，手术效果不一定都能满足患者的要求；

2. 患者应严格遵照医嘱（含口头医嘱）治疗，若出现异常反应，应及时到医院就诊，以便进一步处理；

3. 术后手术部位肿胀有一定的恢复期，根据个人年龄、体质、手术部位和手术类型不同，恢复时间长短不一；

4. 患者如有精神异常、瘢痕增生等不宜手术的疾病，术前应如实告诉医师，否则医院将不承担责任；

5. 手术前后必须照相，相片作为医院的病历资料，由医院保存；

6. 人体的两侧并不完全相同，因此手术也不可能使两侧如双眼皮、双侧乳房等完全一致。

手术是一种创伤性的治疗手段，具有手术风险性。一般来说，手术是安全的，但由于受手术性质、特点和个体差异等多种因素影响，术中和术后可能发生意外情况和并发症，现告知如下，包括但不限于：

1. 意外，如麻醉、心脑血管、特殊体质、栓塞等致死亡；

2. 出血：伤口及创面出血血肿，可能须再次进行手术止血、清理血肿等措施；

3. 感染：因感染而致瘢痕增生，正常皮肤也可因感染和切开引流形成新的皮肤瘢痕；

4. 瘢痕：手术切口和手术部位均可产生瘢痕，这是目前国际医学界尚未解决的难题，所以手术必定留下瘢痕。瘢痕增生的程度与个人体质、手术部位、年龄等多种因素密切相关，而非手术医师能够人为控制，故不能保证术后没有瘢痕。手术部位和切口可能遗留无发区。个别人在术前无法确定其是否属瘢痕体质，所以在此特别说明；

5. 手术中采用的各种组织代用品可能出现感染或排异反应等问题，这与手术本身无关，需取出假体或重新手术；

6. 植入体可能使身体产生不良反应，部分手术需再次拆线，有可能造成局部皮肤的色素沉着；

7. 其他：________________________________。

我已详细阅读以上内容，对医师护士的告知表示完全理解。经慎重考虑，我决定□做□不做此手术。在手术中，遇有紧急情况时，我授权医师采取变更手术方案或附加必要的操作等紧急处置措施。

我知道在手术开始之前，我可以随时签署《拒绝医疗同意书》，以取消本手术同意书的决定。同时，我没有得到任何关于此手术效果的承诺。

____

患者/法定监护人/委托代理人签名

（需附身份证复印件、授权文件）

日期：　年　月　日　时　分

主治医师或获得授权的医务人员签名

日期：　　　年　　月　　日　时　　分

科主任（上级医师）签名

日期：　　　年　　月　　日　时　　分

见证人：

本人见证了该患方自愿签署本文书。

（见证人签名、联系方法和有效证件号码）

年　月　日　时　分

输注血液、血液制品知情同意书

患者姓名：______性别：__年龄：____民族：________
身份证号码：___________科别：________床号：____
住院日期：________病案号：____
临床诊断：______________________________
输血史：□无/□有____________________孕____产____
输注血液（血液制品）目的：____________________
输血成分：________________
输注前检查：ALT ____ U/L；HbsAg ____；Anti－HBs ____；
HbeAg ____；Anti－Hbe ____；Anti－HBc ____；
Anti－HCV ____；Anti－HIV1/2 ________；
梅毒________；其他：____________________。

根据您的病情，您需要进行输注血液（全血、成分血）或血液制品治疗。该项治疗是临床治疗的重要措施之一，是临床抢救急危重患者生命及必要治疗的有效手段。由于现有检验手段不能够完全消除一切潜在的有害病原体及存在窗口期问题，故输注血液或血液制品均存在一定风险，尽管经过正常检测仍有可能发生输血反应及感染经血液传播的疾病，现告知如下，包括但不限于：

1. 感染肝炎（乙肝、丙肝等）；
2. 感染艾滋病；
3. 感染梅毒；
4. 感染疟疾；
5. 巨细胞病毒或 EB 病毒感染；
6. 输血引起的目前医学尚未明确的血液传播性疾病和其他

疾病；

7. 发生输血反应，出现过敏症状、呼吸困难、发热、疼痛、寒战、恶心、黄疸、肾脏损害、凝血异常、贫血、心脏衰竭等，甚至死亡。

医务人员签名

日期：　　年　月　日　时　分

我已详细阅读以上内容，对医师、护士的告知表示完全理解。经慎重考虑，我决定□接受□不接受输注血液或血液制品治疗。我授权医师在紧急情况下，为保障我的生命安全实施必要的救治措施，并保证承担全部费用。

患者/法定监护人/委托代理人签名

（需附身份证复印件、授权文件）

日期：　　年　月　日　时　分

见证人：

本人见证了患方自愿签署本文书。

（见证人签名、联系方法和有效证件号码）

年　月　日　时　分

有创性诊断、治疗操作（包括内外科）同意书

患者姓名：__________性别：____
年龄：______身份证号码：________________
科室：________病案号：____
病情摘要：______________________________
初步诊断：______________________________
拟行操作名称：____________________麻醉方法：____________
操作医师：________方法：________麻醉医师：______

根据您的病情，您需要进行上述诊断、治疗（以下称操作）。该操作是一种有效的诊断、治疗手段，一般来说是安全的，但由于该操作具有创伤性和风险性，因此医师不能向您保证操作的效果。

因个体差异及某些不可预料的因素，操作中和操作后可能会发生意外和并发症，严重者甚至会导致死亡，现告知如下，包括但不限于：

1. 各种感染（细菌、真菌、病毒等）；

2. 麻醉意外；

3. 不可避免操作部位大出血、邻近组织脏器、神经、血管连带损伤；

4. 心、脑、肺、肝、肾等重要器官并发症，如栓塞、严重心律失常、出血、缺血等；

5. 术后发生截瘫、神经功能损伤等；

6. 发生其他难以预料的、危及患者生命安全或致残的意外情况；

7. 其他：____________________________________。

主治医师或获得授权的医务人员签名

日期：　　年　月　日　时　分

科主任（上级医师）签名

日期：　　年　月　日　时　分

我已详细阅读以上内容，对医师、护士的告知表示完全理解。经慎重考虑，我决定□进行□不进行此项诊疗。

我授权医生在遇有紧急情况时变更操作方案或附加其他操作，对我实施抢救措施，并保证承担所需全部费用。

我知道在操作开始之前，我可以随时签署《拒绝医疗同意书》，以取消本医疗操作同意书的决定。

患者/法定监护人/委托代理人签名
(需附身份证复印件、授权文件)

日期：　　年　月　日　时　分

见证人： 本人见证了患方自愿签署本文书。 （见证人签名、联系方法和有效证件号码） 年　月　日　时　分

产前B超筛查胎儿畸形知情同意书

患者姓名：＿＿＿＿＿＿性别：＿＿年龄：＿＿
民族：＿＿＿＿身份证号码：＿＿＿＿＿＿＿＿
科室：＿＿＿＿＿床号：＿＿病案号：＿＿
临床诊断：＿＿＿＿＿＿＿＿＿＿＿＿＿＿＿＿
本病例严重情况或特殊问题：＿＿＿＿＿＿＿＿＿＿＿＿

产前B超检查是产前诊断的方法之一，一般来讲是无创且可重复的一种检查方法。作为产前筛查胎儿先天畸形的常规项目，本检查仍然是一种辅助性手段，具有一定的局限性。与其他检查技术一样，本检查不是一种万能的检查，可能存在一定的误差，现告知如下，包括但不限于：

□1. 超声是形态学检查，因此B超只能检查出胎儿解剖结构上的明显畸形；B超的成像原理决定了其再现的图像与人体组织器官真实图像有较大区别，受多种因素的影响（包括孕妇本身、胎儿体位、羊水、胎儿活动、胎儿骨骼声影以及设备性能、工作人员经验等），B超不可能将胎儿的所有结构显示出来，许多器官和部位可能无法显示清楚。

□2. 胎儿畸形筛查的最佳时间一般选在孕11－14周（须做阴道B超）、孕24～26周。孕周过早，胎儿的各个组织器官尚未发育完全，B超将显示不清；孕周过晚，因胎儿较大、胎动受限和胎位及母体等因素，胎儿肢体（尤其是上肢）、颜面部、心脏或一侧肾脏不能完整显示。

□3. 胎儿在生长发育的不同时期可有不同的声像图改变，不同畸形出现时间也早晚不一。有些畸形在妊娠早期不出现，可表现为正常声像图，到了晚期才表现出来，如某些脑积水、肾盂积水、多囊肾、成骨发育不全等，因此妊娠晚期有些病例仍有追踪检查的必要。

□4. 某些胎儿畸形不能单凭一次 B 超检查就做出诊断，需要动态观察、多次检查才能明确。

□5. 由于胎儿畸形种类繁多以及超声检查的局限性，B 超检查不能发现所有先天畸形，即诊断符合率不可能达到 100%。

□6. 超声检查意见仅供临床参考。

□7. 其他：＿＿＿＿＿＿＿＿＿＿＿＿＿＿＿＿＿＿。

主治医师或获得授权的医务人员签名

日期： 年 月 日 时 分

科主任（上级医师）签名

日期： 年 月 日 时 分

我已详细阅读以上内容，对医师护士的告知表示完全理解。我自愿接受超声胎儿筛查，并保证承担所需全部费用。一旦发生上述基于医学发展水平、B 超技术的局限性及本人体质特殊的漏诊、误诊情况，本人对此表示谅解。

患者/法定监护人/委托代理人签名

（需附身份证复印件、授权文件）

日期： 年 月 日 时 分

见证人：

本人见证了该患者自愿签署本文书。

____

（见证人签名、联系方法和有效证件号码）

年 月 日 时 分

B 超检查及风险知情同意书

患者姓名：__________性别：____年龄：______

民族：________身份证号码：________________

科室：________床号：____病案号：____

临床诊断：______________________________

本病例严重情况或特殊问题：____________________

本项检查是一种辅助性检查手段，一般来讲是无创且可重复检查的，但仪器有一定的局限性，与其他检查技术一样，不是一种万能的检查。本检查可能存在一定的误差，现告知如下，包括但不限于：

□1. B 超的成像原理决定了其再现的图像与人体组织器官的真实图像有较大区别，必然存在偏差，因此 B 超不能对所有疾病都做出明确诊断；

□2. B 超不能显示所有病变，早期疾病或较小病变可能因显示不出而无法诊断，必要时需进一步检查；

□3. 由于胃内容物、肠气的干扰以及肥胖者脂肪过厚，部分脏器难以显示从而无法诊断；

□4. 产前检查胎儿畸形受多种因素（如孕妇本身、孕周、胎儿体位、羊水、设备性能及工作人员的经验等）影响，难免出现遗漏、偏差；

□5. 病情变化可导致前后检查结果不一致；

□6. 超声属影像学检查，不能提供病理诊断；

□7. 法律严禁利用超声技术和其他技术手段进行非医学需要的胎儿性别鉴定；

□8. 超声检查意见仅供临床参考。

□9. 其他：________________________________。

提示：肝、胆、胰、脾检查请空腹；前列腺、膀胱及妇产科等盆腔脏器检查前须憋尿使膀胱充盈（妊娠 3 个月以上者除外）。

主治医师或获得授权的医务人员签名

日期：　　年　　月　　日　　时　　分

科主任（上级医师）签名

日期：　　年　　月　　日　　时　　分

我已详细阅读以上内容，对医师护士的告知表示完全理解。我自愿接受超声检查，并保证承担所需全部费用。一旦发生上述基于医学发展水平、B 超技术局限性及本人体质特殊的漏诊、误诊情况，本人对此表示谅解。

患者/法定监护人/委托代理人签名

(需附身份证复印件、授权文件)

日期：　　年　　月　　日　　时　　分

见证人：

本人见证了该患者自愿签署本文书。

____

（见证人签名、联系方法和有效证件号码）

年　月　日　时　分

内窥镜检查（治疗）知情同意书

患者姓名：__________性别：____年龄：______民族：________
科室：__________床号：____病案号：____
身份证号码：________________
临床诊断：______________________________
拟行内窥镜检查术名称：____________________
本病例严重情况或特殊问题：________________

您的乙肝表面抗原____性，我们已将乙肝表面抗原阴性和阳性的患者分开检查，以避免交叉感染。

本项诊疗检查是一种□创伤性/□无创伤的诊疗手段，一般来说该项检查操作是安全的，但由于操作具有一定的风险性，在诊疗检查操作中和其后可能会发生意外和并发症，现告知如下，包括但不限于：

□1．恶心、咽喉损伤、咽喉部感染或脓肿、胸骨后疼痛等；

□2．心、肺、脑血管意外造成呼吸、心跳骤停；

□3．出血、穿孔（食管、胃肠）、感染、休克；

□4．注射性胰腺炎、化脓性胆管炎等；

□5．麻醉（药物）意外、碘过敏、ERCP 插管不成功；

□6．扩张后再狭窄、食管贲门撕裂；

□7．腹膜后气肿、结肠浆膜及其他肠系膜撕裂、造瘘管漏、造瘘管滑脱、吸入性肺炎等；

□8．需同时做病理活检的少数病人，可能发生活检后出血，但大多数能自行止血；严重时，需手术止血或行脏器部分切除、全部切除；如果出现呕血、黑便，须立即到医院复诊检查；

□9．小儿肠镜检查需全身麻醉者，可能出现麻醉意外，严重者甚至危及生命安全；

□10．如在内窥镜下治疗达不到预期目的，可能需要再次治疗或直视下手术治疗；

□11．其他：________________________________。

主治医师或获得授权的医务人员签名

日期：　　年　月　日　时　分

科主任（上级医师）签名

日期：　　年　月　日　时　分

我已详细阅读以上内容，对医师护士的告知表示完全理解。经慎重考虑，我决定□进行□不进行此项诊疗检查/手术。

我授权医生在遇有紧急情况时变更操作方案或附加其他操作，对我实施抢救措施，并保证承担所需全部费用。

患者/法定监护人/委托代理人签名

（需附身份证复印件、授权文件）

日期：　　年　月　日　时　分

见证人： 本人见证了该患者自愿签署本文书。 ________________________________ （见证人签名、联系方法和有效证件号码） 年　月　日　时　分

深静脉穿刺术知情同意书

患者姓名：＿＿＿＿＿＿性别：＿＿＿年龄：＿＿＿

民族：＿＿＿＿＿身份证号码：＿＿＿＿＿＿＿＿＿

科室：＿＿＿＿＿＿床号：＿＿＿病案号：＿＿＿

住院日期：＿＿＿＿＿

术前诊断：＿＿＿＿＿＿＿＿＿＿＿＿医师姓名：＿＿＿

根据您的病情，您需要实施深静脉穿刺留管补液、中心静脉压测定等操作（以下称操作）。该操作是一种有效的治疗手段，一般来说是安全的，但由于该操作具有创伤性和风险性，因此医师不能向您保证操作效果。

因个体差异及某些不可预料的因素，在穿刺及置管使用过程中可能会发生意外和并发症，严重者甚至会导致死亡，现告知如下，包括但不限于：

□1. 误伤大动脉，导致出血、血肿、出血性休克；

□2. 血气胸；

□3. 淋巴漏；

□4. 穿刺部位局部血肿、皮下气肿；

□5. 周围组织、神经损伤；

□6. 心律失常、心肌梗塞；

□7. 穿刺不成功；

□8. 导管遗留、堵塞、滑脱；

□9. 血栓形成及栓塞，如肺栓塞、脑栓塞等；

□10. 局部感染或败血症；

□11. 上述问题一旦发生，有可能需要拔除导管后再次置管；

□12. 其他：______________________________。

主治医师或获得授权的医务人员签名

日期：　　年　　月　　日　　时　　分

科主任（上级医师）签名

日期：　　年　　月　　日　　时　　分

我已详细阅读以上内容，对医师护士的告知表示完全理解。经慎重考虑，我决定□进行□不进行深静脉穿刺术。

我授权医生在遇有紧急情况时变更操作方案或附加其他操作，对我实施抢救措施，并保证承担所需全部费用。

我知道在穿刺开始之前，我可以随时签署《拒绝医疗同意书》，以取消本同意书的决定。

患者/法定监护人/委托代理人签名

（需附身份证复印件、授权文件）

日期：　　年　　月　　日　　时　　分

见证人：

本人见证了患方自愿签署本文书。

____

（见证人签名、联系方法和有效证件号码）

年　月　日　时　分

口腔科治疗知情同意书

患者姓名：__________性别：____年龄：______
身份证号码：________________民族：________
科室：__________床号：______病案号：______
病情摘要：______________________________
初步诊断：______________________________
医师姓名：____________拟定麻醉方法：________________
拟定治疗方法：□1. 拔除牙齿；□2. 根管治疗；□3. 修复美容治疗；4. ______

根据您的病情，您需要进行上述治疗（以下称操作）。该操作是一种有效的治疗手段，一般来说该操作和麻醉是安全的，但由于该操作具有创伤性和风险性，因此医师不能向您保证治疗效果。

因个体差异及某些不可预料的因素，术中和术后可能会发生意外和并发症，严重者甚至会导致死亡，现告知如下，包括但不限于：

□1. 麻醉意外　□2. 损伤血管，出血不止　□3. 损伤神经
□4. 损伤牙齿　□5. 上颌窦穿孔　□6. 诱发全身并发症
□7. 肿痛加重　□8. 侧壁穿孔　□9. 器械折断
□10. 穿髓　□11. 牙髓炎　□12. 损伤涎腺导管
□13. 颜色复杂者修复体颜色较难与天然牙齿完全接近
□14. 术后感染　□15. 术后出血　□16. 干槽症
□17. 异物不适感　□18. 牙龈炎　□19. 牙齿龋坏
□20. 牙体脆性变大，容易折断　□21. 面部瘢痕或畸形
□22. 其他____________________________________

主治医师或获得授权的医务人员签名

日期：　　年　月　日　时　分

科主任（上级医师）签名

日期：　　年　月　日　时　分

我已详细阅读以上内容，对医师的告知表示完全理解。经慎重考虑，我决定□接受□不接受此操作。

我授权医生在遇有紧急情况时变更操作方案或附加其他操作，对我实施抢救措施，并保证承担所需全部费用。

我知道在该项诊疗技术操作开始之前，我可以随时签署《拒绝医疗同意书》，以取消本治疗知情同意书的决定。

患者/法定监护人/委托代理人签名
（需附身份证复印件、授权文件）

日期：　　年　月　日　时　分

见证人：

本人见证了患方自愿签署本文书。

（见证人签名、联系方法和有效证件号码）

年　月　日　时　分

施行高压氧治疗知情同意书

患者姓名：＿＿＿＿＿＿性别：＿＿＿年龄：＿＿＿＿

身份证号码：＿＿＿＿＿＿＿＿＿

科室：＿＿＿＿＿床号：＿＿＿病案号：＿＿＿

病情诊断：＿＿＿＿＿＿＿＿＿＿＿＿＿＿＿＿＿＿

拟施治疗方案：压力：＿＿＿＿＿ATA；吸氧时间：＿＿＿＿分钟；

每日＿＿＿＿次；临时更改为：＿＿＿＿。

本人已被＿＿＿＿＿＿＿（主治医师或获得授权的医务人员姓名）告知了施行高压氧治疗的方案、益处以及可能发生的并发症。本人理解并同意医师根据治疗过程情况，或遇有急诊病人抢救时，调整治疗方案。本人没有得到任何关于此治疗效果的保证。

本人已被告知治疗中可能出现的并发症和意外情况包括但不限于：

□1. 中耳和副鼻窦气压伤；

□2. 由于个体差异引起的氧过敏、氧中毒、减压病；

□3. 昏迷病人呼吸不当引起肺气压伤；昏迷病人呕吐引起呼吸道误吸；

□4. 近期手术的病人出现切口部位皮下气肿；

□5. 颅底骨折和较大范围脑梗塞病人出现脑出血；

□6. 由于血压波动，出现脑出血或脑梗塞；

□7. 呼吸、心跳骤停；

□8. 眼睛视力下降，继续出血；

□9. 其他：＿＿＿＿＿＿＿＿＿＿＿＿＿＿＿＿＿＿＿＿。

本人明白以上情况可能很轻微，也可能很严重，甚至会导致残疾或死亡。我授权医务人员在遇有紧急情况时采取紧急救治措施。我愿意积极配合医师治疗，并保证承担所需全部费用。

本人被告知并保证在治疗中遵守如下规定：

1. 进入高压氧仓时，严禁携带火柴、打火机等各类火种，手机、BP机、电动玩具等各类带电物品以及火药、有机溶剂等各类易燃、易爆物品，不得穿着未经防火和防静电处理的化纤织品。

2. 治疗过程，吸氧位置、治疗时间、何种体位等须服从医务人员的导引安排。如不服从医务人员安排，影响本人及其他病人治疗或干扰治疗工作正常进行，当班医务人员有权暂停我的治疗。

3. 高压氧治疗是综合治疗，经常同时合并其他药物治疗，须遵照医嘱执行，不可自行调整治疗药物。

4. 其他：________________________________。

患者/法定监护人/委托代理人签名
（需附身份证复印件、授权文件）

日期：　　　年　　月　　日　　时　　分

主治医师或获得授权的医务人员签名

日期：　　　年　　月　　日　　时　　分

科主任（上级医师）签名

日期：　　　年　　月　　日　　时　　分

见证人：

本人见证了该患方自愿签署本文书。

____

（见证人签名、联系方法和有效证件号码）

年　月　日　时　分

试用药品知情同意书

1. 试用药品介绍

药品研究单位，试用药品来源，药品临床试验已得到____________部门的批准。药品已经过____________试验，国内外使用情况、药品以往使用的治疗效果、副作用以及副作用发生率。

2. 试用药品的目的

3. 试用药品的方案

（1）研究期间的检查项目和观察项目；

（2）实用药品的剂量、用法、注意事项；

（3）研究试验的操作过程、时间；

（4）已经伦理委员会同意。

4. 不适用该试用药品的疾病及禁忌证

5. 受试者权益

您参加本研究是自愿的。在试用药品过程中，您应与您的经治医师随时保持联系与沟通。我们期望您能坚持完成本研究，但您仍有权在任何时候退出本研究。我们不会因您的退出而使您受到不公正的待遇，不会影响您进行其他正常合理的治疗，不会损害您应受保障的权益。

（1）通过本研究您将可以获得______免费检查、免费药品的治疗及观察，这对治疗您的疾病可能是有益的，也有可能对公众有益；

（2）通过本研究您将可以获得______免费检查，同时获得适当的报酬；

（3）在试用药品过程中，如您发生与研究药品有直接关系的不良反应，您会得到及时积极的抢救治疗；经我院________

（药事委员会）确定，您将会得到药厂或保险公司适当的经济补偿；

（4）您所患的疾病与病情、诊疗、检查结果及个人隐私均受到保护，您的身份不会在研究报告中泄露，您将得到一份有关您自己适用药品的信息资料。

6. 资料的使用权利

您试用药品的有关记录与资料将归本研究课题组所有及分析使用。您个人的一般资料如年龄、性别、生日、名字的首写字母和临床诊断将在课题组的研究报告中进行分析。您所有的临床资料，包括您的保密资料都有可能被药品监督管理局和国内、国际组织申办者派出的稽查人员查阅审核，您的经治医师将监督这些审核过程，研究结果将被刊登在医学杂志或文献报道上。

经治医师签名　　　　　日期：　　年　　月　　日　　时　　分

我已详细阅读了试用药品知情同意书。我的经治医师已向我作了详尽的试用药品的研究方案说明，我完全了解参加本次研究的目的、性质、方法及我的权益和风险。

在上述讨论后，我的经治医师已给我机会就上述事项提出问题来了解更多相关信息。本人认为，我已获得足够的资料来作出决定。

我自愿参加本次试用药品的研究，并同意按照研究方案和知情同意书的内容，配合医师操作认真完成本次研究。同时，我也同意本研究课题组依据知情同意书的内容，收集、使用有关我试用药品的研究资料。

受试者签名　　　　　日期：　　年　　月　　日　　时　　分

见证人：

本人见证了受试者自愿签署本文书。

____

（见证人签名、联系方法和有效证件号码）

年　月　日　时　分

治疗方案告知选择书

患者姓名：___________性别：____年龄：______

身份证号码：_________________

科室：________病案号：_____________

诊断：____

病情摘要：_______________________________________

过敏史：_____________既往史：_________________

按照目前的医学技术，根据您的病情，您可以进行________（保守）治疗或者________（手术）治疗，两种治疗方法可能存在各自的利益及风险，您有权自行选择。我们将根据您的选择尽力进行诊治，但是不能向您保证治疗效果。

第一种治疗方法：_______________________________。

1．治疗可能带来的利益：______________________________
以及其它：_____________。

2．治疗可能带来的风险：______________________________
以及其它：_____________。

第二种治疗方法：_______________________________。

1．治疗可能带来的利益：______________________________
以及其它：_____________。

2．治疗可能带来的风险：______________________________
以及其它：_____________。

____

主治医师或获得授权的医务人员签名

日期：　　年　　月　　日　　时　　分

____

科主任（上级医师）签名

日期：　　年　月　日　时　分

我已详细阅读以上内容，对医师护士的告知表示完全理解。经慎重考虑，权衡利弊，我选择进行____________（手术）。

我明白在手术中遇有不可预见的情况时，可能需要变更诊疗方案或附加其他操作。我授权医师在遇有紧急情况时，为保障我的生命安全实施必要的救治措施，并保证承担所需全部费用。

我明白在我选择的治疗方法开始之前，我可以随时签署《拒绝医疗同意书》，以取消本同意书的决定。

____

患者/法定监护人/委托代理人签名

（需附身份证复印件、授权文件）

日期：　　年　月　日　时　分

见证人：

本人见证了患方自愿签署本文书。

____

（见证人签名、联系方法和有效证件号码）

年　月　日　时　分

三、出院后或发生纠纷时的事务性文书

病历查阅复印申请书

按照《医疗事故处理条例》的有关规定，患者 ______（身份证号码：____________）或其代理人申请将该患者自____ 年__ 月__ 日至____ 年__ 月__ 日在________医院住院的病案号为______ 的病历资料中的下列部分：

□1. 门诊病历　　□2. 住院志

□3. 体温单　　□4. 医嘱单

□5. 化验单（检验报告）　　□6. 医学影像检查资料

□7. 特殊检查同意书　　□8. 手术同意书

□9. 手术及麻醉记录单　　□10. 病理资料

□11. 护理记录

查阅、复印给 ________（患者本人或经书面授权委托的代理人）用于________目的，并同意按照规定缴纳复印费用。

患者/法定监护人/委托代理人签名

（附身份关系证明材料、委托书和身份证复印件）

日期：　　年　　月　　日　　时　　分

医务处（科）意见

医务处（科）印章、批准人（签名）：

日期：　　年　　月　　日　　时　　分

备注：

实际复印病历资料　　项，共计　　页。

病历复印人签字：

日期：　　年　月　日　时　分

医疗纠纷院内处理程序

1. 医院医务部（处、科、室，以下简称医务机关）是医疗服务质量监控部门，具体负责监督本院医务人员的医疗服务工作；检查医务人员执业情况；制定防范、处理医疗事故的预案；接受患者对医疗服务的投诉；向其提供解决医疗纠纷的相关咨询服务。

2. 医务人员在医疗活动中发生医疗事故的，或发现可能引发医疗事故的医疗过失行为的，或者发生医疗事故争议的，应当立即向所在科室负责人报告，科室负责人应当及时向医务机关报告。医务机关接到报告后，应立即着手进行调查、核实，并将有关情况如实向主管医疗业务的副院长直至向院长报告。

3. 发生下列重大医疗过失行为的，医务机关应当在 12 小时内向当地卫生厅（局）医政处（科）报告：

（1）导致患者死亡或者可能为二级以上的医疗事故；

（2）导致 3 人以上人身受到损害、后果严重的医疗事件；

（3）卫生部和省、自治区、直辖市卫生厅（局）规定的其他情况。

4. 患者投诉时，应请其提交书面材料，注明具体地址、联系电话、日期并签名。应患者要求，可按有关规定复印或封存病历。复印或封存病历时，患方和医院应同时有人在现场监督。封存病历时，应复印一份备用。

5. 对于科室发生的医疗纠纷争议，科主任应根据患方的投诉材料，及时负责组织调查，查清事实经过，组织科室进行集体讨论，填写医疗纠纷调查报告，并于 7 个工作日内将有关调查分析材料报医务机关。

6. 医务机关接到当事科室的陈述材料和调查报告后，应当及时组织调查核实，应在接班科室报告后的10个工作日内尽快答复患方。一方不能确定的，将提交医院医疗质量管理委员会或院内医疗事故技术鉴定小组的专家进行讨论，应在1 ~2个月内答复患方；提交讨论的有关材料由医务机关负责组织、准备，当事科室应予积极配合。

7. 经医院医疗质量管理委员会或医疗事故技术鉴定小组讨论并得出结论性意见后，由医务机关会同当事科室指定专人向患者或其家属通报和解释。如果患方对答复不满意，可以书面告知其有权向医学会申请组织医疗事故鉴定，或提交卫生行政部门处理，或向法院提起诉讼。

8. 疑似输液、输血、注射、药物等引起不良后果的，科室应与患者共同对现场实物进行封存和启封，封存的现场实物由科室保管，并及时报告医务机关和护理部协同处理。需要对输液和药物进行检验的，由医患双方共同到市药检所办理有关检验手续。疑似输血引起不良后果，需要对血液进行封存保留的，应向当地血站通报并商请其血站派员到场指导。

9. 在对医疗事故处理过程中，凡患者或家属借故无理取闹，抢夺病历资料，殴打辱骂医务人员，损坏医院公共财物，扰乱医院正常工作秩序的，应及时报告“110”、医院保卫部门和医务机关，注意保护现场和保留证据，听候进一步处理。

10. 临床科室在医疗纠纷发生后，除医疗咨询外不得随意给患方出具任何书面文件、字据、答复等，应与医务机关慎重调研，在达成一致共识后指定专人答复患者。

11. 医务机关对于事隔一年以上的医疗纠纷投诉，均应考虑诉讼时效问题，不要轻易作出答复。

12. 与患者或其亲属通报情况、答复投诉的结果时，应指定专人做好交谈记录，并请患者签字，予以妥善保存。必要时应作录音，留取证据。

13. 有关调解或诉讼赔偿项目的金额，可以征求律师意见。

医疗纠纷处理告知书

1．医疗事故定义

（1）医疗事故是指在医疗活动中，因医务人员（必须是经过考核和卫生行政机关批准或承认，取得相应资格的各级各类卫生技术人员）违反医疗卫生管理法律、行政法规、部门规章和诊疗护理规范、常规，过失造成患者人身损害的事故。

（2）下列情形均不属于医疗事故：

①在紧急情况下，为抢救垂危患者生命而采取紧急医学措施造成不良后果的；

②在医疗活动中，由于患者病情异常或者患者体质特殊而发生医疗意外的；

③在现有医学科学技术条件下，发生无法预料或者不能防范的不良后果的；

④无过错输血感染造成不良后果的；

⑤因患方原因延误诊疗导致不良后果的；

⑥因不可抗力造成不良后果的。

2．医疗纠纷处理程序

（1）患者或其代理人须向我院医务部（处、科、室，以下简称医务机关）提出书面意见书，详细陈述患者在本院门诊或住院诊疗过程中，其认为医务人员存在过错和因此造成不良后果的事实及其要求、意见。

（2）我院医务机关和当事科室应按照患者提出的申请对病历进行封存，或查阅、复印部分病历资料，包括门（急）诊病历和住院病历中的住院志（即入院记录）、体温单、医嘱单、化验单（检验报告）、医学影像检查资料、特殊检查（治疗）知情同意书、手术知情同意书、手术记录单及麻醉记录单、病理检查报告、护理记录、出院记录。复印病历资料应按照规定收取工本费。

(3) 如有患者死亡，其遗体应立即移放医院太平间。医患双方当事人对患者的死亡尚不能确定死因或对死因有异议的，医院应在患者死亡后48小时内，提请患方近亲属同意并签署有关同意尸检的文书，并尽快对死者进行尸检；具备尸体冻存条件的，可以延长至7日（超过上述时限，尸体的组织细胞就会发生自溶和腐败，使尸检结果失去可靠性）。如因医院或患者亲属拒绝对死者进行尸检，或因拖延尸检时间超过法定时限，导致影响对患者死因的判定的，由此引发的后果应由拒绝或拖延的一方负责。尸检所需的费用应按规定收取。死者遗体存放的时间一般不得超过2周。对逾期不处理的尸体，医院将在报经所在地卫生行政部门批准并报经同级公安部门备案后按照规定进行处理，请患方亲属给予理解和支持。

(4) 我院医务机关（或调解中心）负责向有关科室了解诊疗过程及科室意见，并应将所了解的情况与患者或其代理人的投诉书同时提交我院医疗质量管理委员会或医疗事故技术鉴定小组讨论。我院医疗质量管理委员会或医疗事故技术鉴定小组在收到患方投诉书之日起1至2个月内应作出结论性意见。进行尸检的病例，可自尸检报告发出之日起计算时间。

(5) 我院医务机关（调解中心）负责将医院书面答复的意见告知患者或其委托代理人。如果患方对我院书面答复的意见有异议，可持我院书面答复的函件向卫生厅（局）申请调解或与我院共同委托当地医学会申请进行医疗事故技术鉴定；若一方对市级医学会的鉴定结论不服，还可以在接到鉴定结论之日起15日内，向省（自治区、市）卫生厅（局）申请省级医疗事故技术鉴定。

(6) 进行医疗事故技术鉴定时，我院医务机关将负责提供所需的病历摘要和必要的原始资料复印件；法院、检察院和受托的医学会需要查阅原件时，可持单位行政介绍信与我院医务机关联系，我院将提供调阅。

(7) 根据《医疗事故处理条例》的规定，我院可与患方就医疗纠纷的处理进行协商解决。

(8) 若协商不成，患方可以依法向人民法院提起民事诉讼。

医院医务部（处）　　　　　　　　被告知人（签收）：

年　月　日　　　　　　　　　　年　月　日

（注：本告知书提供给患方）

医疗事故调解协议书

甲方：___________医院

地址：___________联系电话：_______

乙方：_____性别：__年龄：____身份证号码：___________

住址：___________联系电话：_______邮政编码：_______

与患者关系：□患者本人 □法定监护人 □委托代理人 □其他直系亲属：_____

（如果不是患者本人，必须附身份关系证明材料、授权文件；如患者已经死亡，乙方必须为死者的所有合法继承人）

甲乙双方就患者_____（身份证号码：__________）于____年__月__日至____年__月__日因诊治_______在甲方门诊或住院治疗（住院病案号或门诊病历号：_______）期间发生的医疗事故争议，经双方友好协商一致，自愿达成如下协议，以便共同遵守。

1．简述治疗经过：_________________________。

2．患者的现状：___________________________。

是否需要继续治疗以及如何治疗：_______________。

3．医疗事故的原因：_______________________。

4．_______级医学会鉴定确认医疗事故等级：_____。

5．甲方已经告知乙方医疗纠纷经鉴定为医疗事故后其享有的各项权利和解决争议的所有合法途径，如向卫生行政部门提出调解申请，向人民法院提起民事诉讼等，但乙方自愿放弃其就本医疗争议所享有的上述权利。

6．赔偿数额和给付方式：

甲方就本次医疗事故向乙方一次性赔偿人民币_______元。

7. 乙方自甲方给付赔偿款后，不再以任何理由就本次医疗事故向甲方提出任何要求，或要求第三方追究甲方任何责任。

8. 违约责任：

甲乙双方如一方违反本协议，则需向对方支付违约金____元。

9. 本协议以下列文件作为附件，为本协议不可分割的一部分：

(1) 乙方与患者的身份关系证明材料或授权文件；

(2) 医疗事故技术鉴定书。

10. 本协议一式两份，甲乙双方各执一份。

11. 本协议自双方签字、盖章之日起生效。

甲方：(盖章)　　　　乙方：(签字)(患者本人)

(患者父母)

(患者配偶)

(患者所有子女)

(委托代理人)

年　月　日　　　　年　月　日

见证人：

本人________不是此医疗机构的雇员，与乙方也无任何关系，我见证了甲乙双方自愿签署本协议书。

____

(见证人签名、联系方法和有效证件号码)

年　月　日

(注：本协议适用于经医疗事故技术鉴定确定为医疗事故的医疗纠纷)

医疗纠纷调解协议书

甲方：＿＿＿＿＿＿＿医院：＿＿＿＿＿＿＿

地址：＿＿＿＿＿＿＿联系电话：＿＿＿＿＿＿＿

乙方：＿＿＿＿＿性别：＿年龄：＿＿＿身份证号码：＿＿＿＿＿＿＿

住址：＿＿＿＿＿联系电话：＿＿＿＿＿邮政编码：＿＿＿＿＿

与患者关系：□患者本人 □法定监护人 □委托代理人 □其他直系亲属：＿＿＿＿＿

（如果不是患者本人，必须附身份关系证明材料、授权文件；如患者已经死亡，乙方必须为死者的所有合法继承人）

甲乙双方就患者＿＿＿＿（身份证号码：＿＿＿＿＿＿＿）于＿＿＿年＿月＿日至＿＿＿年＿月＿日因诊治＿＿＿＿＿＿＿在甲方门诊或住院治疗（住院病案号或门诊病历号：＿＿＿＿＿）期间发生的医疗事故争议，经双方友好协商一致，自愿达成如下协议，以便共同遵守。

1．简述治疗经过：＿＿＿＿＿＿＿＿＿＿＿＿＿＿＿＿＿＿＿。

2．患者的现状：＿＿＿＿＿＿＿＿＿＿＿＿＿＿＿＿＿＿＿＿。

是否需要继续治疗以及如何治疗：＿＿＿＿＿＿＿＿＿＿。

3．如患者已经死亡，乙方是否同意做尸检：＿＿＿＿＿。

4．甲方已经告知乙方发生医疗纠纷后其享有的各项权利和解决纠纷的所有合法途径，如共同委托本地医学会进行医疗事故技术鉴定，向卫生行政部门申请调解，向人民法院提起民事诉讼等，但乙方自愿放弃其就本医疗纠纷所享有的上述权利。

5．补偿数额和给付方式：

甲方就本次医疗纠纷向乙方一次性支付人民币＿＿＿元。

6. 乙方自甲方给付补偿款后，不再以任何理由就本次医疗纠纷向甲方提出任何要求，或要求第三方追究甲方责任。

7. 违约责任：

甲乙双方如一方违反本协议，则需向对方支付违约金 ____ 元。乙方还须退回甲方给付的补偿（赔偿）金。

8. 本协议一式两份，甲乙双方各执一份。附件一份，为乙方与患者的身份关系证明材料或授权文件。

9. 本协议自双方签字、盖章之日起生效。

甲方：（盖章）　　　　　　乙方：（签字）（患者本人）

（患者父母）

（患者配偶）

（患者所有子女）

（委托代理人）

年　月　日　　　　　　　　年　月　日

见证人：

本人________不是此医疗机构的雇员，与乙方也无任何关系，我见证了甲乙双方自愿签署本协议书。

____

（见证人签名、联系方法和有效证件号码）

年　月　日

（注：本协议适用未经医疗事故技术鉴定的医疗纠纷）

第三部分

相关法律法规

医疗事故处理条例

（2002 年 4 月 4 日国务院令第 351 号公布）

第一章　总　则

第一条　为了正确处理医疗事故，保护患者和医疗机构及其医务人员的合法权益，维护医疗秩序，保障医疗安全，促进医学科学的发展，制定本条例。

第二条　本条例所称医疗事故，是指医疗机构及其医务人员在医疗活动中，违反医疗卫生管理法律、行政法规、部门规章和诊疗护理规范、常规，过失造成患者人身损害的事故。

第三条　处理医疗事故，应当遵循公开、公平、公正、及时、便民的原则，坚持实事求是的科学态度，做到事实清楚、定性准确、责任明确、处理恰当。

第四条　根据对患者人身造成的损害程度，医疗事故分为四级：

一级医疗事故：造成患者死亡、重度残疾的；

二级医疗事故：造成患者中度残疾、器官组织损伤导致严重功能障碍的；

三级医疗事故：造成患者轻度残疾、器官组织损伤导致一般功能障碍的；

四级医疗事故：造成患者明显人身损害的其他后果的。

具体分级标准由国务院卫生行政部门制定。

第二章　医疗事故的预防与处置

第五条　医疗机构及其医务人员在医疗活动中，必须严格遵守医疗卫生管理法律、行政法规、部门规章和诊疗护理规范、常规，恪守医疗服务职业道德。

第六条　医疗机构应当对其医务人员进行医疗卫生管理法律、行政法规、部门规章和诊疗护理规范、常规的培训和医疗服务职业道德教育。

第七条　医疗机构应当设置医疗服务质量监控部门或者配备专（兼）职人员，具体负责监督本医疗机构的医务人员的医疗服务工作，检查医务人员执业情况，接受患者对医疗服务的投诉，向其提供咨询服务。

第八条　医疗机构应当按照国务院卫生行政部门规定的要求，书写并妥善保管病历资料。

因抢救急危患者，未能及时书写病历的，有关医务人员应当在抢救结束后6小时内据实补记，并加以注明。

第九条　严禁涂改、伪造、隐匿、销毁或者抢夺病历资料。

第十条　患者有权复印或者复制其门诊病历、住院志、体温单、医嘱单、化验单（检验报告）、医学影像检查资料、特殊检查同意书、手术同意书、手术及麻醉记录单、病理资料、护理记录以及国务院卫生行政部门规定的其他病历资料。

患者依照前款规定要求复印或者复制病历资料的，医疗机构应当提供复印或者复制服务并在复印或者复制的病历资料上加盖证明印记。复印或者复制病历资料时，应当有患者在场。

医疗机构应患者的要求，为其复印或者复制病历资料，可以按照规定收取工本费。具体收费标准由省、自治区、直辖市人民政府价格主管部门会同同级卫生行政部门规定。

第十一条　在医疗活动中，医疗机构及其医务人员应当将患者的病情、医疗措施、医疗风险等如实告知患者，及时解答其咨询；但是，应当避免对患者产生不利后果。

第十二条　医疗机构应当制定防范、处理医疗事故的预案，预防医疗事故的发生，减轻医疗事故的损害。

第十三条　医务人员在医疗活动中发生或者发现医疗事故、可能引起医疗事故的医疗过失行为或者发生医疗事故争议的，应当立即向所在科室负责人报告，科室负责人应当及时向本医疗机构负责医疗服务质量监控的部门或者专（兼）职人员报告；负责医疗服务质量监控的部门或者专（兼）职人员接到报告后，应当立即进行调查、核实，将有关情况如实向本医疗机构的负责人报告，并向患者通报、解释。

第十四条　发生医疗事故的，医疗机构应当按照规定向所在地卫生行政部门报告。

发生下列重大医疗过失行为的，医疗机构应当在 12 小时内向所在地卫生行政部门报告：

（一）导致患者死亡或者可能为二级以上的医疗事故；

（二）导致 3 人以上人身损害后果；

（三）国务院卫生行政部门和省、自治区、直辖市人民政府卫生行政部门规定的其他情形。

第十五条　发生或者发现医疗过失行为，医疗机构及其医务人员应当立即采取有效措施，避免或者减轻对患者身体健康的损害，防止损害扩大。

第十六条　发生医疗事故争议时，死亡病例讨论记录、疑难病例讨论记录、上级医师查房记录、会诊意见、病程记录应当在医患双方在场的情况下封存和启封。封存的病历资料可以是复印件，由医疗机构保管。

第十七条　疑似输液、输血、注射、药物等引起不良后果的，医患双方应当共同对现场实物进行封存和启封，封存的现场实物由医疗机构保管；需要检验的，应当由双方共同指定的、依法具有检验资格的检验机构进行检验；双方无法共同指定时，由卫生行政部门指定。

疑似输血引起不良后果，需要对血液进行封存保留的，医疗机构应当通知提供该血液的采供血机构派员到场。

第十八条　患者死亡，医患双方当事人不能确定死因或者对死因有异议的，应当在患者死亡后 48 小时内进行尸检；具备尸体冻存条件的，可以延长至7日。尸检应当经死者近亲属同意并签字。

尸检应当由按照国家有关规定取得相应资格的机构和病理解剖专业技术人员进行。承担尸检任务的机构和病理解剖专业技术人员有进行尸检的义务。

医疗事故争议双方当事人可以请法医病理学人员参加尸检，也可以委派代表观察尸检过程。拒绝或者拖延尸检，超过规定时间，影响对死因判定的，由拒绝或者拖延的一方承担责任。

第十九条　患者在医疗机构内死亡的，尸体应当立即移放太平间。死者尸体存放时间一般不得超过2周。逾期不处理的尸体，经医疗机构所在地卫生行政部门批准，并报经同级公安部门备案后，由医疗机构按照规定进行处理。

第三章　医疗事故的技术鉴定

第二十条　卫生行政部门接到医疗机构关于重大医疗过失行为的报告或者医疗事故争议当事人要求处理医疗事故争议的申请后，对需要进行医疗事故技术鉴定的，应当交由负责医疗事故技术鉴定工作的医学会组织鉴定；医患双方协商解决医疗事故争议，需要进行医疗事故技术鉴定的，由双方当事人共同委托负责医疗事故技术鉴定工作的医学会组织鉴定。

第二十一条　设区的市级地方医学会和省、自治区、直辖市直接管辖的县（市）地方医学会负责组织首次医疗事故技术鉴定工作。省、自治区、直辖市地方医学会负责组织再次鉴定工作。

必要时，中华医学会可以组织疑难、复杂并在全国有重大影响的医疗事故争议的技术鉴定工作。

第二十二条　当事人对首次医疗事故技术鉴定结论不服的，可以自收到首次鉴定结论之日起15日内向医疗机构所在地卫生行政部门提出再次鉴定的申请。

第二十三条　负责组织医疗事故技术鉴定工作的医学会应当建立专家库。

专家库由具备下列条件的医疗卫生专业技术人员组成：

（一）有良好的业务素质和执业品德；

（二）受聘于医疗卫生机构或者医学教学、科研机构并担任相应专业高级技术职务3年以上。

符合前款第（一）项规定条件并具备高级技术任职资格的法医可以受聘进入专家库。

负责组织医疗事故技术鉴定工作的医学会依照本条例规定聘请医疗卫生专业技术人员和法医进入专家库，可以不受行政区域的限制。

第二十四条　医疗事故技术鉴定，由负责组织医疗事故技术鉴定工作的医学会组织专家鉴定组进行。

参加医疗事故技术鉴定的相关专业的专家，由医患双方在医学会主持下从专家库中随机抽取。在特殊情况下，医学会根据医疗事故技术鉴定工作的需要，可以组织医患双方在其他医学会建立的专家库中随机抽取相关专业的专家参加鉴定或者函件咨询。

符合本条例第二十三条规定条件的医疗卫生专业技术人员和法医有义务受聘进入专家库，并承担医疗事故技术鉴定工作。

第二十五条　专家鉴定组进行医疗事故技术鉴定，实行合议制。专家鉴定组人数为单数，涉及的主要学科的专家一般不得少于鉴定组成员的二分之一；涉及死因、伤残等级鉴定的，并应当从专家库中随机抽取法医参加专家鉴定组。

第二十六条　专家鉴定组成员有下列情形之一的，应当回避，当事人也可以以口头或者书面的方式申请其回避：

（一）是医疗事故争议当事人或者当事人的近亲属的；

（二）与医疗事故争议有利害关系的；

（三）与医疗事故争议当事人有其他关系，可能影响公正鉴定的。

第二十七条　专家鉴定组依照医疗卫生管理法律、行政法规、部门规章和诊疗护理规范、常规，运用医学科学原理和专业知识，独立进行医疗事故技术鉴定，对医疗事故进行鉴别和判定，为处理医疗事故争议提供医学依据。

任何单位或者个人不得干扰医疗事故技术鉴定工作，不得威胁、利诱、辱骂、殴打专家鉴定组成员。

专家鉴定组成员不得接受双方当事人的财物或者其他利益。

第二十八条　负责组织医疗事故技术鉴定工作的医学会应当自受理医疗事故技术鉴定之日起 5 日内通知医疗事故争议双方当事人提交进行医疗事故技术鉴定所需的材料。

当事人应当自收到医学会的通知之日起 10 日内提交有关医疗事故技术鉴定的材料、书面陈述及答辩。医疗机构提交的有关医疗事故技术鉴定的材料应当包括下列内容：

（一）住院患者的病程记录、死亡病例讨论记录、疑难病例讨论记录、会诊意见、上级医师查房记录等病历资料原件；

（二）住院患者的住院志、体温单、医嘱单、化验单（检验报告）、医学影像检查资料、特殊检查同意书、手术同意书、手术及麻醉记录单、病理资料、护理记录等病历资料原件；

（三）抢救急危患者，在规定时间内补记的病历资料原件；

（四）封存保留的输液、注射用物品和血液、药物等实物，或者依法具有检验资格的检验机构对这些物品、实物作出的检验报告；

（五）与医疗事故技术鉴定有关的其他材料。

在医疗机构建有病历档案的门诊、急诊患者，其病历资料由医疗机构提供；没有在医疗机构建立病历档案的，由患者提供。

医患双方应当依照本条例的规定提交相关材料。医疗机构无正当理由未依照本条例的规定如实提供相关材料，导致医疗事故技术鉴定不能进行的，应当承担责任。

第二十九条　负责组织医疗事故技术鉴定工作的医学会应当

自接到当事人提交的有关医疗事故技术鉴定的材料、书面陈述及答辩之日起45日内组织鉴定并出具医疗事故技术鉴定书。

负责组织医疗事故技术鉴定工作的医学会可以向双方当事人调查取证。

第三十条　专家鉴定组应当认真审查双方当事人提交的材料，听取双方当事人的陈述及答辩并进行核实。

双方当事人应当按照本条例的规定如实提交进行医疗事故技术鉴定所需要的材料，并积极配合调查。当事人任何一方不予配合，影响医疗事故技术鉴定的，由不予配合的一方承担责任。

第三十一条　专家鉴定组应当在事实清楚、证据确凿的基础上，综合分析患者的病情和个体差异，作出鉴定结论，并制作医疗事故技术鉴定书。鉴定结论以专家鉴定组成员的过半数通过。鉴定过程应当如实记载。

医疗事故技术鉴定书应当包括下列主要内容：

（一）双方当事人的基本情况及要求；

（二）当事人提交的材料和负责组织医疗事故技术鉴定工作的医学会的调查材料；

（三）对鉴定过程的说明；

（四）医疗行为是否违反医疗卫生管理法律、行政法规、部门规章和诊疗护理规范、常规；

（五）医疗过失行为与人身损害后果之间是否存在因果关系；

（六）医疗过失行为在医疗事故损害后果中的责任程度；

（七）医疗事故等级；

（八）对医疗事故患者的医疗护理医学建议。

第三十二条　医疗事故技术鉴定办法由国务院卫生行政部门制定。

第三十三条　有下列情形之一的，不属于医疗事故：

（一）在紧急情况下为抢救垂危患者生命而采取紧急医学措

施造成不良后果的；

（二）在医疗活动中由于患者病情异常或者患者体质特殊而发生医疗意外的；

（三）在现有医学科学技术条件下，发生无法预料或者不能防范的不良后果的；

（四）无过错输血感染造成不良后果的；

（五）因患方原因延误诊疗导致不良后果的；

（六）因不可抗力造成不良后果的。

第三十四条　医疗事故技术鉴定，可以收取鉴定费用。经鉴定，属于医疗事故的，鉴定费用由医疗机构支付；不属于医疗事故的，鉴定费用由提出医疗事故处理申请的一方支付。鉴定费用标准由省、自治区、直辖市人民政府价格主管部门会同同级财政部门、卫生行政部门规定。

第四章　医疗事故的行政处理与监督

第三十五条　卫生行政部门应当依照本条例和有关法律、行政法规、部门规章的规定，对发生医疗事故的医疗机构和医务人员作出行政处理。

第三十六条　卫生行政部门接到医疗机构关于重大医疗过失行为的报告后，除责令医疗机构及时采取必要的医疗救治措施，防止损害后果扩大外，应当组织调查，判定是否属于医疗事故；对不能判定是否属于医疗事故的，应当依照本条例的有关规定交由负责医疗事故技术鉴定工作的医学会组织鉴定。

第三十七条　发生医疗事故争议，当事人申请卫生行政部门处理的，应当提出书面申请。申请书应当载明申请人的基本情况、有关事实、具体请求及理由等。

当事人自知道或者应当知道其身体健康受到损害之日起 1 年内，可以向卫生行政部门提出医疗事故争议处理申请。

第三十八条　发生医疗事故争议，当事人申请卫生行政部门处理的，由医疗机构所在地的县级人民政府卫生行政部门受理。医疗机构所在地是直辖市的，由医疗机构所在地的区、县人民政府卫生行政部门受理。

有下列情形之一的，县级人民政府卫生行政部门应当自接到医疗机构的报告或者当事人提出医疗事故争议处理申请之日起7日内移送上一级人民政府卫生行政部门处理：

（一）患者死亡；

（二）可能为二级以上的医疗事故；

（三）国务院卫生行政部门和省、自治区、直辖市人民政府卫生行政部门规定的其他情形。

第三十九条　卫生行政部门应当自收到医疗事故争议处理申请之日起10日内进行审查，作出是否受理的决定。对符合本条例规定，予以受理，需要进行医疗事故技术鉴定的，应当自作出受理决定之日起5日内将有关材料交由负责医疗事故技术鉴定工作的医学会组织鉴定并书面通知申请人；对不符合本条例规定，不予受理的，应当书面通知申请人并说明理由。

当事人对首次医疗事故技术鉴定结论有异议，申请再次鉴定的，卫生行政部门应当自收到申请之日起7日内交由省、自治区、直辖市地方医学会组织再次鉴定。

第四十条　当事人既向卫生行政部门提出医疗事故争议处理申请，又向人民法院提起诉讼的，卫生行政部门不予受理；卫生行政部门已经受理的，应当终止处理。

第四十一条　卫生行政部门收到负责组织医疗事故技术鉴定工作的医学会出具的医疗事故技术鉴定书后，应当对参加鉴定的人员资格和专业类别、鉴定程序进行审核；必要时，可以组织调查，听取医疗事故争议双方当事人的意见。

第四十二条　卫生行政部门经审核，对符合本条例规定作出的医疗事故技术鉴定结论，应当作为对发生医疗事故的医疗机构和医务人员作出行政处理以及进行医疗事故赔偿调解的依据；经审核，发现医疗事故技术鉴定不符合本条例规定的，应当要求重新鉴定。

第四十三条　医疗事故争议由双方当事人自行协商解决的，医疗机构应当自协商解决之日起7日内向所在地卫生行政部门作出书面报告，并附具协议书。

第四十四条　医疗事故争议经人民法院调解或者判决解决的，医疗机构应当自收到生效的人民法院的调解书或者判决书之日起7日内向所在地卫生行政部门作出书面报告，并附具调解书或者判决书。

第四十五条　县级以上地方人民政府卫生行政部门应当按照规定逐级将当地发生的医疗事故以及依法对发生医疗事故的医疗机构和医务人员作出行政处理的情况，上报国务院卫生行政部门。

第五章　医疗事故的赔偿

第四十六条　发生医疗事故的赔偿等民事责任争议，医患双方可以协商解决；不愿意协商或者协商不成的，当事人可以向卫生行政部门提出调解申请，也可以直接向人民法院提起民事诉讼。

第四十七条　双方当事人协商解决医疗事故的赔偿等民事责任争议的，应当制作协议书。协议书应当载明双方当事人的基本情况和医疗事故的原因、双方当事人共同认定的医疗事故等级以及协商确定的赔偿数额等，并由双方当事人在协议书上签名。

第四十八条　已确定为医疗事故的，卫生行政部门应医疗事故争议双方当事人请求，可以进行医疗事故赔偿调解。调解时，应当遵循当事人双方自愿原则，并应当依据本条例的规定计算赔偿数额。

经调解，双方当事人就赔偿数额达成协议的，制作调解书，双方当事人应当履行；调解不成或者经调解达成协议后一方反悔的，卫生行政部门不再调解。

第四十九条　医疗事故赔偿，应当考虑下列因素，确定具体赔偿数额：

（一）医疗事故等级；

（二）医疗过失行为在医疗事故损害后果中的责任程度；

（三）医疗事故损害后果与患者原有疾病状况之间的关系。

不属于医疗事故的，医疗机构不承担赔偿责任。

第五十条　医疗事故赔偿，按照下列项目和标准计算：

（一）医疗费：按照医疗事故对患者造成的人身损害进行治疗所发生的医疗费用计算，凭据支付，但不包括原发病医疗费用。结案后确实需要继续治疗的，按照基本医疗费用支付。

（二）误工费：患者有固定收入的，按照本人因误工减少的固定收入计算，对收入高于医疗事故发生地上一年度职工年平均工资3倍以上的，按照3倍计算；无固定收入的，按照医疗事故发生地上一年度职工年平均工资计算。

（三）住院伙食补助费：按照医疗事故发生地国家机关一般工作人员的出差伙食补助标准计算。

（四）陪护费：患者住院期间需要专人陪护的，按照医疗事故发生地上一年度职工年平均工资计算。

（五）残疾生活补助费：根据伤残等级，按照医疗事故发生地居民年平均生活费计算，自定残之月起最长赔偿30年；但是，60周岁以上的，不超过15年；70周岁以上的，不超过5年。

（六）残疾用具费：因残疾需要配置补偿功能器具的，凭医疗机构证明，按照普及型器具的费用计算。

（七）丧葬费：按照医疗事故发生地规定的丧葬费补助标准计算。

（八）被扶养人生活费：以死者生前或者残疾者丧失劳动能力前实际扶养且没有劳动能力的人为限，按照其户籍所在地或者居所地居民最低生活保障标准计算。对不满16周岁的，扶养到

16 周岁。对年满 16 周岁但无劳动能力的，扶养 20 年；但是，60 周岁以上的，不超过 15 年；70 周岁以上的，不超过 5 年。

（九）交通费：按照患者实际必需的交通费用计算，凭据支付。

（十）住宿费：按照医疗事故发生地国家机关一般工作人员的出差住宿补助标准计算，凭据支付。

（十一）精神损害抚慰金：按照医疗事故发生地居民年平均生活费计算。造成患者死亡的，赔偿年限最长不超过 6 年；造成患者残疾的，赔偿年限最长不超过 3 年。

第五十一条　参加医疗事故处理的患者近亲属所需交通费、误工费、住宿费，参照本条例第五十条的有关规定计算，计算费用的人数不超过 2 人。

医疗事故造成患者死亡的，参加丧葬活动的患者的配偶和直系亲属所需交通费、误工费、住宿费，参照本条例第五十条的有关规定计算，计算费用的人数不超过 2 人。

第五十二条　医疗事故赔偿费用，实行一次性结算，由承担医疗事故责任的医疗机构支付。

第六章　罚　则

第五十三条　卫生行政部门的工作人员在处理医疗事故过程中违反本条例的规定，利用职务上的便利收受他人财物或者其他利益，滥用职权，玩忽职守，或者发现违法行为不予查处，造成严重后果的，依照刑法关于受贿罪、滥用职权罪、玩忽职守罪或者其他有关罪的规定，依法追究刑事责任；尚不够刑事处罚的，依法给予降级或者撤职的行政处分。

第五十四条　卫生行政部门违反本条例的规定，有下列情形之一的，由上级卫生行政部门给予警告并责令限期改正；情节严重的，对负有责任的主管人员和其他直接责任人员依法给予行政处分：

（一）接到医疗机构关于重大医疗过失行为的报告后，未及时组织调查的；

（二）接到医疗事故争议处理申请后，未在规定时间内审查或者移送上一级人民政府卫生行政部门处理的；

（三）未将应当进行医疗事故技术鉴定的重大医疗过失行为或者医疗事故争议移交医学会组织鉴定的；

（四）未按照规定逐级将当地发生的医疗事故以及依法对发生医疗事故的医疗机构和医务人员的行政处理情况上报的；

（五）未依照本条例规定审核医疗事故技术鉴定书的。

第五十五条　医疗机构发生医疗事故的，由卫生行政部门根据医疗事故等级和情节，给予警告；情节严重的，责令限期停业整顿直至由原发证部门吊销执业许可证，对负有责任的医务人员依照刑法关于医疗事故罪的规定，依法追究刑事责任；尚不够刑事处罚的，依法给予行政处分或者纪律处分。

对发生医疗事故的有关医务人员，除依照前款处罚外，卫生行政部门并可以责令暂停 6 个月以上 1 年以下执业活动；情节严重的，吊销其执业证书。

第五十六条　医疗机构违反本条例的规定，有下列情形之一的，由卫生行政部门责令改正；情节严重的，对负有责任的主管人员和其他直接责任人员依法给予行政处分或者纪律处分：

（一）未如实告知患者病情、医疗措施和医疗风险的；

（二）没有正当理由，拒绝为患者提供复印或者复制病历资料服务的；

（三）未按照国务院卫生行政部门规定的要求书写和妥善保管病历资料的；

（四）未在规定时间内补记抢救工作病历内容的；

（五）未按照本条例的规定封存、保管和启封病历资料和实物的；

（六）未设置医疗服务质量监控部门或者配备专（兼）职人

员的；

（七）未制定有关医疗事故防范和处理预案的；

（八）未在规定时间内向卫生行政部门报告重大医疗过失行为的；

（九）未按照本条例的规定向卫生行政部门报告医疗事故的；

（十）未按照规定进行尸检和保存、处理尸体的。

第五十七条　参加医疗事故技术鉴定工作的人员违反本条例的规定，接受申请鉴定双方或者一方当事人的财物或者其他利益，出具虚假医疗事故技术鉴定书，造成严重后果的，依照刑法关于受贿罪的规定，依法追究刑事责任；尚不够刑事处罚的，由原发证部门吊销其执业证书或者资格证书。

第五十八条　医疗机构或者其他有关机构违反本条例的规定，有下列情形之一的，由卫生行政部门责令改正，给予警告；对负有责任的主管人员和其他直接责任人员依法给予行政处分或者纪律处分；情节严重的，由原发证部门吊销其执业证书或者资格证书：

（一）承担尸检任务的机构没有正当理由，拒绝进行尸检的；

（二）涂改、伪造、隐匿、销毁病历资料的。

第五十九条　以医疗事故为由，寻衅滋事、抢夺病历资料，扰乱医疗机构正常医疗秩序和医疗事故技术鉴定工作，依照刑法关于扰乱社会秩序罪的规定，依法追究刑事责任；尚不够刑事处罚的，依法给予治安管理处罚。

第七章　附　则

第六十条　本条例所称医疗机构，是指依照《医疗机构管理条例》的规定取得《医疗机构执业许可证》的机构。

县级以上城市从事计划生育技术服务的机构依照《计划生

育技术服务管理条例》的规定开展与计划生育有关的临床医疗服务，发生的计划生育技术服务事故，依照本条例的有关规定处理；但是，其中不属于医疗机构的县级以上城市从事计划生育技术服务的机构发生的计划生育技术服务事故，由计划生育行政部门行使依照本条例有关规定由卫生行政部门承担的受理、交由负责医疗事故技术鉴定工作的医学会组织鉴定和赔偿调解的职能；对发生计划生育技术服务事故的该机构及其有关责任人员，依法进行处理。

第六十一条　非法行医，造成患者人身损害，不属于医疗事故，触犯刑律的，依法追究刑事责任；有关赔偿，由受害人直接向人民法院提起诉讼。

第六十二条　军队医疗机构的医疗事故处理办法，由中国人民解放军卫生主管部门会同国务院卫生行政部门依据本条例制定。

第六十三条　本条例自 2002 年 9 月 1 日起施行。1987 年 6 月 29 日国务院发布的《医疗事故处理办法》同时废止。本条例施行前已经处理结案的医疗事故争议，不再重新处理。

医疗机构管理条例

（1994年2月26日国务院令第149号发布）

第一章　总　则

第一条　为了加强对医疗机构的管理，促进医疗卫生事业的发展，保障公民健康，制定本条例。

第二条　本条例适用于从事疾病诊断、治疗活动的医院、卫生院、疗养院、门诊部、诊所、卫生所（室）以及急救站等医疗机构。

第三条　医疗机构以救死扶伤，防病治病，为公民的健康服务为宗旨。

第四条　国家扶持医疗机构的发展，鼓励多种形式兴办医疗机构。

第五条　国务院卫生行政部门负责全国医疗机构的监督管理工作。

县级以上地方人民政府卫生行政部门负责本行政区域内医疗机构的监督管理工作。

中华人民共和国卫生主管部门依照本条例和国家有关规定，对军队的医疗机构实施监督管理。

第二章　规划布局和设置审批

第六条　县级以上地方人民政府卫生行政部门应当根据本行政区域内的人口、医疗资源、医疗需求和现有医疗机构的分布状况，制定本行政区域医疗机构设置规划。

机关、企业和事业单位可以根据需要设置医疗机构，并纳入当地医疗机构的设置规划。

第七条　县级以上地方人民政府应当把医疗机构设置规划纳入当地的区域卫生发展规划和城乡建设发展总体规划。

第八条　设置医疗机构应当符合医疗机构设置规划和医疗机构基本标准。

医疗机构基本标准由国务院卫生行政部门制定。

第九条　单位或者个人设置医疗机构，必须经县级以上地方人民政府卫生行政部门审查批准，并取得设置医疗机构批准书，方可向有关部门办理其他手续。

第十条　申请设置医疗机构，应当提交下列文件：

（一）设置申请书；

（二）设置可行性研究报告；

（三）选址报告和建筑设计平面图。

第十一条　单位或者个人设置医疗机构，应当按照以下规定提出设置申请：

（一）不设床位或者床位不满 100 张的医疗机构，向所在地的县级人民政府卫生行政部门申请；

（二）床位在 100 张以上的医疗机构和专科医院按照省级人民政府卫生行政部门的规定申请。

第十二条　县级以上地方人民政府卫生行政部门应当自受理设置申请之日起 30 日内，作出批准或者不批准的书面答复；批准设置的，发给设置医疗机构批准书。

第十三条　国家统一规划的医疗机构的设置，由国务院卫生行政部门决定。

第十四条　机关、企业和事业单位按照国家医疗机构基本标准设置为内部职工服务的门诊部、诊所、卫生所（室），报所在地的县级人民政府卫生行政部门备案。

第三章　登　记

第十五条　医疗机构执业，必须进行登记，领取《医疗机构执业许可证》。

第十六条　申请医疗机构执业登记，应当具备下列条件：

（一）有设置医疗机构批准书；

（二）符合医疗机构的基本标准；

（三）有适合的名称、组织机构和场所；

（四）有与其开展的业务相适应的经费、设施和专业卫生技术人员；

（五）有相应的规章制度；

（六）能够独立承担民事责任。

第十七条　医疗机构的执业登记，由批准其设置的人民政府卫生行政部门办理。

按照本条例第十三条规定设置的医疗机构的执业登记，由所在地的省、自治区、直辖市人民政府卫生行政部门办理。

机关、企业和事业单位设置的为内部职工服务的门诊部、诊所、卫生所（室）的执业登记，由所在地的县级人民政府卫生行政部门办理。

第十八条　医疗机构执业登记的主要事项：

（一）名称、地址、主要负责人；

（二）所有制形式；

（三）诊疗科目、床位；

（四）注册资金。

第十九条　县级以上地方人民政府卫生行政部门自受理执业登记申请之日起45日内，根据本条例和医疗机构基本标准进行审核。审核合格的，予以登记，发给《医疗机构执业许可证》；审核不合格的，将审核结果以书面形式通知申请人。

第二十条　医疗机构改变名称、场所、主要负责人、诊疗科目、床位，必须向原登记机关办理变更登记。

第二十一条　医疗机构歇业，必须向原登记机关办理注销登记。经登记机关核准后，收缴《医疗机构执业许可证》。

医疗机构非因改建、扩建、迁建原因停业超过1年的，视为歇业。

第二十二条　床位不满 100 张的医疗机构，其《医疗机构执业许可证》每年校验 1 次；床位在 100 张以上的医疗机构，其《医疗机构执业许可证》每 3 年校验 1 次。校验由原登记机关办理。

第二十三条　《医疗机构执业许可证》不得伪造、涂改、出卖、转让、出借。

《医疗机构执业许可证》遗失的，应当及时申明，并向原登记机关申请补发。

第四章　执　业

第二十四条　任何单位或者个人，未取得《医疗机构执业许可证》，不得开展诊疗活动。

第二十五条　医疗机构执业，必须遵守有关法律、法规和医疗技术规范。

第二十六条　医疗机构必须将《医疗机构执业许可证》、诊疗科目、诊疗时间和收费标准悬挂于明显处所。

第二十七条　医疗机构必须按照核准登记的诊疗科目开展诊疗活动。

第二十八条　医疗机构不得使用非卫生技术人员从事医疗卫生技术工作。

第二十九条　医疗机构应当加强对医务人员的医德教育。

第三十条　医疗机构工作人员上岗工作，必须佩戴载有本人姓名、职务或者职称的标牌。

第三十一条　医疗机构对危重病人应当立即抢救，对限于设备或者技术条件不能诊治的病人，应当及时转诊。

第三十二条　未经医师（士）亲自诊查病人，医疗机构不得出具疾病诊断书、健康证明或者死亡证明书等证明文件；未经医师（士）、助产人员亲自接产，医疗机构不得出具出生证明书或者死产报告书。

第三十三条　医疗机构施行手术、特殊检查或者特殊治疗时，必须征得患者同意，并应当取得其家属或者关系人同意并签字；无法取得患者意见时，应当取得家属或者关系人同意并签字；无法取得患者意见又无家属或者关系人在场，或者遇到其他特殊情况时，经治医师应当提出医疗处置方案，在取得医疗机构负责人或者被授权负责人员的批准后实施。

第三十四条　医疗机构发生医疗事故，按照国家有关规定处理。

第三十五条　医疗机构对传染病、精神病、职业病等患者的特殊诊治和处理，应当按照国家有关法律、法规的规定办理。

第三十六条　医疗机构必须按照有关药品管理的法律、法规，加强药品管理。

第三十七条　医疗机构必须按照人民政府或者物价部门的有关规定收取医疗费用，详列细项，并出具收据。

第三十八条　医疗机构必须承担相应的预防保健工作，承担县级以上人民政府卫生行政部门委托的支援农村、指导基层医疗卫生工作等任务。

第三十九条　发生重大灾害、事故、疾病流行或者其他意外情况时，医疗机构及其卫生技术人员必须服从县级以上人民政府卫生行政部门的调遣。

第五章　监督管理

第四十条　县级以上人民政府卫生行政部门行使下列监督管理职权：

（一）负责医疗机构的设置审批、执业登记和校验；

（二）对医疗机构的执业活动进行检查指导；

（三）负责组织对医疗机构的评审；

（四）对违反本条例的行为给予处罚。

第四十一条　国家实行医疗机构评审制度，由专家组成的评审委员会按照医疗机构评审办法和评审标准，对医疗机构的执业活动、医疗服务质量等进行综合评价。

医疗机构评审办法和评审标准由国务院卫生行政部门制定。

第四十二条 县级以上地方人民政府卫生行政部门负责组织本行政区域医疗机构评审委员会。

医疗机构评审委员会由医院管理、医学教育、医疗、医技、护理和财务等有关专家组成。评审委员会成员由县级以上地方人民政府卫生行政部门聘任。

第四十三条 县级以上地方人民政府卫生行政部门根据评审委员会的评审意见，对达到评审标准的医疗机构，发给评审合格证书；对未达到评审标准的医疗机构，提出处理意见。

第六章 罚 则

第四十四条 违反本条例第二十四条规定，未取得《医疗机构执业许可证》擅自执业的，由县级以上人民政府卫生行政部门责令其停止执业活动，没收非法所得和药品、器械，并可以根据情节处以1万元以下的罚款。

第四十五条 违反本条例第二十二条规定，逾期不校验《医疗机构执业许可证》仍从事诊疗活动的，由县级以上人民政府卫生行政部门责令其限期补办校验手续；拒不校验的，吊销其《医疗机构执业许可证》。

第四十六条 违反本条例第二十三条规定，出卖、转让、出借《医疗机构执业许可证》的，由县级以上人民政府卫生行政部门没收非法所得，并可以处以5,000元以下的罚款；情节严重的，吊销其《医疗机构执业许可证》。

第四十七条 违反本条例第二十六条规定，诊疗活动超出登记范围的，由县级以上人民政府卫生行政部门予以警告、责令其改正，并可以根据情节处以3,000元以下的罚款；情节严重的，吊销其《医疗机构执业许可证》。

第四十八条　违反本条例第二十八条规定，使用非卫生技术人员从事医疗卫生技术工作的，由县级以上人民政府卫生行政部门责令其限期改正，并可以处以 5,000 元以下的罚款；情节严重的，吊销其《医疗机构执业许可证》。

第四十九条　违反本条例第三十二条规定，出具虚假证明文件的，由县级以上人民政府卫生行政部门予以警告；对造成危害后果的，可以处以 1,000 元以下的罚款；对直接责任人员由所在单位或者上级机关给予行政处分。

第五十条　没收的财物和罚款全部上交国库。

第五十一条　当事人对行政处罚决定不服的，可以依照国家法律、法规的规定申请行政复议或者提起行政诉讼。当事人对罚款及没收药品、器械的处罚决定未在法定期限内申请复议或者提起诉讼又不履行的，县级以上人民政府卫生行政部门可以申请人民法院强制执行。

第七章　附　则

第五十二条　本条例实施前已经执业的医疗机构，应当在条例实施后的 6 个月内，按照本条例第三章的规定，补办登记手续，领取《医疗机构执业许可证》。

第五十三条　外国人在中华人民共和国境内开设医疗机构及香港、澳门、台湾居民在内地开设医疗机构的管理办法，由国务院卫生行政部门另行制定。

第五十四条　本条例由国务院卫生行政部门负责解释。

第五十五条　本条例自 1994 年 9 月 1 日起施行。1951 年政务院批准发布的《医院诊所管理暂行条例》同时废止。

最高人民法院关于参照《医疗事故处理条例》审理医疗纠纷民事案件的通知

（法［2003］20号）

各省、自治区、直辖市高级人民法院，解放军军事法院，新疆维吾尔自治区高级人民法院生产建设兵团分院：

2002年4月4日国务院公布了《医疗事故处理条例》（以下简称条例），自2002年9月1日起施行。条例对于妥善解决医疗纠纷，保护医患双方的合法权益，维护医疗秩序具有重要意义。现就人民法院参照条例审理医疗纠纷民事案件的有关问题通知如下：

一、条例施行后发生的医疗事故引起的医疗赔偿纠纷，诉到法院的，参照条例的有关规定办理；因医疗事故以外的原因引起的其他医疗赔偿纠纷，适用民法通则的规定。人民法院在条例施行前已经按照民法通则、原《医疗事故处理办法》等法律、法规审理的民事案件，依法进行再审的，不适用条例的规定。

二、人民法院在民事审判中，根据当事人的申请或者依职权决定进行医疗事故司法鉴定的，交由条例所规定的医学会组织鉴定。因医疗事故以外的原因引起的其他医疗赔偿纠纷需要进行司法鉴定的，按照《人民法院对外委托司法鉴定管理规定》组织鉴定。人民法院对司法鉴定申请和司法鉴定结论的审查按照《最高人民法院关于民事诉讼证据的若干规定》的有关规定处理。

三、条例实施后，人民法院审理因医疗事故引起的医疗赔偿纠纷民事案件，在确定医疗事故赔偿责任时，参照条例第四十九条、第五十条、第五十一条和第五十二条的规定办理。

人民法院在审理涉及医疗事故民事案件中遇到的其他重大问题，请及时层报我院。

中华人民共和国最高人民法院

二〇〇三年一月六日

全国人民代表大会常务委员会关于司法鉴定管理问题的决定

（2005年2月28日第十届全国人民代表大会常务委员会第十四次会议通过）

为了加强对鉴定人和鉴定机构的管理，适应司法机关和公民、组织进行诉讼的需要，保障诉讼活动的顺利进行，特作如下决定：

一、司法鉴定是指在诉讼活动中鉴定人运用科学技术或者专门知识对诉讼涉及的专门性问题进行鉴别和判断并提供鉴定意见的活动。

二、国家对从事下列司法鉴定业务的鉴定人和鉴定机构实行登记管理制度：

（一）法医类鉴定；

（二）物证类鉴定；

（三）声像资料鉴定；

（四）根据诉讼需要由国务院司法行政部门商最高人民法院、最高人民检察院确定的其他应当对鉴定人和鉴定机构实行登记管理的鉴定事项。

法律对前款规定事项的鉴定人和鉴定机构的管理另有规定的，从其规定。

三、国务院司法行政部门主管全国鉴定人和鉴定机构的登记管理工作。省级人民政府司法行政部门依照本决定的规定，负责对鉴定人和鉴定机构的登记、名册编制和公告。

四、具备下列条件之一的人员，可以申请登记从事司法鉴定业务：

（一）具有与所申请从事的司法鉴定业务相关的高级专业技

术职称；

（二）具有与所申请从事的司法鉴定业务相关的专业执业资格或者高等院校相关专业本科以上学历，从事相关工作 5 年以上；

（三）具有与所申请从事的司法鉴定业务相关工作 10 年以上经历，具有较强的专业技能。

因故意犯罪或者职务过失犯罪受过刑事处罚的，受过开除公职处分的，以及被撤销鉴定人登记的人员，不得从事司法鉴定业务。

五、法人或者其他组织申请从事司法鉴定业务的，应当具备下列条件：

（一）有明确的业务范围；

（二）有在业务范围内进行司法鉴定所必需的仪器、设备；

（三）有在业务范围内进行司法鉴定所必需的依法通过计量认证或者实验室认可的检测实验室；

（四）每项司法鉴定业务有 3 名以上鉴定人。

六、申请从事司法鉴定业务的个人、法人或者其他组织，由省级人民政府司法行政部门审核，对符合条件的予以登记，编入鉴定人和鉴定机构名册并公告。

省级人民政府司法行政部门应当根据鉴定人或者鉴定机构的增加和撤销登记情况，定期更新所编制的鉴定人和鉴定机构名册并公告。

七、侦查机关根据侦查工作的需要设立的鉴定机构，不得面向社会接受委托从事司法鉴定业务。

人民法院和司法行政部门不得设立鉴定机构。

八、各鉴定机构之间没有隶属关系；鉴定机构接受委托从事司法鉴定业务，不受地域范围的限制。

鉴定人应当在一个鉴定机构中从事司法鉴定业务。

九、在诉讼中，对本决定第二条所规定的鉴定事项发生争议，需要鉴定的，应当委托列入鉴定人名册的鉴定人进行鉴定。鉴定人从事司法鉴定业务，由所在的鉴定机构统一接受委托。

鉴定人和鉴定机构应当在鉴定人和鉴定机构名册注明的业务范围内从事司法鉴定业务。

鉴定人应当依照诉讼法律规定实行回避。

十、司法鉴定实行鉴定人负责制度。鉴定人应当独立进行鉴定，对鉴定意见负责并在鉴定书上签名或者盖章。多人参加的鉴定，对鉴定意见有不同意见的，应当注明。

十一、在诉讼中，当事人对鉴定意见有异议的，经人民法院依法通知，鉴定人应当出庭作证。

十二、鉴定人和鉴定机构从事司法鉴定业务，应当遵守法律、法规，遵守职业道德和职业纪律，尊重科学，遵守技术操作规范。

十三、鉴定人或者鉴定机构有违反本决定规定行为的，由省级人民政府司法行政部门予以警告，责令改正。

鉴定人或者鉴定机构有下列情形之一的，由省级人民政府司法行政部门给予停止从事司法鉴定业务 3 个月以上 1 年以下的处罚；情节严重的，撤销登记：

（一）因严重不负责任给当事人合法权益造成重大损失的；

（二）提供虚假证明文件或者采取其他欺诈手段，骗取登记的；

（三）经人民法院依法通知，拒绝出庭作证的；

（四）法律、行政法规规定的其他情形。

鉴定人故意作虚假鉴定，构成犯罪的，依法追究刑事责任；尚不构成犯罪的，依照前款规定处罚。

十四、司法行政部门在鉴定人和鉴定机构的登记管理工作中，应当严格依法办事，积极推进司法鉴定的规范化、法制化。对于滥用职权、玩忽职守，造成严重后果的直接责任人员，应当追究相应的法律责任。

十五、司法鉴定的收费项目和收费标准由国务院司法行政部门商国务院价格主管部门确定。

十六、对鉴定人和鉴定机构进行登记、名册编制和公告的具体办法，由国务院司法行政部门制定，报国务院批准。

十七、本决定下列用语的含义是：

（一）法医类鉴定，包括法医病理鉴定、法医临床鉴定、法医精神病鉴定、法医物证鉴定和法医毒物鉴定。

（二）物证类鉴定，包括文书鉴定、痕迹鉴定和微量鉴定。

（三）声像资料鉴定，包括对录音带、录像带、磁盘、光盘、图片等载体上记录的声音、图像信息的真实性、完整性及其所反映的情况过程进行的鉴定和对记录的声音、图像中的语言、人体、物体作出种类或者同一认定。

十八、本决定自 2005 年 10 月 1 日起施行。

全国人民代表大会常务委员会法制工作委员会关于对法医类鉴定与医疗事故技术鉴定关系问题的意见复函

（法工委复字［2005］29号）

卫生部：

你部2005年4月18日（卫政法函［2005］号）来函收悉。经研究，交换意见如下：

关于司法鉴定管理问题的决定第二条规定，国家对从事法医类鉴定的鉴定人和鉴定机构实行登记管理制度，医疗事故技术鉴定的组织方式与一般的法医类鉴定有很大区别，医疗事故技术鉴定的内容也不都属于法医类鉴定，但医疗事故技术鉴定中涉及的有关问题，如尸检、伤残等级鉴定等，属于法医类鉴定范围。对此类鉴定事项，在进行医疗事故技术鉴定时，由已列入鉴定人名册的法医参加鉴定为宜。

全国人大常委会法制工作委员会

二〇〇五年九月二十二日

医疗事故技术鉴定暂行办法

（2002年7月19日卫生部部务会讨论通过
卫生部令第30号公布）

第一章 总 则

第一条 为规范医疗事故技术鉴定工作，确保医疗事故技术鉴定工作有序进行，依据《医疗事故处理条例》的有关规定制定本办法。

第二条 医疗事故技术鉴定工作应当按照程序进行，坚持实事求是的科学态度，做到事实清楚、定性准确、责任明确。

第三条 医疗事故技术鉴定分为首次鉴定和再次鉴定。

设区的市级和省、自治区、直辖市直接管辖的县（市）级地方医学会负责组织专家鉴定组进行首次医疗事故技术鉴定。

省、自治区、直辖市地方医学会负责组织医疗事故争议的再次鉴定工作。

负责组织医疗事故技术鉴定工作的医学会（以下简称医学会）可以设立医疗事故技术鉴定工作办公室，具体负责有关医疗事故技术鉴定的组织和日常工作。

第四条 医学会组织专家鉴定组，依照医疗卫生管理法律、行政法规、部门规章和诊疗护理技术操作规范、常规，运用医学科学原理和专业知识，独立进行医疗事故技术鉴定。

第二章 专家库的建立

第五条 医学会应当建立专家库。专家库应当依据学科专业组名录设置学科专业组。

医学会可以根据本地区医疗工作和医疗事故技术鉴定实际，对本专家库学科专业组设立予以适当增减和调整。

第六条　具备下列条件的医疗卫生专业技术人员可以成为专家库候选人：

（一）有良好的业务素质和执业品德；

（二）受聘于医疗卫生机构或者医学教学、科研机构并担任相应专业高级技术职务3年以上；

（三）健康状况能够胜任医疗事故技术鉴定工作。

符合前款（一）、（三）项规定条件并具备高级技术职务任职资格的法医可以受聘进入专家库。

负责首次医疗事故技术鉴定工作的医学会原则上聘请本行政区域内的专家建立专家库；当本行政区域内的专家不能满足建立专家库需要时，可以聘请本省、自治区、直辖市范围内的专家进入本专家库。

负责再次医疗事故技术鉴定工作的医学会原则上聘请本省、自治区、直辖市范围内的专家建立专家库；当本省、自治区、直辖市范围内的专家不能满足建立专家库需要时，可以聘请其他省、自治区、直辖市的专家进入本专家库。

第七条　医疗卫生机构或医学教学、科研机构、同级的医药卫生专业学会应当按照医学会要求，推荐专家库成员候选人；符合条件的个人经所在单位同意后也可以直接向组建专家库的医学会申请。

医学会对专家库成员候选人进行审核。审核合格的，予以聘任，并发给中华医学会统一格式的聘书。

符合条件的医疗卫生专业技术人员和法医，有义务受聘进入专家库。

第八条　专家库成员聘用期为4年。在聘用期间出现下列情形之一的，应当由专家库成员所在单位及时报告医学会，医学会应根据实际情况及时进行调整。

（一）因健康原因不能胜任医疗事故技术鉴定的；

（二）变更受聘单位或被解聘的；

（三）不具备完全民事行为能力的；

（四）受刑事处罚的；

（五）省级以上卫生行政部门规定的其他情形。

聘用期满需继续聘用的，由医学会重新审核、聘用。

第三章　鉴定的提起

第九条　双方当事人协商解决医疗事故争议，需进行医疗事故技术鉴定的，应共同书面委托医疗机构所在地负责首次医疗事故技术鉴定工作的医学会进行医疗事故技术鉴定。

第十条　县级以上地方卫生行政部门接到医疗机构关于重大医疗过失行为的报告或者医疗事故争议当事人要求处理医疗事故争议的申请后，对需要进行医疗事故技术鉴定的，应当书面移交负责首次医疗事故技术鉴定工作的医学会组织鉴定。

第十一条　协商解决医疗事故争议涉及多个医疗机构的，应当由涉及的所有医疗机构与患者共同委托其中任何一所医疗机构所在地负责组织首次医疗事故技术鉴定工作的医学会进行医疗事故技术鉴定。

医疗事故争议涉及多个医疗机构，当事人申请卫生行政部门处理的，只可以向其中一所医疗机构所在地卫生行政部门提出处理申请。

第四章　鉴定的受理

第十二条　医学会应当自受理医疗事故技术鉴定之日起 5 日内，通知医疗事故争议双方当事人按照《医疗事故处理条例》第二十八条规定提交医疗事故技术鉴定所需的材料。

当事人应当自收到医学会的通知之日起 10 日内提交有关医疗事故技术鉴定的材料、书面陈述及答辩。

对不符合受理条件的，医学会不予受理。不予受理的，医学会应说明理由。

第十三条　有下列情形之一的，医学会不予受理医疗事故技术鉴定：

（一）当事人一方直接向医学会提出鉴定申请的；

（二）医疗事故争议涉及多个医疗机构，其中一所医疗机构所在地的医学会已经受理的；

（三）医疗事故争议已经人民法院调解达成协议或判决的；

（四）当事人已向人民法院提起民事诉讼的（司法机关委托的除外）；

（五）非法行医造成患者身体健康损害的；

（六）卫生部规定的其他情形。

第十四条　委托医学会进行医疗事故技术鉴定，应当按规定缴纳鉴定费。

第十五条　双方当事人共同委托医疗事故技术鉴定的，由双方当事人协商预先缴纳鉴定费。

卫生行政部门移交进行医疗事故技术鉴定的，由提出医疗事故争议处理的当事人预先缴纳鉴定费。经鉴定属于医疗事故的，鉴定费由医疗机构支付；经鉴定不属于医疗事故的，鉴定费由提出医疗事故争议处理申请的当事人支付。

县级以上地方卫生行政部门接到医疗机构关于重大医疗过失行为的报告后，对需要移交医学会进行医疗事故技术鉴定的，鉴定费由医疗机构支付。

第十六条　有下列情形之一的，医学会中止组织医疗事故技术鉴定：

（一）当事人未按规定提交有关医疗事故技术鉴定材料的；

（二）提供的材料不真实的；

（三）拒绝缴纳鉴定费的；

（四）卫生部规定的其他情形。

第五章　专家鉴定组的组成

第十七条　医学会应当根据医疗事故争议所涉及的学科专业，确定专家鉴定组的构成和人数。

专家鉴定组组成人数应为3人以上单数。

医疗事故争议涉及多学科专业的，其中主要学科专业的专家不得少于专家鉴定组成员的二分之一。

第十八条　医学会应当提前通知双方当事人，在指定时间、指定地点，从专家库相关学科专业组中随机抽取专家鉴定组成员。

第十九条　医学会主持双方当事人抽取专家鉴定组成员前，应当将专家库相关学科专业组中专家姓名、专业、技术职务、工作单位告知双方当事人。

第二十条　当事人要求专家库成员回避的，应当说明理由。符合下列情形之一的，医学会应当将回避的专家名单撤出，并经当事人签字确认后记录在案：

（一）医疗事故争议当事人或者当事人的近亲属的；

（二）与医疗事故争议有利害关系的；

（三）与医疗事故争议当事人有其他关系，可能影响公正鉴定的。

第二十一条　医学会对当事人准备抽取的专家进行随机编号，并主持双方当事人随机抽取相同数量的专家编号，最后一个专家由医学会随机抽取。

双方当事人还应当按照上款规定的方法各自随机抽取一个专家作为候补。

涉及死因、伤残等级鉴定的，应当按照前款规定由双方当事人各自随机抽取一名法医参加鉴定组。

第二十二条　随机抽取结束后，医学会当场向双方当事人公布所抽取的专家鉴定组成员和候补成员的编号并记录在案。

第二十三条　现有专家库成员不能满足鉴定工作需要时，医学会应当向双方当事人说明，并经双方当事人同意，可以从本省、自治区、直辖市其他医学会专家库中抽取相关学科专业组的专家参加专家鉴定组；本省、自治区、直辖市医学会专家库成员不能满足鉴定工作需要时，可以从其他省、自治区、直辖市医学会专家库中抽取相关学科专业组的专家参加专家鉴定组。

第二十四条　从其他医学会建立的专家库中抽取的专家无法到场参加医疗事故技术鉴定，可以以函件的方式提出鉴定意见。

第二十五条　专家鉴定组成员确定后，在双方当事人共同在场的情况下，由医学会对封存的病历资料启封。

第二十六条　专家鉴定组应当认真审查双方当事人提交的材料，妥善保管鉴定材料，保护患者的隐私，保守有关秘密。

第六章　医疗事故技术鉴定

第二十七条　医学会应当自接到双方当事人提交的有关医疗事故技术鉴定的材料、书面陈述及答辩之日起45日内组织鉴定并出具医疗事故技术鉴定书。

第二十八条　医学会可以向双方当事人和其他相关组织、个人进行调查取证，进行调查取证时不得少于2人。调查取证结束后，调查人员和调查对象应当在有关文书上签字。如调查对象拒绝签字的，应当记录在案。

第二十九条　医学会应当在医疗事故技术鉴定7日前，将鉴定的时间、地点、要求等书面通知双方当事人。双方当事人应当按照通知的时间、地点、要求参加鉴定。

参加医疗事故技术鉴定的双方当事人每一方人数不超过3人。

任何一方当事人无故缺席、自行退席或拒绝参加鉴定的，不影响鉴定的进行。

第三十条　医学会应当在医疗事故技术鉴定7日前书面通知

专家鉴定组成员。专家鉴定组成员接到医学会通知后认为自己应当回避的，应当于接到通知时及时提出书面回避申请，并说明理由；因其他原因无法参加医疗事故技术鉴定的，应当于接到通知时及时书面告知医学会。

第三十一条　专家鉴定组成员因回避或因其他原因无法参加医疗事故技术鉴定时，医学会应当通知相关学科专业组候补成员参加医疗事故技术鉴定。

专家鉴定组成员因不可抗力因素未能及时告知医学会不能参加鉴定或虽告知但医学会无法按规定组成专家鉴定组的，医疗事故技术鉴定可以延期进行。

第三十二条　专家鉴定组组长由专家鉴定组成员推选产生，也可以由医疗事故争议所涉及的主要学科专家中具有最高专业技术职务任职资格的专家担任。

第三十三条　鉴定由专家鉴定组组长主持，并按照以下程序进行：

（一）双方当事人在规定的时间内分别陈述意见和理由。陈述顺序先患方，后医疗机构；

（二）专家鉴定组成员根据需要可以提问，当事人应当如实回答。必要时，可以对患者进行现场医学检查；

（三）双方当事人退场；

（四）专家鉴定组对双方当事人提供的书面材料、陈述及答辩等进行讨论；

（五）经合议，根据半数以上专家鉴定组成员的一致意见形成鉴定结论。专家鉴定组成员在鉴定结论上签名。专家鉴定组成员对鉴定结论的不同意见，应当予以注明。

第三十四条　医疗事故技术鉴定书应当根据鉴定结论作出，其文稿由专家鉴定组组长签发。

医疗事故技术鉴定书盖医学会医疗事故技术鉴定专用印章。

医学会应当及时将医疗事故技术鉴定书送达移交鉴定的卫生

行政部门。经卫生行政部门审核，对符合规定作出的医疗事故技术鉴定结论，应当及时送达双方当事人；由双方当事人共同委托的，直接送达双方当事人。

第三十五条　医疗事故技术鉴定书应当包括下列主要内容：

（一）双方当事人的基本情况及要求；

（二）当事人提交的材料和医学会的调查材料；

（三）对鉴定过程的说明；

（四）医疗行为是否违反医疗卫生管理法律、行政法规、部门规章和诊疗护理规范、常规；

（五）医疗过失行为与人身损害后果之间是否存在因果关系；

（六）医疗过失行为在医疗事故损害后果中的责任程度；

（七）医疗事故等级；

（八）对医疗事故患者的医疗护理医学建议。

经鉴定为医疗事故的，鉴定结论应当包括上款（四）至（八）项内容；经鉴定不属于医疗事故的，应当在鉴定结论中说明理由。

医疗事故技术鉴定书格式由中华医学会统一制定。

第三十六条　专家鉴定组应当综合分析医疗过失行为在导致医疗事故损害后果中的作用、患者原有疾病状况等因素，判定医疗过失行为的责任程度。医疗事故中医疗过失行为责任程度分为：

（一）完全责任，指医疗事故损害后果完全由医疗过失行为造成。

（二）主要责任，指医疗事故损害后果主要由医疗过失行为造成，其他因素起次要作用。

（三）次要责任，指医疗事故损害后果主要由其他因素造成，医疗过失行为起次要作用。

（四）轻微责任，指医疗事故损害后果绝大部分由其他因素造成，医疗过失行为起轻微作用。

第三十七条　医学会参加医疗事故技术鉴定会的工作人员，应如实记录鉴定会过程和专家的意见。

第三十八条　当事人拒绝配合，无法进行医疗事故技术鉴定的，应当终止本次鉴定，由医学会告知移交鉴定的卫生行政部门或共同委托鉴定的双方当事人，说明不能鉴定的原因。

第三十九条　医学会对经卫生行政部门审核认为参加鉴定的人员资格和专业类别或者鉴定程序不符合规定，需要重新鉴定的，应当重新组织鉴定。重新鉴定时不得收取鉴定费。

如参加鉴定的人员资格和专业类别不符合规定的，应当重新抽取专家组织专家鉴定组进行重新鉴定。

如鉴定的程序不符合规定而参加鉴定的人员资格和专业类别符合规定的，可以由原专家鉴定组进行重新鉴定。

第四十条　任何一方当事人对首次医疗事故技术鉴定结论不服的，可以自收到首次医疗事故技术鉴定书之日起 15 日内，向原受理医疗事故争议处理申请的卫生行政部门提出再次鉴定的申请，或由双方当事人共同委托省、自治区、直辖市医学会组织再次鉴定。

第四十一条　县级以上地方卫生行政部门对发生医疗事故的医疗机构和医务人员进行行政处理时，应当以最后的医疗事故技术鉴定结论作为处理依据。

第四十二条　当事人对鉴定结论无异议，负责组织医疗事故技术鉴定的医学会应当及时将收到的鉴定材料中的病历资料原件等退还当事人，并保留有关复印件。

当事人提出再次鉴定申请的，负责组织首次医疗事故技术鉴定的医学会应当及时将收到的鉴定材料移送负责组织再次医疗事故技术鉴定的医学会。

第四十三条　医学会应当将专家鉴定组成员签名的鉴定结论、由专家鉴定组组长签发的医疗事故技术鉴定书文稿和复印或者复制的有关病历资料等存档，保存期限不得少于20年。

第四十四条　在受理医患双方共同委托医疗事故技术鉴定后至专家鉴定组作出鉴定结论前，双方当事人或者一方当事人提出停止鉴定的，医疗事故技术鉴定终止。

第四十五条　医学会应当于每年3月31日前将上一年度医疗事故技术鉴定情况报同级卫生行政部门。

第七章　附　则

第四十六条　必要时，对疑难、复杂并在全国有重大影响的医疗事故争议，省级卫生行政部门可以商请中华医学会组织医疗事故技术鉴定。

第四十七条　本办法由卫生部负责解释。

第四十八条　本办法自2002年9月1日起施行。

卫生部关于医疗机构不配合医疗事故技术鉴定所应承担的责任的批复

（卫政法发［2005］28号）

黑龙江省卫生厅：

你厅《关于如何认定不配合医疗事故技术鉴定方事故等级和责任程度的请示》（黑卫医发［2004］606号）收悉。经研究，现对医疗机构不配合医疗事故技术鉴定所应承担的责任问题答复如下：

一、医疗机构违反《医疗事故处理条例》的有关规定，不如实提供相关材料或不配合相关调查，导致医疗事故技术鉴定不能进行的，应当承担医疗事故责任。患者向卫生行政部门提出判定医疗事故等级及责任程度请求的，卫生行政部门可以委托医学会按照《医疗事故分级标准（试行）》，对患者人身损害的后果进行等级判定，若二级、三级医疗事故无法判定等级的，按同级甲等定。责任程度按照完全责任判定。

二、医疗机构无故不参加随机抽取专家库专家的，由负责组织医疗事故技术鉴定工作的医学会向患者说明情况，经患者同意后，由患者和医学会按照有关规定随机抽取鉴定专家进行鉴定。

三、医疗机构有上述情形之一，而对判定或者鉴定结论不服，提出医疗事故技术鉴定或者再次鉴定申请的，卫生行政部门不予受理。

此复。

二〇〇五年一月二十一日

卫生部关于产妇分娩后胎盘处理问题的批复

（卫政法发［2005］123 号）

山东省卫生厅：

青岛市卫生局《关于产妇分娩后医疗机构如何处理胎盘问题的请示》（青卫发［2005］22 号）收悉。经研究，答复如下：

产妇分娩后胎盘应当归产妇所有。产妇放弃或者捐献胎盘的，可以由医疗机构进行处置。任何单位和个人不得买卖胎盘。如果胎盘可能造成传染病传播的，医疗机构应当及时告知产妇，按照《传染病防治法》、《医疗废物管理条例》的有关规定进行消毒处理，并按照医疗废物进行处置。

此复。

二○○五年三月三十一日

卫生部关于对非法采供血液和单采血浆、非法行医专项整治工作中有关法律适用问题的批复

（卫政法发［2004］224号）

各省、自治区、直辖市卫生厅局，新疆生产建设兵团卫生局：

根据国务院部署，卫生部和有关部门正在组织开展对非法采供血液和单采血浆、非法行医的专项整治工作。最近，一些地方就打击非法采供血液和单采血浆、非法行医等违法行为的法律适用问题提出请示。经研究，现批复如下：

一、有下列情形之一的，按照《医疗机构管理条例》第四十四条规定予以处罚：

（一）使用通过买卖、转让、租借等非法手段获取的《医疗机构执业许可证》开展诊疗活动的；

（二）使用伪造、变造的《医疗机构执业许可证》开展诊疗活动的；

（三）在未取得《医疗机构执业许可证》的药品经营机构开展诊疗活动的；

（四）医疗机构未经批准在登记的执业地点以外开展诊疗活动的；

（五）非本医疗机构人员或者其他机构承包、承租医疗机构科室或房屋并以该医疗机构名义开展诊疗活动的。

二、医疗机构将科室或房屋承包、出租给非本医疗机构人员或者其他机构并以本医疗机构名义开展诊疗活动的，按照《医疗机构管理条例》第四十六条规定予以处罚。

三、《血液制品管理条例》第七条第二款“划定区域内的供血浆者”，是指划定区域内的具有当地户籍的供血浆人员。

四、有下列情形之一的，按照《血液制品管理条例》第三

十五条“情节严重”予以处罚：

（一）有第三十五条所列违法行为，经卫生行政部门责令限期改正而拒不改正的；

（二）12 个月内两次发生第三十五条所列违法行为的；

（三）同时有三项以上第三十五条所列违法行为的；

（四）因第三十五条所列违法行为造成经血液途径传播的疾病传播或者有传播危险的；

（五）造成第（四）项以外人身伤害后果的。

五、医疗机构及其医务人员违反《医疗机构临床用血管理办法（试行)》第一十九条规定，擅自采集血液用于临床的，视为非法采集血液，按照《献血法》第一十八条和第二十二条规定予以处罚。

此复。

二〇〇四年七月六日

卫生部关于对执业助理医师行医有关问题的批复

（卫政法发［2005］135 号）

四川省卫生厅：

你厅《关于执业助理医师行医有关问题的请示》（川卫［2005］25 号）收悉。经研究，现答复如下：剖腹探查手术面临的情况复杂多变，不应视为“一般执业活动”。在患者病情紧急，危及生命安全，且有剖腹探查手术指征，现场没有执业医师，会诊医师不能及时到达情况下，执业助理医师方可在乡村级医疗机构中实施剖腹探查手术。

此复。

二○○五年四月七日

卫生部关于医学生毕业后暂未取得医师资格从事诊疗活动有关问题的批复

（卫政法发［2005］357号）

河南省卫生厅：

你厅《关于医学生毕业后暂未取得医师资格从事诊疗活动有关问题的函》（豫卫函监督［2005］5号）收悉。经研究，现答复如下：

医学专业毕业生在毕业第一年后未取得医师资格的，可以在执业医师指导下进行临床实习，但不得独立从事临床活动，包括不得出具任何形式的医学证明文件和医学文书。

医疗机构违反规定安排未取得医师资格的医学专业毕业生独立从事临床工作的，按照《医疗机构管理条例》第四十八条的规定处理；造成患者人身损害的，按照《医疗事故处理条例》处理。

未取得医师资格的医学专业毕业生违反规定擅自在医疗机构中独立从事临床工作的，按照《执业医师法》第三十九条的规定处理；造成患者人身损害的，按照《医疗事故处理条例》第六十一条的规定处理。

此复。

二〇〇五年九月五日

医疗美容服务管理办法

（2002年1月22日卫生部令第19号公布）

第一章　总　则

第一条　为规范医疗美容服务，促进医疗美容事业的健康发展，维护就医者的合法权益，依据《执业医师法》、《医疗机构管理条例》和《护士管理办法》，制定本办法。

第二条　本办法所称医疗美容，是指运用手术、药物、医疗器械以及其他具有创伤性或者侵入性的医学技术方法对人的容貌和人体各部位形态进行的修复与再塑。

本办法所称美容医疗机构，是指以开展医疗美容诊疗业务为主的医疗机构。

本办法所称主诊医师是指具备本办法第十一条规定条件，负责实施医疗美容项目的执业医师。

医疗美容科为一级诊疗科目，美容外科、美容牙科、美容皮肤科和美容中医科为二级诊疗科目。

医疗美容项目由卫生部委托中华医学会制定并发布。

第三条　凡开展医疗美容服务的机构和个人必须遵守本办法。

第四条　卫生部（含国家中医药管理局）主管全国医疗美容服务管理工作。县级以上地方人民政府卫生行政部门（含中医药行政管理部门，下同）负责本行政区域内医疗美容服务监督管理工作。

第二章　机构设置、登记

第五条　申办美容医疗机构或医疗机构设置医疗美容科室必须同时具备下列条件：

（一）具有承担民事责任的能力；

（二）有明确的医疗美容诊疗服务范围；

（三）符合《医疗机构基本标准（试行）》；

（四）省级以上人民政府卫生行政部门规定的其他条件。

第六条　申请举办美容医疗机构的单位或者个人，应按照本办法以及《医疗机构管理条例》和《医疗机构管理条例实施细则》的有关规定办理设置审批和登记注册手续。

卫生行政部门自收到合格申办材料之日起30日内作出批准或不予批准的决定，并书面答复申办者。

第七条　卫生行政部门应在核发美容医疗机构《设置医疗机构批准书》和《医疗机构执业许可证》的同时，向上一级卫生行政部门备案。

上级卫生行政部门对下级卫生行政部门违规作出的审批决定应自发现之日起30日内予以纠正或撤销。

第八条　美容医疗机构必须经卫生行政部门登记注册并获得《医疗机构执业许可证》后方可开展执业活动。

第九条　医疗机构增设医疗美容科目的，必须具备本办法规定的条件，按照《医疗机构管理条例》及其实施细则规定的程序，向登记注册机关申请变更登记。

第十条　美容医疗机构和医疗美容科室开展医疗美容项目应当由登记机关指定的专业学会核准，并向登记机关备案。

第三章　执业人员资格

第十一条　负责实施医疗美容项目的主诊医师必须同时具备下列条件：

（一）具有执业医师资格，经执业医师注册机关注册；

（二）具有从事相关临床学科工作经历。其中，负责实施美容外科项目的医师应具有6年以上从事美容外科或整形外科等相关专业临床工作经历；负责实施美容牙科项目的医师应具有5年以上从事美容牙科或口腔科专业临床工作经历；负责实施美容中医科和美容皮肤科项目的医师应分别具有 3 年以上从事中医专业和皮肤专业临床工作经历；

（三）经过医疗美容专业培训或进修并合格，或已从事医疗美容临床工作 1 年以上；

（四）省级人民政府卫生行政部门规定的其他条件。

第十二条　未取得主诊医师资格的执业医师，可在主诊医师的指导下从事医疗美容临床技术服务工作。

第十三条　从事医疗美容护理工作的人员，应同时具备下列条件：

（一）具有护士资格，并经护士注册机关注册；

（二）具有二年以上护理工作经历；

（三）经过医疗美容护理专业培训或进修并合格，或已从事医疗美容临床护理工作 6 个月以上。

第十四条　省级卫生行政部门可以委托中介组织对主诊医师资格进行认定。

第十五条　未经卫生行政部门核定并办理执业注册手续的人员不得从事医疗美容诊疗服务。

第四章　执业规则

第十六条　实施医疗美容服务项目必须在相应的美容医疗机构或开设医疗美容科室的医疗机构中进行。

第十七条　美容医疗机构和医疗美容科室应根据自身条件和能力在卫生行政部门核定的诊疗科目范围内开展医疗服务，未经批准不得擅自扩大诊疗范围。

美容医疗机构及开设医疗美容科室的医疗机构不得开展未向登记机关备案的医疗美容项目。

第十八条　美容医疗机构执业人员要严格执行有关法律、法规和规章，遵守医疗美容技术操作规程。

美容医疗机构使用的医用材料须经有关部门批准。

第十九条　医疗美容服务实行主诊医师负责制。医疗美容项目必须由主诊医师负责或在其指导下实施。

第二十条　执业医师对就医者实施治疗前，必须向就医者本人或亲属书面告知治疗的适应证、禁忌证、医疗风险和注意事项等，并取得就医者本人或监护人的签字同意。未经监护人同意，不得为无行为能力或者限制行为能力人实施医疗美容项目。

第二十一条　美容医疗机构和医疗美容科室的从业人员要尊重就医者的隐私权，未经就医者本人或监护人同意，不得向第三方披露就医者病情及病历资料。

第二十二条　美容医疗机构和医疗美容科室发生重大医疗过失，要按规定及时报告当地人民政府卫生行政部门。

第二十三条　美容医疗机构和医疗美容科室应加强医疗质量管理，不断提高服务水平。

第五章　监督管理

第二十四条　任何单位和个人，未取得《医疗机构执业许可证》并经登记机关核准开展医疗美容诊疗科目，不得开展医疗美容服务。

第二十五条　医疗美容新技术临床研究必须经省级以上人民政府卫生行政部门组织有关专家论证并批准后方可开展。

第二十六条　各级地方人民政府卫生行政部门要加强对医疗美容项目备案的审核。发现美容医疗机构及开设医疗美容科的医疗机构不具备开展某医疗美容项目的条件和能力，应及时通知该机构停止开展该医疗美容项目。

第二十七条　各相关专业学会和行业协会要积极协助卫生行政部门规范医疗美容服务行为，加强行业自律工作。

第二十八条　美容医疗机构和医疗美容科室发生医疗纠纷或医疗事故，按照国家有关规定处理。

第二十九条　发布医疗美容广告必须按照国家有关广告管理的法律、法规的规定办理。

第三十条　对违反本办法规定的，依据《执业医师法》、《医疗机构管理条例》和《护士管理办法》有关规定予以处罚。

第六章　附　则

第三十一条　外科、口腔科、眼科、皮肤科、中医科等相关临床学科在疾病治疗过程中涉及的相关医疗美容活动不受本办法调整。

第三十二条　县级以上人民政府卫生行政部门应在本办法施行后一年内，按本办法规定对已开办的美容医疗机构和开设医疗美容科室的医疗机构进行审核并重新核发《医疗机构执业许可证》。

第三十三条　本办法自 2002 年 5 月 1 日起施行。